世界经典名车译丛

# 路 虎
## 设计成就传奇

[英] 尼克·赫尔（Nick Hull） 编著

卞亚梦 译

机械工业出版社
CHINA MACHINE PRESS

如果提到越野车，抑或提到豪华全地形SUV，想必路虎大概率是第一个"蹦出来"的汽车品牌。据统计自其诞生70多年来，约有四分之三的路虎汽车仍在驰骋四方，而全球的名门贵族更是将其视为惬意生活的座驾，这本书正是解读路虎传奇的力作。本书并非路虎经典车型的纵览或传统的历史发展汇编，而是结合收集的宝贵资料，对路虎设计及工程技术发展的深入探索。纯正血统、自信胆识、敢于探险、超凡创新，本书的内容和珍贵的历史图片也精准地呈现了路虎精神所在，这也极好地诠释了为何路虎可以拥有过人的品牌价值和品牌吸引力。无论你是路虎品牌的车主、"铁粉"，还是越野迷、车迷，这一番对传奇全地形汽车品牌的精彩追溯，将会带给你"创新无止境、发现无止境"的阅读体验。

First published in English under the title
Land Rover Design–70 years of success / ISBN: 9781845849870
by Nick Hull
Copyright © 2018 Nick Hull and Veloce Publishing Ltd.
This edition has been translated and published under licence from Nick Hull and Veloce Publishing Ltd.

北京市版权局著作权合同登记　图字：01-2018-5024号。

## 图书在版编目（CIP）数据

路虎：设计成就传奇 /（英）尼克·赫尔（Nick Hull）编著，卞亚梦译. — 北京：机械工业出版社，2022.3
（世界经典名车译丛）
书名原文：Land Rover Design–70 years of success
ISBN 978-7-111-70086-9

Ⅰ.①路… Ⅱ.①尼… ②卞… Ⅲ.①越野汽车 – 英国 – 图集
Ⅳ.①U469.3-64

中国版本图书馆CIP数据核字（2022）第008672号

机械工业出版社（北京市百万庄大街22号　邮政编码100037）
策划编辑：李　军　　　责任编辑：李　军
责任校对：邓小妍　贾立萍　责任印制：张　博
北京华联印刷有限公司印刷

2022年4月第1版·第1次印刷
218mm×252mm·14.75印张·2插页·389千字
标准书号：ISBN 978-7-111-70086-9
定价：199.00元

电话服务　　　　　　　　网络服务
客服电话：010-88361066　机　工　官　网：www.cmpbook.com
　　　　　010-88379833　机　工　官　博：weibo.com/cmp1952
　　　　　010-68326294　金　书　网：www.golden-book.com
封底无防伪标均为盗版　　机工教育服务网：www.cmpedu.com

# 译者序

如果提到越野车，抑或提到豪华全地形 SUV，想必路虎大概率是第一个"蹦出来"的汽车品牌。据统计自其诞生 70 多年来，约有四分之三的路虎汽车仍在驰骋四方，而全球的名门贵族更是将其视为惬意生活的座驾。也正是这样一个传奇汽车品牌，在正式进入中国近 20 年中，收获了无数"粉丝"和忠实车主。眼前这本书，正是解读路虎传奇的力作。

本书并非路虎经典车型的纵览或传统的历史发展汇编，而是结合收集的宝贵资料，对路虎设计及工程技术发展的深入探索。纯正血统、自信胆识、敢于探险、超凡创新，本书的内容和珍贵的历史图片也精准地呈现了路虎精神所在，这也极好地诠释了为何路虎可以拥有过人的品牌价值和品牌吸引力。2021 年 4 月，颠覆以往的全新路虎卫士荣获"2021 世界年度设计车"大奖，这也再次印证了路虎设计的成功。

在机械工业出版社引进这本"稀缺"的汽车品牌解读书籍后，我在欣喜之余也有幸参与到本书的编译工作中。无论你是路虎品牌的车主、"铁粉"，还是越野迷、车迷，这一番对传奇全地形汽车品牌的精彩追溯，将会带给你"创新无止境、发现无止境"的阅读体验。

——卞亚梦

# 前　言

路虎是一个正在转型中的英国标志性品牌。自 1948 年路虎品牌诞生以来，这个世界的变化如此之大，令人难以置信，而作为路虎的"监护人"，我们正在为这个世界创造一系列令人向往、性能非凡的 SUV 车型。我相信在接下来的 25 年里，我们还会再经历这一切。

对设计师来说，这是一个百花齐放的时代，因为有很多新方法和新技术开始发挥作用，诸如无人驾驶、新能源技术、网联技术、共享化和城市化等。我们所设计的产品都会受到这些因素的影响，而这也恰恰是设计的机遇所在。大多数成功的公司都会保留其 DNA 精华，但是会根据客户需求对其进行细微的塑造。对我来说，新的设计方案必须保持路虎品牌的独特性。

汽车设计需要实现产品本身和工业规则之间的平衡，当然它也必须具有商业可行性。审美是消费者的基本驱动力，也是情感上的联系。设计就是要创造这种联系，尤其是在技术、可靠性和质量可比较的情况下。

设计一辆车是一项极其复杂的智力挑战，有太多的可变要求需要考虑。路虎的独特主张是将设计与功能相结合。例如，揽胜的客户非常清楚他们希望自己的汽车如何发展："不要改变，只要做得更好。"对于新车型，诸如揽胜极光（Evoque）和揽胜星脉（Velar），设计上设定了目标并确定了整体配置，我们就会和工程师同事一起去实现。

新款路虎卫士（Defender）也同样要满足这些严格标准，即便它是最受期待的一款路虎车型，但这并不会改变我们的工作方式，也不会对它的设计师和工程师造成压力。尽管我们每一个人都完全致力于卫士的研发和生产，但是我们也会以同样的激情对待所有潜力车型。

向客户提供对生活、对热爱的体验，这是我们从事一切工作的核心，这是路虎永恒的承诺。在我们庆祝路虎 70 周年之际，我们仍在继续创造令世界向往的汽车，但与此同时，我们也很好地保留了品牌精髓。

格里·麦戈文（Gerry McGovern）
——路虎设计总监和首席创意官

# 引 言

尽管有关路虎的书籍很多,但是从未有过一本专门介绍路虎设计和造型的书。

这本书专注于人、项目、设计过程以及这些是如何随着时间而改变的。自路虎公司在索利哈尔(Solihull)成立以来,在这70多年中,路虎总共有过5个设计工作室,而早期工作室的历史几乎都没有记录。这本书中对每一个工作室的介绍,甚至对各种车型所拍照片地点的介绍是史无前例的,这些内容构成了路虎公司历史的重要资料,因为书中介绍的很多地点和建筑物都已不复存在。

作为一个专业,汽车设计在过去70年里发生了巨大变化,而且随着新方式、新工具的发展而不断革新。在早期,企业缺乏对新员工的培训,而且设计师有着各种各样的背景。直到20世纪80年代,大卫·贝奇(David Bache)及其继任者尽最大努力招募具有创意和绘图技术的优秀设计师,因此展开了他们和伦敦皇家艺术学院以及考文垂大学之间的交流。如今,英国也成为欧洲设计人才的强国。

在大卫·贝奇的领导下,路虎设计工作室具备了优秀的前瞻性,使得路虎避免了遭受怪异造型潮流的影响,而更倾向于正确的工业设计实践。很多在罗孚(Rover)工作的早期设计师都具有工业设计或珠宝设计的背景,这体现在他们注重人体工程学和追求精美细节的设计上,例如揽胜的原型车。

路虎也是一个具有前瞻性思维的公司,当大多数英国汽车工业拒绝招募设计专业应届生时,路虎对他们敞开了大门。如今,年轻的设计师必须具有汽车设计学位(还要有令人刮目相看的简历),才能获得汽车设计的相关职位。而女性也成为所有设计团队的关键成员,不仅在颜色和内饰领域,在其他方面女性也是不可或缺的。如今的设计工作室有一套完整的职业结构,不仅仅有设计师,还有黏土模型师和数字建模师以及技术工程师,不同公司之间和不同国家之间的员工交流和迁移也已是司空见惯的。

在编写本书时,我发现保存设计材料对档案记录具有重大价值,这是显而易见的。每次设计部门搬迁,都会清理掉很多材料,这就不可避免地丢失很多有潜力、有趣的草图。当然,并非一切都应该保留下来,但项目的关键阶段应做好文件记录,以便将来的历史学家能够理解。同样,我尽最大可能地找到了罕见的草图照片、车型照片和早期的原型车照片,而不是简单地使用量产车的常规照片。

最后,关于本书中术语的使用说明:本书采用了设计和工程中使用的专业术语,其中既有美国英语术语也有英国英语术语,这主要是受20世纪40年代的压型钢(Pressed steel)车身制造厂的影响。因此,翼子板用"fender"这个单词,而不用"wing"这个单词;行李舱用"trunk"这个单词,而不用"boot"这个单词。因为,这些单词不单单是在路虎使用,而是在所有工程图样和设计讨论中使用的术语,全世界大多数汽车公司中都这么用。

# 致 谢

我要感谢格里·麦戈文（Gerry McGovern）、理查德·伍利（Richard Woolley）、戴夫·沙丁顿（Dave Saddington）、马西莫·弗拉塞拉（Massimo Frascella）、艾米·弗拉塞拉（Amy Frascella）、菲尔·西蒙斯（Phil Simmons）、安迪·威尔（Andy Wheel）、艾伦·谢泼德（Alan Sheppard）、大卫·布利斯伯尼（David Brisbourne）和金姆·布利斯伯尼（Kim Brisbourne）、马克·巴特勒（Mark Butler）、奥利弗·勒·格莱斯（Oliver le Grice）、唐·怀亚特（Don Wyatt）、米克·琼斯（Mick Jones）、艾伦·莫伯利（Alan Mobberley）、皮特·克劳利（Peter Crowley）、吉奥夫·伯吉斯（Geoff Purkis）、克里斯·韦德（Chris Wade）、诺曼·莫里斯（Norman Morris）、大卫·布朗尼（David Browne）和约翰·斯塔克（John Stark），感谢他们抽时间参与我的采访，追溯回忆并向我提供细节信息，这样我才能"拼凑"出设计工作室的完整故事。

本书中的大多数图像都是由JLR公关团队提供。我还要特别感谢安吉拉·鲍威尔（Angela Powell）和莉迪亚·哈尼斯（Lydia Heynes），她们从老照片档案中整理出一套很好的图片素材。其他历史照片是由BMIHT档案馆提供。尤其要感谢吉奥夫·尤派克斯（Geoff Upex）、麦克·桑普森（Mike Sampson）、莫琳·希尔（Maureen Hill）和路虎专家罗杰·克拉索恩（Roger Crathorne），他们提供了非常有价值的图片和信息，还要感谢保罗·欧文（Paul Owen），他向我引荐了盖登工厂的员工。

我还要感谢大卫·埃文斯（David Evans）和路虎相关书籍作者詹姆斯·泰勒（James Taylor），他们在我创作这本书期间向我提供了很多详细的背景资料和他们自己收藏的图片。

最后，感谢维罗思（Veloce）出版社的员工，他们支持了这本书的出版并为这本书设计了非常棒的版式。

——尼克·赫尔（Nick Hull）

# 目　录

译者序
前　言
引　言
致　谢

第1章　早期的路虎设计 ............................................. 008
第2章　大卫·贝奇时期和揽胜 ....................................... 030
第3章　独立与扩张 ................................................. 066
第4章　坎莉工作室和新东家宝马 ..................................... 095
第5章　吉奥夫·尤派克斯（Geoff Upex）时期和盖顿工作室 ............. 120
第6章　福特时代 ................................................... 142
第7章　盖瑞·麦戈文（Gerry McGovern）接管时期 ..................... 169
第8章　设计活动的迅速扩张 ......................................... 186
第9章　现在的路虎设计 ............................................. 212
附录A　路虎车型代码 ............................................... 231
附录B　汽车设计术语 ............................................... 233
附录C　路虎的重要里程碑 ........................................... 235
关于作者 .......................................................... 236
关于译者 .......................................................... 236

# 第 1 章 早期的路虎设计

## 1947—1959

2015 年，路虎在英国创作了有史以来最大的沙滩画。6 辆路虎汽车在安格尔西（Anglesey）的红码头湾（Red Wharf Bay）的沙滩上画出了横跨 1 千米的路虎卫士汽车轮廓。1947 年，罗孚工程总监莫里斯·威尔克斯（Maurice Wilks）在红码头湾的沙滩上画出了原版路虎的形状，并将这一想法告知了他的哥哥——时任罗孚总经理的斯宾塞·威尔克斯（Spencer Wilks）。这个巨大的沙滩画，就是为了致敬曾经的那个时刻。

"我父亲在红码头湾的沙滩上遇见了他的哥哥，我父亲在沙滩上画出了他所认为的路虎汽车的样子，"斯蒂芬·威尔克斯（Stephen Wilks）说，"这就是一切的开始，路虎的概念就此诞生。"

2015 年红码头湾的沙滩画。

## 路虎的概念

罗孚公司早期的"职业生涯"是相当曲折的。到 20 世纪 20 年代，这家位于考文垂的公司几乎就要破产了。1929 年，斯宾塞和莫里斯兄弟加入罗孚，他们通过精心管理和制造出一系列吸引中产阶级的高品质汽车来重振公司的财务。莫里斯是总工程师，他在整个 20 世纪 30 年代负责设计了一系列外观保守、品质优良和性能优异（源自于顶置气门发动机）的轿车；而斯宾塞是总经理。

罗孚公司位于考文垂的海伦街上，在距离市中心以北 2 英里的富力希尔（Foleshill）附近。此处还是其主要的生产工厂，此外它在伯明翰的泰赛利（Tyseley）还有一个生产发动机的小工厂。1936 年，罗孚受政府邀请管理一个新的

20世纪40年代的洛德巷工厂。罗孚公司很明智地把周边200英亩的农业用地都买了下来,随着工厂的扩张,这些土地后来都派上了用场。工厂后面的那片树林叫比利斯利树林(Billesley Wood),这片树林至今依然存在,是路虎的越野体验场所。请注意照片左侧用于做航空发动机测试的H形建筑物。[罗杰·克拉索恩(Roger Crathorne)提供的照片]

"影子工厂"(为了预防和德国开战而建的)。该工厂位于伯明翰的雅确斯纪连区(Acocks Green),并于1937年7月开始投入使用,用于生产飞机发动机的零部件。

1939年4月,罗孚董事会报告中说,公司已和空军部讨论过了,要在位于伯明翰机场西南部的洛德巷(Lode Lane)建造第二个影子工厂,该工厂将成为罗孚公司的主装配厂和战后公司总部。这个位于索利哈尔(Solihull)北部郊区的大工厂于1939年开始建造,并于1940年9月完工。在战争期间,该工厂雇用了7000名员工来生产用于肖特斯特林(Short Stirling)重型轰炸机(由位于伯明翰长桥区的奥斯汀汽车公司进行组装)的大力神(Hercules)1700马力14缸空冷星形飞机发动机。

# 威尔克斯家族

威尔克斯家族在20世纪早期曾是考文垂地区汽车贵族的一部分。他们是罗孚公司中被提及的主要名字——自1929年到20世纪80年代中期,有多名家族成员在罗孚公司工作过。为避免混淆,以下是对其主要成员的简短介绍。

斯宾塞·伯诺·威尔克斯(Spencer Bernau Wilks)于1891年5月出生在里克曼沃斯(Rickmansworth)。他在第一次世界大战期间担任过上尉,1918年加入了希尔曼(Hillman)汽车公司,进入了汽车行业,后来他和希尔曼的女儿结婚了。婚后,他和妹夫约翰·布莱克(John Black)一起担任希尔曼的联合总经理,直到1928年希尔曼被鲁兹(Rootes)兄弟收购。后来,布莱克成为标准-凯旋(Standard-Triumph)汽车公司的总经理,并一直任职到20世纪50年代。

随后,斯宾塞于1929年加入了罗孚公司担任工程总监,并于1933年开始出任总经理。20世纪30年代中期,他搬到了位于拉格比(Rugby)附近的阿什顿屋大街(Street Ashton House)上,在这里把他的3个孩子养大成人。

他在晚年的时候,从1957—1962年担任罗孚公司的董事长,之后他正式退休并搬到了苏格兰的艾雷岛(Islay)。接任斯宾塞的是他的妹夫——威廉·马丁·赫斯特(William Martin-Hurst)。斯宾塞受邀出任罗孚的名誉总裁,直到1967年5月他才辞去董事会的职务。1971年4月,斯宾塞去世。

莫里斯·费迪南德·凯里·威尔克斯(Maurice Ferdinand Carey Wilks)生于1904年,比他的哥哥斯宾塞小了13岁。1926—1928年,他在底特律的通用汽车公司工作了两年,这是他技术工程培训的一部分。回到英国后,他也加入了希尔曼汽车公司,职位是规划工程师。1930年,他和他的哥哥一样加入了罗孚公司,担任总工程师。

莫里斯是威尔克斯家族在20世纪50年代全盛时期的重要成员。他不但是总工程师,而且在50年代中期之前还是主造型师,并且还是路虎的策划人。1956年,莫里斯升任技术总监,罗伯特·博伊尔(Robert Boyle)接任其总工程师一职。

他住在利明顿的布莱克多恩庄园(Blackdown Manor),他还在安格尔西(Anglesey)有一处假庄园,称作Tros-yr-Afon。1963年9月,莫里斯·威尔克斯在他安格尔西的家中去世,并安葬在了附近的教堂墓地中,享年59岁。

威尔克斯家族的下一任继承人从20世纪40年代末开始参与罗孚公司的管理。斯宾塞的儿子——尼克·威尔克斯(Nick Wilks)加入了罗孚公司并做了好几年的工程师。他的堂兄弟皮特·威尔克斯(Peter Wilks)和斯宾塞·金(Spencer King)在罗孚公司的成就和地位更突出。作为"爱车狂人",他们全身心地投入到公司的发展当中,并被公司早期在汽车和飞机发动机上的惊人发展所深深吸引。

皮特·迈克尔·威尔克斯(Peter Michael Wilks)生于1920年3月,是杰弗里·威尔克斯(Geoffrey Wilks)的儿子。他17岁就中断了学业,从1937年到1940年他做了4年的机床学徒,后来他在战争期间加入了英国皇家空军。由于他渴望加入罗孚公司,所以在1946年到1950年做了5年的服务工程师。皮特在1948年制造了用于俱乐部赛事的罗孚特别版赛车(Rover Special),再后来,他和同事乔治·麦基(George Mackie)、杰克·格辛(Jack Gethin)以及他的堂兄弟斯宾塞·金(也叫斯宾·金)一起成立了掠夺者(Marauder)汽车公司。随着掠夺者的消亡,皮特从1952年到1954年作为服务部经理加入了JW Gethin公司,在这之后他回归到了家族企业中出任生产经理。

从1954年到1956年,皮特出任罗孚公司的燃气涡轮发动机的总经理,后来他在工程技术部门担任过多个职位,并且深度参与了P6轿车的概念设计。随着他叔叔的意外去世,他从1964年开始出任技术总监,并成功带领公司度过了整个60年代。他在1971年就早早退休了,但不幸的是,一年后便与世长辞。

斯宾塞·金出生于1925年,他经常被视为"路虎揽胜之父"。1942年,他在离开学校之后就去了劳斯莱斯做学徒。1945年,他加入罗孚,参与了燃气涡轮发动机的研发,后来他和皮特·威尔克斯成立了掠夺者汽车公司。再后来,斯宾又重新回归到了罗孚公司,并在1959年出任新车项目总监。在罗孚,他就叫"斯宾",这样避免了和他叔叔斯宾塞之间的混淆。

他是一个极有天赋的技术工程师,在英国利兰(British Leyland)汽车公司担任过罗孚-凯旋(Rover-Triumph)的工程部总监,还做过位于盖登的英国利兰(BL)技术部总监。斯宾塞·金于1985年退休,后来在2010年因骑行事故导致的并发症而去世。

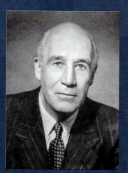

斯宾塞·威尔克斯
(BMIHT提供的照片)

莫里斯·威尔克斯
(BMIHT提供的照片)

第 1 章　早期的路虎设计

莫里斯·威尔克斯（左侧）和罗伯特·博伊尔在讨论图纸。

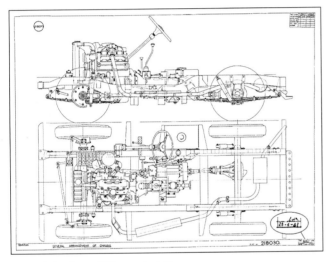

路虎的底盘图纸，日期为 1948 年 4 月。

这款飞机发动机由罗孚公司和鲁兹集团（Rootes Group）合作生产。鲁兹集团在登斯莫尔莱顿地区（Ryton on Dunsmore）有一个影子工厂。第一台发动机在 1940 年 10 月完工下线。

1 个月后，德国突袭考文垂，摧毁了市中心的大部分地区，包括罗孚公司在海伦街的工作室，所以罗孚公司设计团队不得不搬迁到利明顿温泉地区（Leamington Spa）的切斯佛德农庄酒店（Chesford Grange）。到 1944 年，罗孚公司在全英国有 24000 名员工和 18 个工厂，其中包括位于基德明斯特（Kidderminster）的德拉克罗（Drakelow）的地下工厂。到战争结束前夕，罗孚公司生产了超过 57000 台大力神飞机的发动机。

在战争结束后的敌对期内，罗孚公司仍继续生产飞机发动机，所以战后第一辆轿车直到 1945 年 12 月才继续开始生产，但是当时的生产安排有些混乱。从 1944 年到 1946 年，罗孚公司花了大量时间来研发一款新的小型车——M-Type，或者又称作 M1。这款双门双座小轿车的轴距为 77 英寸（1 英寸约等于 25.4 毫米），长度仅为 160 英寸，搭配 1 台 28 马力 699 毫升的 4 缸发动机。M-Type 看起来有些像当时的菲亚特 500 "Mouse" 车型，该款车总共制造了 3 辆配有铝制底盘的原型车。罗孚公司原本的计划是生产 15000 辆 P2 轿车和 5000 辆 M-Type，但是 1946 年后期，罗孚公司放弃了 M-Type 的计划，因为他们意识到这款车的销售吸引力可能不够大，这造成了罗孚公司在生产计划上的巨大空白。

当时由于钢材属于严格定量配给物料，尤其是用于车身的带钢，所以罗孚公司仅从政府拿到了最多生产 1100 辆汽车的许可。到 1947 年 5 月，洛德巷（Load Lane）工厂不得不将生产减少到隔一周工作一周，且一周只能工作 4 天。罗孚公司的生存岌岌可危。

莫里斯·威尔克斯（Maurice Wilks）在安格尔西（Anglesey）有一处度假庄园，称作 Tros-yr-Afon。像很多庄园主一样，他在 1945 年购买了一辆威利斯（Willys）吉普车（属军用剩余物资）在安格尔西使用。很快，他发现这款车能很好地在农田上行驶，他很欣赏这一独特品质，而这款吉普车也在 1946—1947 年的严冬中证明了其作为一款 4X4 驱动汽车的价值。这款车可以利用动力输出装置在农场作业，例如拉犁、拉耙，或收集和砍伐木材。因此，莫里斯开始勾勒出一款类似的汽车——既可以作为轻型拖拉机，又可以作为越野车。1947 年的一个周末，他邀请他的哥哥斯宾塞来做客，就是这一次，他在红码头湾的兰多娜海滩（Llanddona Beach）上画出了路虎的外形，这就是我们今天所知的路虎卫士车型。

两兄弟很快意识到，可以生产一款类似轻型载货汽车的吉普车来保持工厂的运行，这一临时举措或许将是他们

1947年在洛德巷工厂拍摄的原型车。请注意汽车前部非常圆滑的前翼子板，一开始的铝制车身是非常简陋的。这辆原型车在1949年被废弃了。

1947年拍摄的最后一张中央转向的原型车照片。据可靠消息，只有7辆原型车是中央转向的。（BMIHT提供的照片）

第 1 章 早期的路虎设计

这是一辆中央转向原型车的复刻品,目前为敦斯福德收藏室(Dunsfold Collection)所有。(作者自己收集的照片)

这是中央转向排布的特写照片。上下车的局限性以及跨坐在离合器外壳上的尴尬驾驶位置,令人很容易就理解为什么罗孚公司放弃了这种中央转向排布。(作者自己收集的照片)

013

的"救命药"。一开始的时候，他们考虑过生产一款类似半履带式、搭载侧气门 V8 发动机的福特拖拉机的车型，但他们放弃了这个想法，因为他们想做一款更加轻便的汽车。

就这样，他们立刻开始了设计工作。为了节省时间，他们又购买了两辆吉普车。第一辆原型车（被称为 J-Model）采用了其中一辆吉普车的底盘和罗孚公司的变速器、后轴以及一台小型罗孚发动机。这一年的夏天，第二辆原型车完工，该原型车采用了另一辆吉普车的车架、中心转向排布和一个两级分动器和 49 英寸的车轴，该车还搭配了一台处在实验阶段的罗孚 P3 发动机。尽管为了避免税费而复制一款拖拉机的想法听起来是挺不错，但是很快，试车结果表明了这款需要张开双腿才能驾驶而且上下车都令人非常尴尬的设计是不值得继续下去的。

该车车身非常简陋，是没有任何车门的开放式吉普车风格的车身。第一个车身，甚至只是简单的木结构，后来才重新做的铝制车身和下拉式尾板。风窗玻璃和吉普车的一样，可以折叠放平并用弹簧销进行固定。

1947 年 9 月，莫里斯·威尔克斯向董事会报告了他的进展，报告中指出"我司调研部门进行了大量的调查研究，结果表明，用户最想要一款类似威利斯越野吉普车那样的通用车辆"。因此，董事会同意在莫里斯的指导下，由罗伯特·博伊尔（Robert Boyle）和亚瑟·戈达德（Arthur Goddard）带头的小团队继续这款车的研发。就这样，一个由技术部的 5 巨头组成的团队诞生了，这 5 人分别是：戈登·巴什福德（Gordon Bashford），负责底盘；汤姆·巴顿（Tom Barton）和弗兰克·肖（Frank Shaw），负责变速器；乔·郡克沃特（Joe Drinkwater），负责发动机；萨姆·奥斯特勒（Sam Ostler），负责车身工程。

这两款原型车之后，罗孚公司拿到了 25 辆试制车的订单，后来订单数量增加到了 50 辆，该订单的大部分车辆都在 1948 年早期完成。这些试制车是在实验车间进行组装的，每辆车的配置都略有不同，以便根据设计的发展来测试不同的配置。

为了能在 7 个月里研发出量产车，莫里斯团队尽可能采用了现有的零部件：例如即将推出的 Rover P3 轿车的新款 50 马力，1595 毫升的汽油发动机和轮距为 50 英寸的 Rover P2 汽车的车轴，并且搭配采用新款分动器的标准罗孚 4 速变速器，以便将动力分输给前轮以及实现全时四轮驱动，前轮配有单向离合器来保证汽车在路上持续行驶的需要。这个两级分动器使得该汽车有 4 种公路行驶速度和 4 种越野行驶速度。由于最初的设计纲要是将该车做成一辆可以替代拖拉机的汽车，所以工程师们在车尾安装了一

1948 年生产的试制车辆。订购了 50 辆试制车，但只生产了 48 辆。请注意，这是在南区一个主装配车间隔出来的区域，生产线还正在安装。（BMIHT 提供的照片）

HUE 166 是第一辆试制车，R.01 在 1948 年 3 月 11 日交由发货部门进行发货。1967 年，路虎从一名沃里克郡（Warwickshire）的农夫手中将其重新收购回来，现在该车已被修复成原版的浅绿色，并搭配了卡其色的帆布车篷。（BMIHT 提供的照片）

# 第 1 章 早期的路虎设计

路虎车身从 1949 年 6 月开始喷铜绿色。此处照片中就是一个早期的例子——注意看,选配的方向指示器安装在 A 柱的上部。1950 年 5 月后,金属网格栅就不再盖住前照灯了。

3 座并排增加了路虎的吸引力。1951 年,侧灯从舱壁上改到了前翼子板上。这是一张 1952 年的早期宣传页,此时方形座椅靠背替代了早期的勺型靠背。

个可以带动农机具的动力输出装置和可以切割树根的绞车。

由于工程师们等不起模具的制作,且生产预计在短期内就要开始,所以这个项目所花费的资金是很少的。为了保持简单,这款罗孚设计的底盘保持了和吉普车底盘一样的 80 英寸轴距,以及和吉普车类似的接近角和离去角。根据设计,该底盘是用扁钢制造而非用 C 形钢锻造而成,没有用模具。侧面部分用弯曲的型材切割而成,顶部和地板只是在四角进行了简单的缝焊,这样就做成了一个坚固的箱形底盘。

在路虎,有个通常的说法,那就是车身采用铝制的原因是战后对钢铁的限制。这个说法并不完全正确。2017 年,路虎专家罗杰·克拉索恩(Roger Crathorne)在 Classic & Sports Car 杂志采访中说:"莫里斯·威尔克斯的二战吉普车铁车身锈蚀的厉害,对此他很不喜欢。很显然,用铝做车身优势更大。此外,威尔克斯的邻居是开铝加工厂的,或许这也跟莫里斯决定用铝车身有一定关系。"

这个铝加工厂就是 Birmetals Ltd,位于伯明翰的昆顿地区(Quinton),该厂是 Birmal Qualcast 集团的一部分。1929 年,该厂发明了一种新式铝合金,商标是"Birmabright",在战争期间以轻质板材的形式用于飞机的生产。这种铝合金有多种不同的种类,从 1% 到 7% 镁,再加上不同回火条件下的微量锰,这种铝合金可以冷成形。该车车身的设计组装简单,采用平板钢制的车身角撑和支架进行安装[一]。

该款路虎汽车在 1948 年 4 月 30 日的阿姆斯特丹车展上发布,P3 也在这一年的春天上市了。该车的发布价格为 450 英镑,车门、帆布车篷、侧挡风屏、乘客座椅、备胎架和备胎都是选配,因此让该车能保持较低价位。但是,这些选配在 1948 年底都成了标配,该车价格也增加到了 540 英镑。

1948 年 7 月,路虎全面投产。由于该车的独特性,销量很快就上去了,公司计划每周生产约 50 辆。令人欣慰的是,罗孚公司很快意识到路虎是真正的赢家——1949 年

---

[一] 原版路虎汽车用的是镁含量为 2% 的 Birmabright BB2 铝材,厚度比后来的系列车型要稍微厚一些。自 Series IIA 开始,路虎改用了 BB3 铝材(镁含量为 3%),板材厚度也减小了。Birmetals 公司从 1977 年到 1979 年一直亏损,所以在 1980 年关闭了工厂。

生产了 8000 辆，1950 年生产了 16000 辆。这不仅给罗孚公司带来了利润，而且给英国创收了宝贵的外汇——路虎销往了 70 多个国家。很快，生产就增长到每周 500 辆，远远超出了 1949 年秋天推出的新款 P4 轿车。

该车的第一款衍生品也是在 1948 年推出的。罗孚公司向 Salmons-Tickford 公司提供了一辆试制车，用以研发该车的旅行车版。这款旅行车版配有两个面向侧面的后座椅，座椅用绿色皮革制成，这样该车就有 7 个座位，开启两片尾板就能坐上后座椅，这也预示着揽胜即将诞生。1948 年 10 月，这款旅行版车在伦敦商业车展上首次亮相。该车只生产了 641 辆，主要是因为它价格高达 959 英镑，还有消费税。

路虎最初的目标，是生产能在农场使用的农用汽车，而莫里斯·威尔克斯和哈利·弗格森的友谊对这一目标的实现有过很大帮助。哈利·弗格森就是那个研发了具有革命性拖拉机的工程师——在农机具上采用液压三点联动机制。这俩人有着共同的愿望，那就是在战后几年里找到一种使英国农业实现现代化的方法，主要通过提高机械化，在 20 世纪 30 年代改善农场不景气的状况，并增加粮食产量和生产力。

路虎只提供一种车身颜色，就是浅绿色。选用这种颜色，据说是因为这种颜色曾用在战斗机驾驶舱中，而且这种油漆有现货。路虎专家罗杰·克拉索恩（Roger Crathorne）提供了另一种解释："很显然，这个颜色是斯宾塞·威尔克斯的妻子定下来的。通常人们会带着妻子去看新车，而妻子会给出她们的意见。"她的意见是，使用一种同战时"挖掘胜利"运动中农业建筑上所使用的颜色相类似的颜色，这种颜色也应用在战后农场中荷兰谷仓的瓦楞铁皮屋顶上。她建议路虎采用类似的颜色，作为"提升国家形象"的一种方式。处于权宜之计，量产车选用的颜色是为新款 P3 研发的标准色。

## 开发路虎系列

在该款路虎汽车发布后，且最初的工程技术图纸完成后，设计室的各部门负责人都回去做罗孚公司主流车型项目了。但是，

---

### Land-Rover 还是 Land Rover？

在 1947 年的早期备忘录中，莫里斯·威尔克斯将他的新项目称之为"Land-Rover"（路 - 虎），中间带连字符。这个名称就这样定下来了，并在 1948 年该车发布时作为其官方名称。这个带连字符的拼写用在了公司所有的宣传册和出版物中，直到 1978 年被英国利兰（British Leyland）公司收购，这个连字符才被去掉了，但有的时候在有的地方这个带连字符的名称依然在断断续续地使用着。

尽管，路虎 One Ten 都已经不用中间连字符了，但 Series III 直到 1985 年都还在格栅上使用"Land-Rover"（路 - 虎）徽标。1979 年推出的 Stage 1 V8 采用了新的格栅徽标，但仍然带连字符，连侧面贴花"Land-Rover V8"也带连字符。

为了保持一致性，我们整本书中用的都是"Land Rover"（路虎）。

20 世纪 50 年代，椭圆形的路虎徽标经历了几次改动。原来的徽标外形并不是真正的椭圆形，据说这个形状是当时吃午餐时沙丁鱼罐头留在图纸上的油渍！经常用的徽标，就是在黑色椭圆形背景上带白色字母，有些早期的车上还用了黄色或者红色字母，公司文献中也能找到用黄色或绿色椭圆形背景的徽标。

自 1970 年揽胜推出后，就一直用"Range Rover"这个名称，不带连字符。

早期的路虎 80 英寸车型配了一个黄色的徽标。罗杰·克拉索恩解释道："车身车间里有个叫劳伦斯·沃茨（Lawrence Watts）的家伙。他的签名通常会写在两行上，中间用 Z 形连字符连接。莫里斯·威尔克斯看到了就说，他们的徽标就要做成这样子的，只是要改成'路'和'虎'。"（作者自己收集的照片）

系列 III 格栅式徽标。

第 1 章　早期的路虎设计

这款 Tickford 80 英寸路虎旅行车配了一个灰框车身，前发动机舱盖上有一个铝制备胎罩。该车是 Tickford 在新港帕格内尔（Newport Pagnell）工厂组装而成的。（BMIHT 提供的照片）

罗伯特·博伊尔（Robert Boyle）、亚瑟·戈达德（Arthur Goddard）和汤姆·巴顿（Tom Barton）留了下来，作为路虎团队的核心继续研发该款车。他们的研发成果在 1953 年 9 月问世——86 英寸轴距的车型。

这是自 1947 年以威利斯吉普车尺寸为基础进行匆忙研发以来，第一次对理想中的汽车要求进行真正意义上的重新思考，这一举措将路虎开发成了一个系列车型，而不是单一的车型，这是第一次！这款车的总布置有很大的改进，座椅后面增加 6 英寸，后悬增 3 英寸，尽管有效载荷依然是 1000 磅（1 磅约等于 0.454 千克），但这显著加大了装载空间容积。脚踏板的位置改了，仪表台的中间设计了更加全面的带有大型仪表的仪表板。

博伊尔和戈达德还研发了一款新的衍生品，即一款轴距为 107 英寸的长轴距（LWB）车款，该车配有更长的 6 英尺载物车厢，被称作皮卡（Pick Up）。该车车身加长了 21 英寸，车尾加高，而且迎合了现在大多数消费者的要求，将有效载荷提高到了 1500 磅。还有一款 De Luxe 豪华版，配备了更厚实的座椅，座椅和门袋采用了蓝色格子面料。这两个版本都配有喷了奶白色油漆的铝制硬顶。路虎汽车配硬顶，这可是第一次！

这款 86 英寸车型刚推出时，只有浅灰色车身和蓝色 PVC 面料内饰。但是到了 1954 年，107 英寸车型系列的车身不仅有铜绿色，还有灰色和蓝色油漆色。底盘也涂成蓝色或灰色的，轮毂涂的颜色和底盘涂的是一样的颜色，但

017

路虎　设计成就传奇

几年后底盘就都涂成黑色的了。

1956 年，搭载 10 个座位的 107 英寸的旅行车问世。这款车的外观特别朴素，后车门上还包了难看的银色镀锌条。这个车型只存在了很短一段时间，因为 1 年后，这款路虎为了安装几个月后即将推出的新式 2 升柴油发动机而被再次进行了改动。这次轴距又增加了 2 英寸，是通过将底盘的前弹簧支架向前移动而实现的。轴距因此就成了我们所熟悉的标配 88 英寸，以及随后的路虎系列车型所标配的 109 英寸，这两个轴距版本在销售术语中称之为常规版和加长版。

同年，法官判决路虎为"汽车"车辆，这就意味着路虎作为商用车不再受限于最高车速 30 千米 / 时。在随后几年里，官方对路虎的准确分类尚存在诸多争议，这就导致如果有人开着作为商业车购买但未支付消费税的路虎因超速而被警方抓到的话，警方会在当地对其提起诉讼。另一个问题，就是使用供给农场的免税红色燃油。这种燃油可以用于农用车辆，但不能用于公路车辆，如果农民被查到在路虎中用红色燃料且在路上行驶超过 30 千米 / 时的话就会被提起诉讼。

1956 年 1 月，罗孚公司开始了第一次扩张——在洛德巷（Lode Lane）入口的北部建了 1 个 10 万平方英尺的调度车间。当时，罗孚公司正经历着第一波工厂空间不足的困难，所以开始在伯明翰周围地区购买各种各样的小型地产，作为缓解工厂空间瓶颈的办法。Perry Bar 工厂是 1952 年购买的，柏西路（Percy Road）工厂是 1954 年为了增加齿轮箱加工产能而购买的，变速器的组装则是在当

86 英寸旅行车。注意该车的热带车顶和车顶上修长的"Alpine（阿尔卑斯之光）"车窗。（作者自己收集的照片）

路虎　设计成就传奇

107英寸旅行车的外表非常朴素。（作者自己收集的照片）

时已有的泰赛利（Tyseley）工厂和雅确斯纪连区（Acocks Green）的工厂进行的。再后来，1964年购买了泰博恩路（Tyburn Road）工厂，用来做传动装置和底盘；1965年购买了加里森路（Garrison Road）工厂；1969年购买了泰赛利第二工厂。

### 大卫·贝奇（David Bache）的到来

到目前为止，路虎都是依靠工程总监莫里斯·威尔克斯的直觉来对汽车进行设计造型，这其中也包括P4车型。尽管莫里斯没有受过设计师培训，但是在他的指导下，罗孚汽车形成了一种虽然保守但各方面都很均衡的外观设计。

但是，莫里斯意识到他在推进罗孚汽车造型上已经"江郎才尽"，公司需要引进更加有才华、有天赋的设计师来承担这项工作。因此，大卫·贝奇在1953年加入了罗孚公司。任命一位仅有28岁的年轻人为罗孚公司首席造型师是这个家族企业当时迈出的勇敢的一步。

贝奇接收了一个小型设计部，带着4名熟练的制模师来解释展现他的设计，而他的第一项工作就是改善P4车型的设计。在1954年10月做出的这款改良车型中，他引入了一条加高的腰线，加大了后车窗并将其分成3块，分成3块的原因是莫里斯担心一整块大的曲面玻璃强度不够。贝奇还设计了新的垂直尾灯，上面带可闪烁的方向指

两辆 Royal Review 汽车。右边的是一辆 86 英尺车型，左边的是一辆早期的 Series II 车型，带特殊的格栅设计。

1959年的汤姆·巴顿（Tom Barton）。（BMIHT提供的照片）

示器，用以满足英国最新的有关汽车灯光的规定。他还改动了前翼子板，将带有镀铬外壳的侧灯安装在了前翼子板的顶部。

1954 年 10 月，贝奇被公司派去参加巴黎车展，在车展上，法希维加（Facel Vega）FV 汽车和克莱斯勒（Chrysler）Ghia GS-1 特别版汽车给他留下了深刻的印象。从车展回来后，公司让他开始设计一款新的更大的罗孚轿车——P5。该车最初的黏土模型深受意大利 Ghia 车身制造厂给克莱斯勒的设计以及法国法希维加的车身造型的影响。

当时，罗孚汽车也经受过其他设计风格的影响。1952 年底，在贝奇加入罗孚之前，罗孚公司委托意大利的法利纳（Farina）汽车设计公司在罗孚 P4 底盘上做一款双门敞篷轿跑。法利纳双门轿跑使得莫里斯产生了 P5 车型的想法，但他意识到公司需要一名全职设计师来实现这个项目，而且在现代化造型这一方面他的艺术深度远远不够，因此不得不寻求外部帮助。

另一个项目，则是搭载燃气涡轮发动机的罗孚 T3 车型，而贝奇负责对其造型提供建议和想法。正是通过这一项目，贝奇在 1956 年春天发现并招收了他的第一个设计学徒。托尼·普尔（Tony Poole）曾是燃气涡轮发动机部门的一名装配工，他自第二次世界大战后期在英国皇家空军任职期间就一直和喷气涡轮发动机打交道。他把自己对汽车徽标和其他细节的建议画成了草图，凭借这一举措，他被提名为贝奇的助手，成了造型工作室中永远的一员。

## 路虎 Series II

尽管造型室忙着做 P5 轿车，但 1957 年还上了一个项目，这个项目就是重新设计要在 1958 年 4 月的阿姆斯特丹车展上展出的路虎 Series II。1956 年，莫里斯·威尔克斯升任为技术总监，罗伯特·博伊尔代替他成为罗孚汽车的总工程师，汤姆·巴顿成为路虎的助理总工程师。这款改动后的汽车是由博伊尔的工程技术团队起草设计的，前后轮距都加大了，这就意味着车身也要加宽。而且，贝奇团队也趁此机会参与了该车的重新设计，这是路虎第一次引入"造型设计"。

大卫·贝奇和托尼·普尔负责设计整理车身，他们两个都很高兴能有机会改造路虎粗犷的外形，为其注入更适合罗孚产品且更具有象征性的元素。

"我们发现，路虎汽车本来就已经很不错了，是在朝着正确方向发展，所以我们不能急匆匆地给它做一些很明

路虎　设计成就传奇

1952年，根据P4设计制造的法利纳（Farina）原型敞篷车。（詹姆斯·泰勒提供的照片）

第 1 章　早期的路虎设计

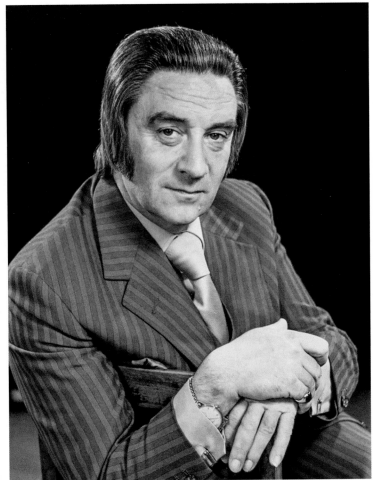

大卫·贝奇。（BMIHT 提供的照片）

显的改动提高，"贝奇在 1979 年对作家格雷汉姆说道，"路虎就不是那种需要做太多装饰的汽车，因为天性使然，所以没有必要给它在车身面板上做很多精致的形状。"

重新设计后的结果，就是车身上部宽度基本上没有改动，但是侧围板上新增了风窗玻璃倾角，用以改善之前侧围板扁平的尴尬形状。一条从前翼子板穿过车门直到后翼子板的简约肩线让该车看起来更加坚固、强劲，车尾采用了卢卡斯（Lucas）双圆形尾灯，新的"奢华"（De Luxe）发动机舱盖采用前缘卷边设计，营造出一种更加坚固的感觉。而简约的刀锋设计风格的发动机舱盖，只用于 88 英寸的基本车型。

车门上框架进行了简化，且框架的颜色采用了车身颜

## 20 世纪 50 年代罗孚的造型工作室

莫里斯·威尔克斯不但是总工程师,而且自 1932 年的 Pilot 14 车型开始,他设计了每一款罗孚汽车的造型。他在汽车设计上很有眼光,而且他和经验丰富的车身工程师哈利·洛克(Harry Loker)紧密合作,设计了一系列漂亮的 4 灯轿车和 6 灯轿车。第二次世界大战前的汽车车身都是用铁板和榉木车架制作的,采用新款车身的原型车用这种类似方法很快就能做出来。

第二次世界大战结束后,威尔克斯和洛克没有像往常一样使用木材制作 P3 轿车的全尺寸模型,而是采用了橡皮泥塑型黏土。橡皮泥材料还用在了制造早期 P4 轿车——其设计采用了 1947 Studebaker 车型为模板的比例模型中。当时,英国还有一个也是采用黏土制作汽车模型的设计师,他就是凯旋汽车公司的沃尔特·贝尔格罗夫(Walter Belgrove),这或许是因为约翰·布莱克(他是莫里斯的姐夫,也是标准-凯旋汽车公司的总经理)提醒他采用这种新型材料。

弗兰克·安德伍德(Frank Underwood)被聘用为汽车模型制作师,主要制作用于初步评估用的精美细致的比例模型。车模做好后,会放到一个按比例制作的立体场景中进行拍摄照片,放大后的照片会交由公司管理层进行评估设计。

大卫·贝奇加入后,带来了奥斯汀汽车公司最新的模型制作方法,包括使用工业用美国造型黏土,例如威尔金斯-坎贝尔(Wilkins-Campbell)生产的黏土。巴顿成了制模经理,并聘用了几个制模师用这种新材料来制作汽车模型,尤其是为 P6 项目制作汽车模型。20 世纪 50 年代晚期,罗孚打造了一个新的工程区,贝奇就搬到了新工程区对面 1 楼的一个小型造型工作室中。

贝奇很好地适应了罗孚的贵族式管理风格,罗孚对贝奇在线条和形态之间的平衡把控也非常欣赏,而 P5 就是贝奇的成功设计。1958 年 10 月,P5 一经推出就被视为是过于稳重沉闷的戴姆勒汽车和过于华而不实的捷豹汽车的优质替代品。贝奇的这个设计完美地填补了这一空白,该车的肌肉造型深受克莱斯勒 Ghia 展示车的影响,尤其是克莱斯勒 300 车型。P5 车型还包括一款"硬顶版"或"运动版轿车",但这款 4 门轿跑直到 1962 年才推出。在这款车型中,贝奇的高腰设计更加醒目,对经典车车主来说,这款车是最受追捧的 P5 车型。

但莫里斯对贝奇依然有很大的影响力。在贝奇早期时,莫里斯·威尔克斯曾否定过贝奇的设计草图,理由是贝奇的设计太大胆了,而"罗孚公司不生产引人注目的汽车"。实际上,这一观点集中体现在了 20 世纪 50 年代绰号为"姑妈"的 P4 轿车上,因为它代表了英国"姑妈"那种沉稳的中产阶级的体面。

贝奇在和作家格雷汉姆·罗伯森谈论莫里斯对设计室的持续影响时说:"他并非没有参与进来,而是他习惯以一种老练的方式参与进来。他会试探性地问这个线条是否能移动到那里,而我会告知他为什么不能移动,但是到最后我们通常会相互妥协。"

贝奇还回忆说,当威尔克斯兄弟定期来造型工作室视察项目进展时,他们会坐在一对被称之为"威尔克斯王座"的特殊 P5 座椅上揉搓着双手,相互愉快地看着对方,相互问"是时候放弃 P4 车型了吗?"

模型师在制作一个早期的 1/4 的 P6 黏土车模。(BMIHT 提供的照片)

色,热镀锌的包边、盖板以及支架都尽量减少,以此来清理车身外观,尤其是对旅行车版更是如此。侧滑动窗用常规玻璃替代了有机玻璃,车门采用了铸铁铰链,而且也同样刷成了车身颜色。贝奇和普尔还设计了 5 种标准车身颜色,在英国国内市场还增加了红色、沙色和深灰色来提高汽车吸引力。

车门下方的侧裙,隐藏了之前车型中能够看得到的底盘和排气口,使得车身侧面看起来更加整洁。加油口重新放置在右侧的后翼子板上,无须抬起驾驶座就能加油,如此加油更加方便。在汽车前部,网状格栅进行了现代化设计,前脸下方增加了新的裙边,在视觉上将前脸整合为一体。新的汽车照明规定要求安装橙色方向指示器,且要搭配与前翼子板顶部平行的侧灯,以及通常在英国安装的方形前汽车牌照,车身右侧后围板处也装有配套的方形面板。最终，他们设计出了一款通风效果更好且带有弧形后角窗的皮卡车。

路虎 Series II 当时进行改进的原因之一，就是罗孚要应对 4x4 汽车市场的新兴竞争。当时，众所周知奥斯汀研发出了 Gipsy 4x4 汽车，菲亚特也推出了其首款坎帕尼奥拉（Campagnola）汽车。更严重的是，威利斯汽车公司当时正在寻求一个欧洲合作伙伴来生产吉普车。当时，有传言说位于考文垂的标准 - 凯旋汽车公司已经在和威利斯进行接洽了。尽管吉普车的销售大部分都在美国，但是罗孚的路却开始越来越难走。虽然在当时罗孚取得了很不错的成绩，但是它承受不起在路虎持续成功之路上的骄傲和自满。

实际上，罗孚和威利斯后来在 1958 年讨论过合作改装 83 英寸路虎汽车这一项目。车身采用 CJ-5 Jeep 的车身，轴距为 83 英寸，底盘、发动机、舱壁、汽车仪表以及其他配件都是来自罗孚。罗孚招募了杰克·伯格摩尔上校出任位于巴顿之上的高级职位，用以加强罗孚和国防部的联系，他负责与威利斯的合作商讨。在 7 月 7 日董事会会议纪要中写道："83 英寸路虎 - 威利斯吉普车已完工，并可以对其进行评估。这款车只需做少数几个主要改动即可。"不管出于什么原因，罗孚和威利斯双方都放弃了这个想法。

当时，罗孚还和标准 - 凯旋汽车公司商谈过合并事宜，双方公司的信息交流表明他们都对 2 升排量汽车市场感兴趣，这可能就是凯旋 2000 和罗孚 2000 车型诞生的原因。这两款车都是在 1963 年推出的。

罗孚此时对车型进行改进是明智之举，这一举动巩固了路虎在 4x4 汽车市场中的领军地位。节省资金以及想办法减少设计步骤也是很明智的。据称，Series II 系列从图纸到第一辆金属制原型车只花了短短 6 周时间，而公司管理层并不是通过耗时耗力的全尺寸黏土车模对早期的 P5 车型概念进行的审核，而是通过更便宜的比例车模的照片。

## Road-Rover 车型

设计一款更适合在公路上行驶的旅行车——这一概念

1955 年夏天，大卫·贝奇和第一个 P5 汽车模型。照片从左到右依次为哈利·米尔斯、丹尼斯莱·昂斯、大卫·贝奇、未知名字（模型师？）、弗兰克·安德伍斯。请注意上了漆的木质车模上的精致的金属细节，车模是放在一个成比例的立体实景桌面上。这个地点是拉格比（Rugby）附近的阿什顿屋大街（Street Ashton House），这里是斯宾塞·威尔克斯的家。（马克·巴赫提供的照片）

最初在 1951 年就讨论过，或许这是罗孚对 Tickford 旅行车的市场接受度较差而做出的应对举措。莫里斯·威尔克斯指示戈登·巴什福德设计一款双轮驱动的旅行车，采用缩短轴距的 P4 底盘，这款车就被称为 "Road-Rover"。之后，威尔克斯和哈利·洛克又给它设计了一个侧面平直的车身，以便进一步评估该项目。该款车的第一辆原型车命名为 "温室（The Greenhouse）"，在 1952 年就完工运行了。

该项目似乎在公司里引起不少兴趣。1953 年 4 月，董事会批准 Road-Rover 为量产车。此时，大家一致认为该车车身的设计需要好好地重新考虑，因此威尔克斯和洛克开始尝试设计一个并不太实用的车身。但是，为 P4 进行重新造型设计要花时间，而且路虎当时也有项目正在进行，这就意味着该项目只能在接下来的几年里慢慢进行。

Road-Rover Series II 第一批原型车的制造始于 1956 年，到 1957 年这些原型车就完工可以运行了。这些原型

路虎　设计成就传奇

一辆在1958年推出的标准88英寸Series II载货汽车，带刀片式（blade-type）发动机舱盖。在发动机舱盖上安装备用轮胎，以使车尾装载空间最大化，这在当时是非常受欢迎的。

车的轴距增加到了97英寸，采用了独立前悬（像P5那样），前轮制动换成了盘式制动器。贝奇说过，这款车是罗孚P5和雪佛兰的独特混合体，他没有做过这款车的造型设计，这款车或许是莫里斯·威尔克斯和哈利·洛克最后一次进行车身造型设计。戈登·巴什福德和作家格雷汉姆·罗伯森说过："管理层认为原版设计太朴素，要求改成轻质合金车身、改动车身造型并需要复杂的冲压件。就这样，车身变得更大、更重、更昂贵。"

1958年的工程进展报告揭示了该项目是怎样发展演变的。在1958年1月23日的会议上，报告称：Road-Rover车型需要解决大量的设计问题才能出具令人满意的配置。主要问题是门锁、车窗玻璃、曲面玻璃的密封以及整体结构强度。对目前配置的最终评估预计在2月底完成，当此事完成后，还需要答复3个主要问题：

# 第 1 章 早期的路虎设计

照片中是莫里斯·威尔克斯和哈利·洛克制作的 Road-Rover 的初始模型,大约制成于 1951 年。该车的前翼子板更低矮,相较于以后的原型车,该车的车顶曲线弧度更大。

"温室"汽车停靠在洛德巷(Load Lane)办公区的外面。罗孚制造了 12 辆 Road-Rover 原型车。在位于盖登的英国汽车博物馆中依然可以看到 MWD 716。(BMIHT 提供的照片)

- 所需要的设计更改能否在时间、成本以及生产问题的可接受范围内完成？
- 计划表和图纸什么时候能完成？此事要考虑到其他已有计划的项目致使该项工作（DO）要延后6~8周后才可以进行。
- 改动后，生产上要面对哪些问题？此事同样要考虑到或许会有衍生问题。

到1958年3月13日，报告中称："Road-Rover 7原型车的测试在2月底准时完成，测试结果显示该车的整体基本结构令人满意。很多已知需要做的改动没有在该车中实现，这些改动的整套图纸也需要完成，设计上的问题不得不解决。由于车身制作还有其他工作要做，这些改动要等到3月中旬以后才能开始。公司计划再制造2辆原型车，并在1959年1月31日发布生产配置。"

也是在这次会议上，罗伯特·博伊尔在报告中称"P5和P5硬顶车型将大大增加未来数月的工作量"且"现已发布Series II 88英寸短轴距车型的生产参数。我们预计在4月底完成109英寸长轴距车型的所有图纸"。很明显，绘图部门要完成多个项目的工作，实在是"压力山大"，因此Road-Rover的工作就越发被视为"障碍物"。

但是，Road-Rover项目一直持续到了这个夏天。5月8日，博伊尔报告中称："销售部门的报告正在准备当中。与此同时，该计划依然在进行中，正如先前报告中所述的那样，目标生产日期为1959年10月。"

6月13日，博伊尔报告中称："设计正在按计划进行，在做最终的生产配置。目前正在和销售部门讨论是否将其作为路虎系列车型的衍生版——双轮驱动'简缩'版（更精细复杂的配置作为选配）来营销，还是我们应就目前所设想的那样都做成精细复杂的配置。"

7月7日的会议中进一步讨论了生产Road-Rover两个版本车型的想法："豪华版的设计正在按计划进行中。根据之前会议的讨论结果，决定继续进行'标准'车型的设计，要尽可能多的采用路虎配件和装饰。尽管任务很艰难，但

Road-Rover Series II车型有雪佛兰Nomad的影子，采用了大型罗孚格栅和环绕式车窗玻璃。尽管车身侧面采用了两种配色来进行分割，但该车依然显得很笨拙。

有趣的是，这款车采用了浮动式车顶的设计、环绕式车窗玻璃以及和上下可分式尾板——类似于后来揽胜车款的尾板。传闻说，该项目在沃克斯豪尔（英国汽车品牌Vauxhall）FA维克多（Victor）旅行车（只需858英镑就能买到这样一款无与伦比的旅行车）推出后就被取消了。

是我们会尽最大努力把标准版的设计和豪华版的设计一同做出来，但是这也取决于采购部和生产部能够尽早接受豪华版的改动。"

博伊尔在报告中还指出"Series II旅行车在最近显现出来的问题已经在着手处理中，伯格莫（Pogmore）先生和哈里斯先生正在携手处理这些问题"，还有"P5量产原型车的测试：为了使其达到满意标准，还有很多工作要做"。很明显，罗孚不能把重要的工程师指派到Road-

Rover 项目中去，否则其他关键项目就会有风险，所以这个项目在这之后很快就被取消了。

Series II Road-Rover 原型车总共生产了 11 辆，都是在改动后的 P4 底盘上做的，都是采用后轮驱动以及像 P5 那样的扭杆式独立前悬。其中，大多数搭载的是 1997 毫升罗孚 60 四缸发动机，配四速手动变速器和超速档。车身采用钢制车架和轻质合金面板，但是离地间隙只有 5.4 英寸，这就意味着这款车根本不适合越野行驶。

Road-Rover 当时已经非常接近量产阶段了。在 1958 年期间，Road-Rover 进入了试生产阶段，预计在 1960—1961 年开始进行量产，但是这一目标却从未实现。

说实话，到 20 世纪 50 年代末，Road-Rover 的时刻就已经过去了。实用性好、装饰简朴的双门旅行车已被大规模量产的家庭用房车所取代。标准汽车公司推出的 Vanguard 汽车和希尔曼公司推出的 Minx 旅行车此时都已从双门发展成了四门，而且还有其他新车型，像是沃克斯豪尔（英国汽车品牌 Vauxhall）的 FA 维克多（Victor）旅行车和奥斯汀的剑桥（Cambridge）房车，这些都在 860 英镑左右。这些车型不但可以提供 Road-Rover 所能提供的一切，而且相比之下，这些车型更有优势：四门、更大的装载空间、采用了围绕乘车舒适性而设计的整体式车身，因而更加复杂。还有就是，这些车型拥有更广泛的经销商销售网络和服务支持。

在低端市场中，双门旅行车作为家庭用功能性车辆以 650 英镑的预算建立了良好的市场，像是福特 Squire、希尔曼 Husky 和莫里斯 Minor Traveller。与此同时，最新的奥斯汀 A40 采用了新颖的尾板可拆分的掀背车造型，再加上宾尼法利纳（Pininfarina，意大利汽车设计公司）设计的简约风格，售价才只有 640 英镑。当时，Road-Rover 的售价大约在 1100 英镑，罗孚根本没有办法进行竞争。

## 第 2 章 大卫·贝奇时期和揽胜 1960—1978

在 20 世纪 60 年代早期，路虎的产量为每周 750 辆。到 1959 年 11 月份，总共卖出了超过 25 万辆车，这个数据几乎是罗孚轿车销量的两倍。路虎——这个"暂时的"分支将罗孚带离了在 20 世纪 40 年代计划的发展方向。可以想象，威尔克斯兄弟在心里曾设想在洛德巷生产一系列的高品质轿车，或许还生产一些双门轿跑和敞篷车，就像战前那样。

但是，他们最终却生产了这种军用车。而且，这种车很能赚钱，为罗孚带来了安全保障和丰厚利润。如果没有路虎，罗孚就会像 20 世纪 60 年代早期的凯旋（Triumph）和宝沃（Borgward）一样面临资金危机、销售额下降、没有足够的收入来投资未来的车型。相比之下，罗孚公司能够投入大量资金来生产计划中的下一个车型——1963 年推出的高级 P6 罗孚 2000 车型。

即便如此，罗孚似乎并未完全接受路虎——允许路虎继续生产，并且不给路虎提供应得的足够资源来使其再次成长为 20 世纪 60 年代全球主要品牌。Series II 之后，罗孚在工程资源或生产设施上只进行零零散散的小金额长期性投资。

为了给新款 P6 轿车提供生产空间，罗孚在洛德巷建造了一个北区车间来进行车身组装，还建了一个新的喷漆房。P6 在技术工程和设计上进行了高度创新，赢得了汽车行业的各种奖项，像是汽车安全方面的杜瓦奖（Dewar Trophy），而且 P6 还是第一个赢得当时新创立的奖项的汽车——年度汽车奖（Car of The Year）。贝奇参与了 P6 的研发设计，这使得他第一次出现在公众视野之内，这种公共宣传有助于提高公众意识——专业汽车设计是工业设计的一个分支。到此为止，媒体之前都趋向于将工程师——像莫里斯·威尔克斯或者亚力克·艾斯格尼斯（Alec Issigonis）称之为"新车创造者"，很少提及"造型师"。

图片右上：20 世纪 50 年代的洛德巷工厂。南区厂房是主厂区，在洛德巷的右侧。左侧新建造的 2 个厂区作为调度区域，这 2 个厂区在 1960 年成为了北厂区，用于生产 P6 轿车。（罗杰·克拉索恩提供的照片）

图片右下：P6 早期的初始模型。洛德巷造型室的屋顶是用来观察秘密车型的地方。P6 的研发费用高达 1060 万英镑。（罗杰·克拉索恩提供的照片）

# 大卫·贝奇

大卫·欧内斯特·贝奇在1925年6月14日出生于德国曼海姆（德国西南部城市）。当时，贝奇家住在德国是因为他父亲——乔·贝奇在那里管理一支足球队。乔·贝奇是一位知名运动员，他曾任阿斯顿维拉球队队长11年，还为英格兰踢过足球，也为伍斯特郡（Worcestershire，位于英格兰中西部）打过球赛。

回到英格兰后，大卫上了位于切尔滕纳姆（Cheltenham，英格兰西南部城市）的学校，后来还上了伯明翰艺术学院和伯明翰大学进行学习。他成长于舒适的中产阶级环境下，但是大卫决定从事汽车设计这种新职业。而在当时，要进入汽车行业就只能从学徒做起。

大卫有个比他年长15岁的哥哥，也叫乔·贝奇。他哥哥在1930年加入了奥斯汀，出任销售经理，1952年升任公司的销售总监。因此，年轻的大卫在1944年作为工程师学徒加入奥斯汀，这并没有什么稀奇的。1948年，大卫加入了位于长桥（Longbridge，英国城市）的由里卡多·巴兹（Ricardo Burzi）领导的造型部。在巴兹工作室里，他学会了怎样画草图，学会了怎样制作木制初始模型，但有时候也会用橡皮泥制作比例模型。在这期间，他为1951年推出的巴兹的新款奥斯汀A30轿车设计了仪表板。

因为在米德兰，有能力的设计师很少，所以大卫很快就被莫里斯·威尔克斯发现，并在1953年邀请他加入罗孚。就这样，28岁的大卫成了罗孚的首席造型工程师，很快就接了他的第一个工作——美化P4轿车。后来，他在1958年设计了P5轿车，在1963年设计了P5双门轿跑和激进的P6罗孚2000汽车。

大卫总是穿得很得体，在罗孚一堆工程师中总是能脱颖而出。他比较喜欢穿双排扣西装，搭配马甲，袖口外露，喜欢戴宽大的领带和大饰品，他厚厚的头发像头盔一样光滑地向后梳得整整齐齐，没有中分。

他优雅的衣品得益于他妻子的娘家——他们在伯明翰有很多家男装店铺。大卫和他妻子朵琳（Doreen）结婚后继承了一家位于布里斯托尔大街上的店铺，店铺上面还有一层公寓，他们婚后就住在这里。尽管如此，大卫还是喜欢用自己的裁缝做西装。

1976年推出的罗孚SD1是大卫的另一个比较激进的设计，这款车极大地推进了大型掀背式高级轿车的设计理念，在随后的主流车型中，很多都抄袭了这一设计，像是福特Sierra和通用Cavalier。大卫从1975年开始领导设计了所有英国利兰（British Leyland）汽车的设计，他还将ADO88的设计改成了Austin Metro，他还设计了Austin Maestro和Austin Montego。

1981年，大卫被哈罗德·穆斯格雷夫（Harold Musgrove）解雇后，自己成立了大卫贝奇设计室，主要进行产品设计工作。他还曾为沃尔沃以及其他汽车配件生产商工作过。1994年11月26日，他因癌症去世，享年69岁。

大卫·贝奇是20世纪60年代少数几个汽车设计师之一。（BMIHT提供的照片）

1963年，Bonnet Control 129英寸载货汽车。这辆车是20世纪60年代早期为比利时军方制造的军用车的原型车之一。当时制造了6辆原型车，照片中这辆是如今仅存的两辆中的一辆，目前存放在位于萨里（Surrey，英格兰东南部郡）的Dunsfold Collection。（Dunsfold Collection提供的照片）

## 大卫·贝奇

路虎的发展和 109 英寸 Forward Control 车型

20 世纪 60 年代早期，罗孚工程部分成了 3 部分：汽车工程部，由迪克·奥克斯利（Dick Oxley）任首席工程师；路虎工程部，由汤姆·巴顿领导；新车项目智能团，由斯彭·金（Spen King）领导。他们三人都向皮特·威尔克斯（Peter Wilks）报告。皮特在他叔叔莫里斯不幸逝世后，于 1964 年 1 月 1 日出任技术总监，他领导着罗孚工程部成功度过了整个 20 世纪 60 年代。

主流路虎 Series II 车型在整个 20 世纪 60 年代都少有改动。Series IIA 自 1961 年 9 月开始采用了加大的 2286 毫升柴油发动机；1967 年 4 月，109 英寸长轴距车型硬是塞了一台 6 缸汽油发动机，但是造型上没有任何改动。

20 世纪 50 年代末，罗孚建立了一个路虎"新项目"小组，这个小组的成果就是研发了两个具有更大承载能力的车型。第一个项目是 129 英寸的车型，是一款 30 英担（在英国，1 英担约等于 50.8 千克）大型 4x4 载货汽车，对商业和军用市场都颇具吸引力。这一项目是在杰克·伯格莫（Jack Pogmore）的带领下研发的。该款车最初的目标市场是石油产地中东，在这里，尽管道奇 Power Wagon 载货汽车是根据过时的战时设计生产的，但在中东市场上却非常受欢迎。这款 129 英寸车型，采用 P5 五缸汽油发动机，但在研发过程中仍会产生动力不足且严重过热的问题。1963 年，该项目被废弃，杰克·伯格莫随后很快就离开了公司，这或许也让巴顿松了一口气。

第二个项目是 1959 年开始的另一个 30 英担设计项目，时间证明这个项目更有效率。这个车型就是 109 英寸 Forward Control，该车型采用了现有 109 英寸长轴距车型的 75% 的配件，包括底盘在内。为了实现平头式（Forward Control）布局和 30 英担的有效载荷，该车配了一个新的底盘副车架。项目工程师吉奥夫·米勒在 129 英寸车型项目和 109 英寸 Forward Control 车型项目中都有参与，正是他将伊斯特纳城堡（Eastnor Castle）定为 129 英寸车型的测试场地，这是路虎第一次使用该场地进行测试。而今天，伊斯特纳城堡测试场已闻名世界。

这种 Forward Control 车型一直持续到 1972 年，此时更专业的 One TonneForward Control 车型问世。英国军方发现路虎 109 英寸和 110 英寸 Forward Control 动力不足

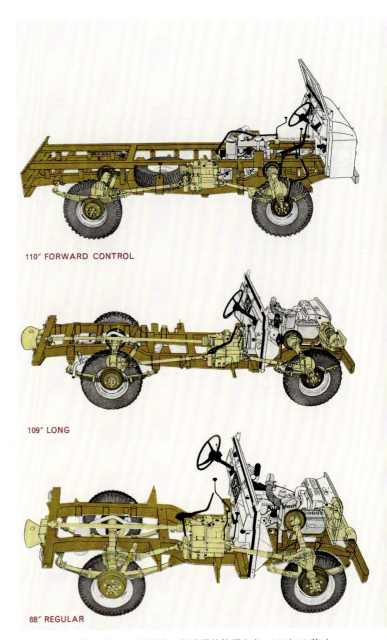

20 世纪 60 年代使用的一系列底盘。很容易就能看出来，109/110 英寸 Forward Control 的底盘源自于长头式的 109 英寸车型底盘，外加一个副车架。

109英寸Forward Control车型于1962年9月推出。照片中的这款车是重新设计后的110英寸版本，比109英寸版本的轮距要宽4英寸。1966年9月，110英寸版替代了109英寸版。

且容易"劳累过度"。因此，他们提出需要一款更大的4x4载货汽车，座椅后面的有效承载要达到1吨，而且能安放4000磅的野战炮。

因此，1967年，罗孚特殊项目——开始设计一款全新的军用路虎，采用101英寸轴距和Forward Control载货汽车驾驶舱，搭配一台特别调校（减小动力，以求得经济性或更大的适应性）的路虎V8发动机和传动系统。这款车的重量要求不超过3500磅，以便能够被威赛克斯（Wessex）或者美洲狮（Puma）直升机吊起来，为满足这一要求，车身设计的是可快速拆卸式的。该款车的最后一个特点就是在车尾配了一个动力输出装置，上面还有一个拖钩，能够拖动炮架，像是鲁博利欧文（Rubery Owen，一家英国公司）研发的6x6载货汽车。

但是，大型路虎和Forward Control载货汽车项目在各个方面都不尽如人意，因此罗孚董事会在20世纪60年代中期花了不少时间考虑怎样增加一个新的路虎车型来促进销售。其中一个方向就是研发一款小型汽车，1964年还考虑研发一款Haflinger类型的轻型车作为一款新的80英寸车型，但是最终的结论是生产成本并没有低多少，所以利润也不会多。1964年，BMC（英国汽车公司）的Mini Moke上市，但销售状况却不理想，这进一步抑制了索利哈尔（Solihull，路虎的工厂）对小型路虎车型的兴趣。

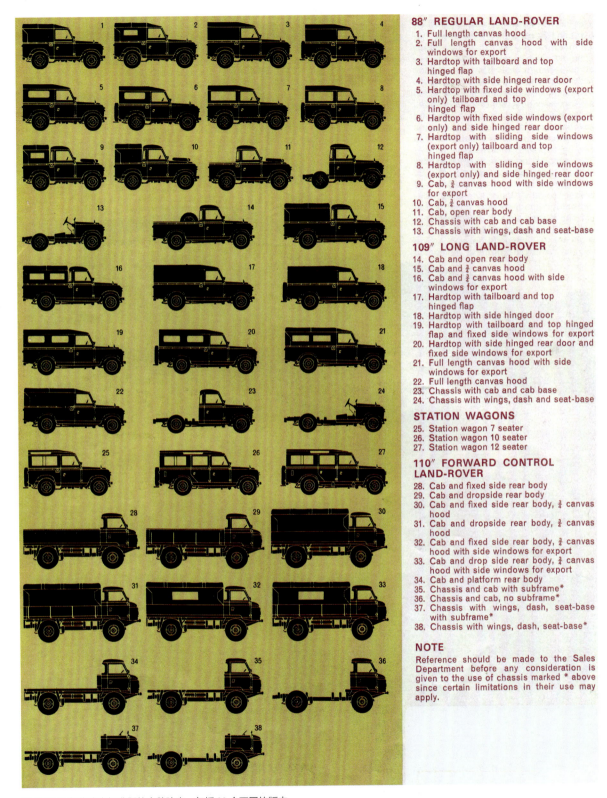

20世纪60年代路虎标准版的完整阵容，包括38个不同的版本。

1965年，半吨（Half Ton）轻型车型的第一辆原型车——R6796-2，照片中的驾驶人是肯·特维斯特（Ken Twist），他是实验测试部的负责人。请注意前格栅的造型，后来在量产车型中用的是简化后的前格栅。

1966年推出的军用半吨（Half Ton）轻型路虎。照片中这辆是1983年版本。

101英寸One Tonne Forward Control车型诞生于1972年，量产是在1975—1978年期间，是由洛德巷工厂的一条特殊生产线加工生产的，每周产量约20辆。

1960年卡斯博森（Cuthbertson）履带式改装车。

这款林地漫游者（Forest Rover）是Roadless Traction Ltd在1964年研发出来的。该款车轴距更大，配10英寸x28英寸拖拉机轮胎，在原木和深沟上也能开，适合在林地作业。

# 技术销售和特殊项目

早在1952年,乔治·麦基(George Mackie)和皮特·威尔克斯(Peter Wilks)就讨论过要给路虎成立一个特殊项目部,但他们讨论出来的结论是,当时还没有足够的特殊车辆订单来保证这个部门的正常运行。在最初的时候,是由服务部门来处理路虎消费者提出的特殊要求,但是服务部门并没有真正的能力来处理这些要求。在20世纪50年代后期,路虎的多功能性真正引起了公众的想象力,很多人都提出要对他们的路虎车进行改装和调整。因此,从1957年开始,销售部内部设置了一个技术销售部,由麦基负责,还有3名工程师和1名秘书。该部门的主要目标,就是负责罗孚同汽车生产商以及汽车部件供应商以外的汽车专家之间的联系,而且麦基还根据拖拉机生产商所使用的审批方案建立了专用审批方案,来确保满足功能性和适用性。他们工作的一项关键优势就是能保留路虎的质保。斯宾塞·威尔克斯给到麦基的要求,就是每年能确保增加200辆车。若能实现这个目标,那么就值得成立这个部门。

将路虎作为拖拉机替代品的这个想法在当时还没有传播开来,而且购买路虎的更多是公共事业公司。为了瞄准这个市场,路虎采用了Bullows生产的可安装在尾板上的新式压缩机,这种压缩机能够快速和路虎汽车相配,这个想法还扩展到了水泵、真空泵和发电机上。当然,农民也购买路虎,但是用它来拖动马箱和拖车的,用来在农场范围内运送农畜,当然农民也用路虎作为个人交通工具。真正的农耕工作还是用拖拉机来做,双沟犁具就是路虎在中等土壤上的极限了,但是购买并安装三点悬架装置的成本太高。

另一个需要解决的早期项目是绞盘绞车,但是麦基的团队研究调查了农作物喷雾器和化肥播撒器,并在1958年的商用车展上展示了他们初步应用的范围。可以应用的供应商,包括Pilchers(救护车)、Dixon-Bate(牵引装置)、Dowty's(泵)、Evers & Wall(农作物喷雾器)、Carmichael和Sons of Worcester则是消防设备。

到20世纪60年代早期,麦基团队向工程部提出的要求数量之多已经开始干扰正常的绘图工作了,因此莫里斯·威尔克斯决定采用新的安排。工程部不愿意有不受其控制的工程团队,因此就在工程部内部设立了特殊项目部。

1965年,对洛德巷工厂周边100英亩农场的维护变成了特殊项目部的职责,他们也利用农场土地测试割草设备,他们在Foredrove农场还有个测试基地。现在,汤姆·巴顿是路虎的总工程师,他为国防部的工作保留了一个专门研发部,特殊项目部从未涉及过国防部的工作。但是,罗孚收购阿尔维斯(Alvis)后,

正在改装成救护车。

20世纪70年代的特殊改装例子。当时的电力铁塔经常使用西蒙液压车载升降台。

路虎工作重心更加往国防部的军用车辆上偏移,因此101英寸Forward Control车型附带的Sottorn-powered拖车项目就交给了麦基的团队进行研发。

到20世纪70年代,特殊项目部的工作转移到了揽胜上面,尤其是救护车改装。一开始,他们先尝试将底盘加大10英寸,后来又尝试了加大35英寸,并搭配一个加大了10英寸的后悬。其他的救护车用的是Carmichael 6x4底盘。

到20世纪80年代,特殊项目部又进行了重组。特殊项目、军方合同、工程联络以及西班牙桑塔纳(Spanish Santana)的生产都规整到一起作为"特别行动"部,都由一个总工程师领导。1985年7月,"特别行动"部成为SVO(Special Vehicle Operations,特种车辆定制部),重心更偏向于作为工厂的专门定制部门,负责人是罗兰德·马图里(Roland Maturi)。豪华改装车、专用军车或者定制重型车都可以通过正常销售渠道进行订购。之后,SVO项目工程师会制定详细的设计配置,定制车辆要么在SVO改装,要么会在一家已被认可的车身制造厂改装。新款127英寸车型的底盘在改装上就是一款很好用的底盘,这个底盘当初也是在SVO改装的。One Ten底盘被切成两部分,将额外的17英寸插进一个特殊夹具中,然后再把底盘都焊接起来。到1987年,主生产线就生产了127个127英寸底盘。

# 路虎特别改装车

路虎的越野能力、载重能力和底盘的实用性,构成了用路虎进行特别改装以及安装特殊装置的基础。这里只是少数几个例子:左边是警车、消防车和救护车,上面是液压平台车;右边是旅行大篷车、铲雪车和农用车或农用喷洒车。

## 造型团队的扩大

进入 20 世纪 60 年代，随着罗孚产品计划的扩展，造型团队也在慢慢扩大。其中一名新招募的造型师就是吉奥夫·克朗普顿（Geoff Crompton），他是 1960 年加入罗孚的，他的妻子也和他一起加入了罗孚，出任首席装饰色彩设计师，继续她之前在鲁兹的职位角色。

1958 年，莫琳·希尔（Maureen Hill）完成秘书培训后加入了罗孚，1961 年她成为贝奇的秘书。她回忆说："设计室并不大，但是毗邻展厅和制模室……展厅里有一个全尺寸的转盘展台和一个能把汽车从技术工程车间升上来的电梯，这个电梯还能将汽车升到屋顶上进行拍摄。"

在这个时候，造型部里有 10 多位模型师在用不同的材料制作模型，在肯·巴顿（Ken Barton）（他替代里弗兰克·安德伍德）的带领下，给黏土模型做木质骨架。他们还和装饰部以及其他工程部一起制作了内饰模型，用于展示汽车仪表、座椅和装饰的提案。除了克朗普顿夫妇和托尼·普尔（Tony Poole），其他的设计师还有弗朗索瓦·塔鲁（Francois Talou）、吉姆·海伦斯（Jim Hirons）和诺曼·莫里斯（Norman Morris）。

后来，克朗普顿夫妇鼓励威廉·汤斯（William Towns）离开鲁兹，加入罗孚。1963 年，汤斯加入罗孚，并在罗孚工作了 3 年。1983 年，汤斯说道："在罗孚，只有第二辆勒芒燃气涡轮赛车才是我原创设计的。在量产车上，我做了很多细节设计，像是旋钮、仪表板和开关等。"

1964 年 4 月，年仅 23 岁的吉奥夫·伯吉斯（Geoff Purkis）加入了罗孚。他曾在伯明翰艺术学院接受过培训，而后还在卢卡斯（Lucas）做过设计师。"我大学的时候就知道罗孚了，那时维克·罗伯茨（Vic Roberts）还是罗孚的脱产学习生，"伯吉斯回忆道，"他是个很有创造力的家伙，后来他为模块化标准揽胜做了一系列精彩的设计，车尾设计各不相同。当时是贝奇面试我的，但当时没有职位空缺。一年后，我加入了卢卡斯，学了些怎样用气笔画出逼真的灯具。后来因为卢卡斯的业务我又去和贝奇会面了，再后来我收到他的一封信，问我是否感兴趣去罗孚为他工作。"

"当时，威尔克斯时代的'老人'还有很多。我和贝奇一样，都上的是独立学校，或许他认为这点会让我融入罗孚，我不太清楚。又或者是，他只是喜欢我的气笔画而已，谁知道呢？"

同样在 1964 年加入罗孚的还有伦·史密斯（Len Smith），他看到《伯明翰邮报》上的招聘广告后就申请了"模型制作师"的工作。史密斯在制版和制模上有经验，所以很快被肯·巴顿聘用。"当我刚到罗孚工作时，工作室内有一个很漂亮的 P5 全尺寸木模。太惊艳了，我从来没有见过如此精致的模型，我都不知道罗孚会雇佣人来创作如此美好的东西。这对我来说是一个全新的世界。"他说他们用的是美国米尔顿-布拉德利（Milton Bradley）的黏土，英国黏土像是威尔金斯-坎贝尔（Wilkins Campbell）则太软，不太适合用于优质模型的制作。后来，史密斯成了巴顿的助理，在罗孚度过了他作为模型师的一生。20 世纪 90 年代，史密斯成为坎莉（Canley）和盖登（Gaydon）工作室的制模经理。

20 世纪 60 年代，罗孚是运营状况最好的英国汽车公司之一，罗孚还有一个专注于研发汽车先进工程技术和提高乘客安全水平的管理团队。贝奇是设计部的掌舵人，在

20 世纪 60 年代末，贝奇和他的 34 人设计团队。（莫琳·希尔提供的照片）

他的带领下,罗孚是当时最先采用人体工程学原理和研发座椅舒适度的汽车公司之一。贝奇在豪华汽车上善用新材料,他还时刻提醒自己学习了解最新的汽车供应商的最新技术,以便鼓励他的团队在工作中应用这些新技术。而捷豹则恰恰相反,他们一直到20世纪70年代都还在用传统的贴木面仪表板和粗陋的仪表板架构。

贝奇制定了一整套现代化设计方法,能够反映当代建筑、产品设计和制图的潮流,这意味着他的团队能够创作出高品质作品,而没有盲目追随当时福特或沃克斯豪尔(Vauxhall)设计室的风格时尚,而且他们比小型设计室——例如凯旋汽车设计室,要优秀很多。相较于Humber(英国汽车品牌)或捷豹,贝奇团队的作品更加接近沃尔沃或萨博(瑞典汽车品牌)理念。他们是一家独立的英国公司,能够进行先进的燃气涡轮发动机的研发工作,也能在阿尔维斯(Alvis)分支下研发军用坦克,与此同时,还能将动力强劲、运行顺畅的美国V8发动机装到P5和P6轿车中来增强其稳重的形象。

"大卫·贝奇对工业设计之类的很感兴趣,"汤斯说道,"在鲁兹,设计师不过是把印在胶片上的图案画出来,但是在罗孚,你会发现造型在生产制造过程中扮演着很重要的角色。"

1968年,又有两名学徒加入了造型设计团队,他们就是克里斯·韦德(Christ Wade)和凯文·斯宾德勒(Kevin Spindler)。他们两人都是在1964年作为学徒加入罗孚的,学业完成后就进入了造型设计室。"造型部只从学徒中招收少数几个人,令人惊讶的是,我和凯文·斯宾德勒都被招进去了。"韦德回忆道。

"工作都分配出去了,"他继续说道,"大卫有一点非常棒,那就是他是一个很优秀的销售。他总是不断在突破界限,他还允许我们画直线赛车和梦想汽车的草图。一开始,在他过来时我都会把这些草图藏起来,后来我才知道他喜欢这些东西,而且会对这种设计草图做出评论,他会说'这个特色要保留,这点很有趣,或者不要放弃这个想法'等。"韦德画了一系列揽胜越野草图,这完全是他自发创

罗孚造型室。20世纪60年代中期,位于一楼的造型室已扩展到戈登·巴士福德之前的工程设计区,每个设计师都有自己的制图工作区。那时候流行的是用马克笔、蜡笔和水粉在康颂(Canson,法国描图纸品牌)纸上画草图。左边站着的人是托尼·普尔。

作的,而且他还让制模室做了第二个玻璃钢车身外壳,是根据1971年罗浮宫展出的比例模型制作的,车尾是敞开式皮卡货厢。

"我认为路虎的存在有助于罗孚在设计上更专注于工业设计,而不是单纯地加点镀铬饰品或改动点尾翼设计。"他总结道。

到20世纪60年代末,罗孚造型部已发展到约30人的规模。此时,吉奥夫·克朗普顿已经离职了,海伦斯(Hirons)去了德国福特公司,汤斯去了阿斯顿·马丁。他们的位置由新人替代,这些人中包括珠宝设计师伊恩·比奇(Ian Beech)和装饰及色彩设计师格雷汉姆·刘易斯(Graham Lewis)。

### 揽胜的发展

Road-Rover这个想法从未消失过,但是罗孚的技术工程资源有限,需要专注于其他项目。首先有1958年的路

路虎　设计成就传奇

福特 Bronco（上图）、万国收割机 Scout（右图）和 Jeep CJ-5 Wagoneer（下图）。Wagoneer 更注重奢华；而 Scout 则更基本，它是在 20 世纪 60 年代 Jeep-type 底盘上改进的；Bronco 则处于两者之间，有双门硬顶版、皮卡版和新颖的开门式"敞篷版"。

虎 Series II 车型和大型 P5 轿车。后来，又专注研发 P6 车型，还有 1962 年秋天首次亮相的 P5 Coupe 双门跑车。因此，直到 1963 年才开始专注研发斯宾·金（Spen King）热衷的新项目。

推动揽胜项目的动力来自两方面。一方面是来自 1965 年的格雷汉姆·班诺克（Graham Bannock），他负责罗孚的市场调研部。他的首要任务就是调研美国市场，因为罗孚的轿车和路虎在美国的销量都不甚理想。他注意到万国收割机公司在 1961 年推出的 Scout 80 和 Jeep 在 1962 年 11 月推出的 Wagoneer 都比较成功，这两款车都是 Jeep 4x4 基本车型的民用车型。更重要的是，随着 1965 年 8 月 Bronco Wagon 车型推出，福特也进军了 4x4 这个紧凑、休闲汽车市场。Bronco 车型搭载了一台运行平稳的直列 6 缸发动机，到 1966 年 3 月该车型还可以选配 4736 毫升 V8 发动机。

班诺克认为罗孚也应该生产一款这种休闲娱乐汽车，因此他在备忘录中概述了他的想法。巧合的是，他的想法和当时罗孚工程师正在考虑的两用汽车的想法不谋而合。在见证了 1965 年 8 月 Bronco 的推出后，班诺克回到了索利哈尔，并与负责新车项目（NVP）的斯宾·金进行了会谈。斯宾·金和戈登·巴士福德（Gordon Bashford）与班诺克讨论了他们的想法，后来金和巴士福特开始着手给这个项目制定原则。从技术方面说，这个想法是将全时 4x4 车型和又长又软的悬架结合到一起——这恰恰和路虎相反。而罗孚当时刚获得了生产制造别克铝制 3.5 升 V8 发动机的权利，恰好能够为这个新概念车型提供运行稳定、低负荷转矩的轻型动力装置。

另一方面的动力则来自于政治方面。1966 年 4 月，哈罗德·威尔逊（Harold Wilson）的工党政府当选，提高了汽车购置税，导致汽车销量下降。不仅如此，国防开支也被削减，国防部采购路虎的订单也减少了。罗孚受到这两方面的压力，管理层急需制定策略来扭转这一新现实。突然间，斯宾·金的新车项目（NVP）策略就有了新动力。他们很快就做了一份书面基本布局方案，并借调了 20 名工程师来做这个激动人心的新项目——最初该项目的名称为"替代旅行车（Alternative Station Wagon）"。吉奥夫·米勒（Geof Miller）在 1966 年 7 月加入了这个项目，他是被借调给 NVP 的工程师之一。当时，工程部的技术助理尼克·威尔克斯（Nick Wilks）和底盘工程师菲尔·班克斯（Phil Banks）以及车身工程师菲尔·杰克逊（Phil Jackson）都被借调给 NVP 去帮忙。

1966 年秋天，米勒在伊斯特纳城堡（Eastnor Castle）测试场安排了一场 4x4 汽车对比测试。罗孚 NA 子公司购买了福特 Bronco、Jeep 的 Wagoneer 和万国收割机的 Scout 用作对比评估。这些汽车都是双门车身，所以估计当时美国市场中要的就是这种车型。从当时路虎的经验来看，这种车型可以在海外进行更简单的 CKD（completely knock down，全散装件）组装。在伊斯特纳城堡测试过后，这些汽车又在 1967 年初在埃奇山雪路上进行了早期 4x4 全时四驱系统的测试。

第一辆原型车 100/1 是 1967 年 1 月在模型车间内制造的。尽管，斯宾·金被广泛认为是这第一个车型的造型师，但是最近的研究调查表明斯宾·金有外来帮手。根据金所说

1967 年 7 月，新完成的原型车 100/1。这个车身造型是吉奥夫·克朗普顿画的，在造型部设计出最终设计前，该车身是遮盖动力装置的临时措施。但是，管理层非常喜欢这个车身设计提案，要求保留这个设计，只需做一些轻微的改动。

原型车 100/1 注册牌号为 SYE 157F，车身为中灰色，配风格新颖的网格格栅。保险杠和刮水器都来自福特 Transit 车型。原型车 100/2 是 LHD（左侧驾驶）汽车，车身为中蓝色，1968 年 4 月注册为牌号 ULH 696F。

后视图，1968 年春天的同一天拍摄的。照片中显示了分体式尾门的凌乱布置，每个尾门上都配了双锁。这两辆原型车都没有幸存下来。

100/1 的内饰，特点是前排有两个客座。

的"大卫有很长一段时间是拒绝参与本项目的。一开始的时候，我们是自己设计，我们借调过来一个叫吉奥夫·克朗普顿的造型师，让他帮助我们进行绘图设计，大卫都不知道这件事。揽胜是直接从我们新车项目部出去的，除了最后的装饰包装外，它都没有进过造型部"。[一]

这是非常关键的。克朗普顿的参与意味着"替代旅行车"拥有良好的基本比例和美学平衡，而这正是之前 Road-Rover 所严重缺乏的。低矮的腰线和大面积玻璃的使用呼应了当代的造型时尚，车身支柱的构造遵循了很多汽车设计的经典规则，A 柱直接指向前轴的中心，其他支柱则汇聚在汽车上方的同一个点上。

1967 年，该项目在公司内部备忘录中被称为"100 英寸旅行车"。到 7 月份，原型车 100/1 已经准备好，技术总监皮特·威尔克斯（Peter Wilks）对当时所取得的进展感到很高兴。他们起草了一份正式的产品方案，在 7 月份提交给了罗孚董事会。董事会批准了这份提案，并在 1968 年 1 月批准了基于该提案的完整详细计划——生产在 1969 年 12 月开始，这实在是一个进展飞速的项目。

1967 年 6 月，造型设计正式开始，比例车模的提案是根据新车项目（NVP）研发出来的 100 英寸总布置做的。这些车模更加像真实的汽车，而不是贝奇所喜欢的那种四四方方的形状，但是这些车模尺寸都不超过真实尺寸的 1/4，都只做到黏土塑形阶段。金指出由于这些精细复杂的设计，CKD（全散装件）的组装会很困难，所以第二次设计的目标是简化、整理克朗普顿的 100/1 原型车的车身造型。

就像其他很多优秀的汽车设计事例一样，这一经典设计是在短短几周内迅速完成的，其过程之快令人惊讶。该设计从 7 月开始，到 9 月就完成了。和克朗普顿的风格相比，贝奇和他的团队对外观造型进行了一系列深思熟虑后的改动，包括新增了一个非常新鲜的设计特色，而这一特色被时间证明是经典的设计。

首先，他们新增了一个车身侧面凹陷的特色，而不是像原型车的那种双"瓦叠式船"的造型线。凹槽内设计了各种功能性元素，包括前后灯、转向信号灯、格栅、注油

这是造型部制作的 100 英寸旅行车的黏土车模。在今天看来，它的造型有点过度了，也不如最终揽胜的造型理性。

---

[一] 据莫琳·希尔所说，贝奇不愿意开始设计揽胜的原因之一是那时候他正在忙于一个个人项目——P6 Coupe 双门跑车。这款车后来被称为"Gladys"，是在拉德福（Radford）车身制造厂生产制造的，是提交给阿尔维斯的非官方提案。这辆原型车花费了 22000 英镑，但是贝奇个人把这辆车买了下来，后来他的妻子多琳一直开了这辆车很多年。

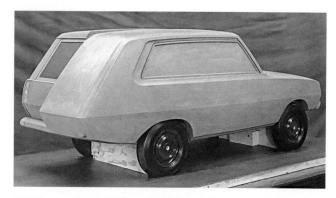

这是同一个双面模型的后视图,带有新款雷诺(Renault 16)掀背车的色彩。贝奇想要一款更像汽车的车辆,外观方面不必太实用。但是,现在回想起来,这种外观造型会很快过时的。

在一楼旋转展台上展示的全尺寸汽车模型。上方的白色罩布是用来遮挡条形灯发出的灯光。门把手尚未进行定制。这个黏土汽车模型是在2016年重新制作的,是洛德巷的新游客体验展的一部分。

大家普遍认为揽胜车型的研发只在1967年7月做了这一个全尺寸黏土车模,每一面都有不同的设计风格。垂直格栅和粗壮的"带盖"转向信号灯已经出现,还有深度凹陷的7英寸前照灯。注意模型上的"Road-Rover"字母以及发动机舱盖上并没有城堡状凸起。

口和竖直门把手。再看车头,这里做了竖直黑色菱形的宽大黑色格栅。车身上半部分和发动机舱盖基本没有改动,唯一改动的是发动机舱盖前端增加了一对"城堡状"凸起,能够在越野时提供一些转角指示点,也可以安装后视镜。

车尾所需的改动最大,原本难看的焊接法兰是直接露在外面的,后来用合适的冲压角铁代替了。

尾板上半部分的后车窗玻璃是平面的,安装在一个很简单的框架中,但尾板下半部分则清理的干干净净,做了一个比较深的凹槽来安装单门拉手和牌照灯。尾灯则经过重新设计,给人一种厚实大气的感觉,和前照灯相吻合,安装在凹进去的车尾两端。

其实,了解一下揽胜的其他"标志性"特点是怎样挣脱"功能束缚"而产生的,也是比较有趣的。低矮的腰线和纤细的支柱,是因为金对良好视野痴迷而产生的。和早期Road-Rover一样,可滑动的后车窗玻璃要求腰线和车顶侧梁必须平行。"漂浮车顶"则是用螺栓固定在外露的车顶凹槽上的,和英国汽车公司(BMC)的Mini是不同的。

实际上,100英寸旅行车项目在那个夏天并没有多少空余时间。贝奇的主要精力都放在大型P8轿车项目上,根据计划,该车型将来是要替代P5车型的,是罗孚公司的一个主要项目。不仅如此,当时还有一个比较令人激动的P6BS跑车项目,代号P9,这是金和巴士福德领导的NVP团队研发的另一个钟爱项目。1966年底,他们在做100/1的同时也做了一辆原型车。到1967年早期,这辆原型车就能运行了。该原型车车身设计很简单,车身采用平板制作,原本的打算是等该项目拿到罗孚子公司阿尔维斯(Alvis)的批准后再进行造型设计。吉奥夫·克朗普顿再一次被借调过来,对斯宾·金(Spen King)的车体布局进行外观造型,为原型车再设计一个简洁的车身外壳。

1967年9月,100/1进行了测试,结果很棒。长行程螺旋弹簧悬架提供了出色的车轮铰接,强劲的3.5升V8发动机能提供充足的动力,搭配4x4全时四轮驱动系统,即使发动机在失谐状态下也能产生130马力。该车的前部实心车轴采用了半径杆,像福特(Bronco)一样,但是其车

工作室中,预生产的揽胜星脉(Velar)的另一种前端设计细节。(莫琳·希尔提供的照片)

# 路虎 设计成就传奇

1967年夏天，托尼·普尔（Tony Poole）俯身查看揽胜草图。照片背景中有胡子的那个人是格雷汉姆·刘易斯（Graham Lewis）。（Style Auto 杂志提供的照片）

贝奇蹲下查看草图（照片上），贝奇和模型师哈利·克鲁金墩（Harry Crudgington）（照片左）在开玩笑。罗孚的模型师穿的都是蓝色工作服。（Maureen Hill 提供的照片）

体布局在一开始会产生很糟糕的转向反冲，需要再对其进行快速设计来更正这一点。

内装设计是全新开始的，托尼·普尔从 1968 年早期就领导该车的内装设计。乘客安全是一个重要的考虑因素，放弃了在 100/1 上尝试使用过的双人座椅，采用了两个高强度的安全座椅，带腿托和斜拉背带式安全带。后排座椅则设计成可向前折叠的，能够提供超大行李空间：1.5 米长，1 米多高。

其他安全特色，包括折叠式转向管柱、防爆门锁、折叠式摇窗把手和用模具制造的高强度玻璃钢车顶内饰板，能够在发生碰撞时给乘客提供更大的保护。

原本计划是做一个基本内装版和一个豪华内装版——配面朝后的儿童座椅，这点和沃尔沃 Amazon 旅行车相似。原型车 100/7 就是豪华版，但是由于生产日期越来越逼近，首要任务变成了要尽快将基本内装版最终定下来，因此豪华版的想法就被舍弃了。

造型部在 1968—1969 年间一直在研发和完善所有细节，设计小团队也忙于为 1970 年重新设计和优化 P6 车型，还要继续研发大型 P8 车型。托尼·普尔既要研发揽胜又要重新设计路虎 Series IIA 车型，因为 1968 年春天，某些特定出口市场的新法律法规要求将前照灯移动到前保险杠上。为了降低其易损性，前照灯被包裹在略微凹陷的凹槽中，转向信号灯和侧灯则进行了垂直安装，配上加大了的长方形网格格栅，使得车身外观非常简洁。很快，英国的汽车照明法规也同样要求对汽车进行这种更新。1969 年 2 月，所有路虎 Series IIA 车型都进行了这种更新。

公司政策也起到了一定作用。1966 年，罗孚董事会最

在托尼·普尔设定的背景上粘上了一张汽车黏土模型的照片。普尔在他大部分的细节设计工作中，都使用了这种照片蒙太奇的方法。（莫琳·希尔提供的照片）

量产车上的座椅排布，带座椅安全带，在座椅底座上有经过设计的 ABS 堵头。前排座椅在碰撞情况下要能承受 7000 磅力英尺的扭力，这是以前从未尝试过的，而且很难设计。

内饰造型的初始模型。前排座椅的安全带卡扣安装在座椅上，但后排座椅的安全带卡扣依然安装在 B 柱上，妨碍了从后面进出。请注意中控台的布局。（Style Auto 杂志提供的照片）

终决定要和另一家汽车公司合并来抵御日益严峻的竞争，以及实现新模型研发的大规模投资。经过漫长的谈判，罗孚被利兰汽车公司收购。利兰老板斯托克斯勋爵（Lord Strokes）和约翰·巴伯（John Barber）在 1967 年夏天看到 100 英寸旅行车后，他们立刻就认识到这款车的独特潜力，因此他们立即批准生产该车型。

此时，P8 轿车也在稳步进行当中，P9 跑车亦是如此，但是公司之间的规定要求在下一轮公司合并结束后对这两个项目再次进行检查。1968 年 1 月，利兰汽车公司宣布将与英国汽车控股公司合并组成新的英国利兰公司。令人惊讶的是，他们把 P8 轿车作为新款 "奔驰对手" 全面批准生产。

尽管如此，揽胜和 P6 的工作仍需继续。1967 年早期，年轻的研发工程师罗杰·克拉索恩（Roger Crathorne）和艾伦·伍德（Alan Wood）加入了新车项目（NVP）。1968 年春天，第二辆原型车 100/2 制造完成，这辆车是 LHD（左侧驾驶）。此时，斯宾·金已被斯托克斯勋爵调去领导凯旋工程部（Triumph Engineering），戈登·巴士福德（Gordon Bashford）代替金成为 NVP 的负责人，但 100 英寸旅行车主要是由吉奥夫·米勒完成的。

"我们正确绘制部件图纸，然后仔细地把部件做出来，而不是在车间地面上随随便便做一下就行了，"克拉索恩说道，"汤姆·巴顿是老式铁路工程师，他坚信板弹簧是最适合越野用的。斯彭在其他很多方面说服了他。他认为板弹簧太软了，会导致底盘产生裂纹（但其实不会）。"

## 罗杰·克拉索恩（Roger Crathorne）

罗杰·克拉索恩和路虎的紧密关系保持了 50 多年，现在他是 JLR（捷豹路虎）的名人大使，他在品牌传承上有丰富的知识。1947 年 4 月 8 日，他出生在索利哈尔，也是在这个复活节周，莫里斯·威尔克斯在沙滩上画下了路虎的形状。20 世纪 40 年代的索利哈尔是一个富饶的小村庄，而不是一个城镇。他的父亲曾在罗孚采购部工作，所以年仅 16 岁的克拉索恩能在 1963 年 9 月开始他的罗孚学徒生涯就不足为奇了。他一开始是在工程部工作，在汤姆·巴顿的带领下，做 110 Forward Control 车型。

"在当时的路虎，你不仅仅是一名工程师，还是设计师、研发师和原型车制作师，什么事都得自己来做。在路虎要比在罗孚汽车做得多，在罗孚汽车，你不用自己进行修补和折弯金属，而在路虎你得自己做。罗孚汽车是已经设计好了的，是构思好了的，而且包装也很重要：在路虎，工程设计不会有大量的前期准备，而是更加随意。"

1966 年末，伯纳德·普尔（Bernard Poole）推荐他从学徒作为新车项目（NVP）100 英寸旅行车项目的初级工程师之一。首席项目工程师吉奥夫·米勒（Geof Miller）选择了他加入他的团队。克拉索恩在这个项目中做了很多越野研发测试，他还对竞争对手——像是 Jeep 的 Wagoneer、丰田 FJ55、福特（Bronco）、万国收割机公司的 Scout 和 Travelall 做了评估。1970 年 6 月，揽胜在 Meudon 酒店举行发布会，克拉索恩是示范车手之一，当时公开发行的很多照片中都有他的身影。

揽胜推出后，克拉索恩继续在米勒手下工作。1972 年，他们制造了一辆早期的 4 门原型车，但是管理层告知他们停止此项工作，这辆车也重新换了另外的车身。

1976 年，他参与了路虎混合动力 Stage 1 V8 原型车的制造；1978 年，他成为路虎示范队的经理。他手下有一个 5 人团队，他们在索利哈尔的丛林测试场和伊斯特纳城堡（Eastnor Castle）提供越野驾驶建议，他成了路虎的名人，因为他越来越多地出现在路虎公关团队的媒体播报中。在短短 1 年期间，就有超过 10000 人体验了丛林驾驶。

1990 年，路虎体验中心建立，克拉索恩需要经常接触媒体，向付费客户提供越野驾驶培训和指导，还要为新车型的越野能力盖上他认可的印章，这成为一种有价值的仪式。2013 年，在为路虎提供了 50 年服务后，克拉索恩光荣退休。

罗杰·克拉索恩坐在 HUE 166 车中。

巴顿对路虎的理念很简单：让路虎驾驶起来感到粗犷、不舒服，以此来挣脱驾驶人给路虎的束缚。但是，"100英寸旅行车"的概念直接挑战了这个观点理念。米勒表示："巴顿根本不热衷这个项目。螺旋弹簧他说太荒谬，盘式制动器他说太荒谬。巴顿还想做一个比较粗糙的内装。我感觉内装应该做高档一些，但是我没争论过他。未经修饰的汽车内装太稀疏粗糙了。"

但是，要把这款车命名为什么好呢？米勒曾说，市场营销部为这款车找了好几个名称，包括"黑豹（Panther）"和"美洲豹（Leopard）"。其他的名称，也在1968年进行了认真的探讨，包括路虎"Ranger"和路虎"Viking"。但是，"Viking"这个名称归通用汽车（GM）所有，要用的话还得寻求通用的授权。最后，托尼·普尔建议用"Range Rover（揽胜）"，这个名称押头韵，而且和"Road Rover"相比更容易让人联想到冒险风格。

因此，这款车的名称就定下来叫"揽胜"。罗孚技术总监在1969年9月25日中的报告中指出："现已决定将100英寸旅行车称为Land Rover-Range-rover（路虎-揽胜），字母Land Rover放在前面，字母Range Rover在两侧。"但该车推出发行时，则是将Range Rover字母放在前保险杠和发动机舱盖上，将Range Rover-by Land Rover字母放在后尾板上。

贝奇团队的最终设计是对原版原型车的精妙优化。车头造型非常大胆，单个圆形前照灯搭配大号侧灯和转向信号灯，给前脸营造出一种自信、温和的感觉。门把手是黑色竖直的长方形造型，位于车身侧面的内凹处，体现了设计师在汽车造型上的自信造诣，这个门把手是当代设计和功能性人体工程学的完美结合。门把手作为汽车和客户的

这是YVB 153H的宣传照片，这辆蓝色（Tuscan Blue- 托斯卡纳蓝）试制车在原版营销宣传页中出现过。

# 路虎 设计成就传奇

揽胜的特色细节照片,包括大号转向灯、竖直门把手和 Rostyle 车轮。(作者自己收集的照片)

第一个接触点,这个门把手就像和客户初次见面进行"握手"一般,而且这种门把手够大,带着厚手套也能用,不得不说这个坚固的门把手是经过精心设计的[⊖]。

亮色部分被减少到最少,黑色亚光是外观的主色调。这种新时尚是受了拉力赛和赛车运动的影响,这种色调也会同时应用在 1970 年推出的 P6 优化设计中。只有刮水器和喷水头是光亮不锈钢的(但后来也改成了黑色的),保险杠做了简单的银色喷漆。

车身构造也很有新意,车身采用钢制底盘,像 P6 轿车的那种,外壳采用 Birmabright 铝合金面板铆接而成。发动机舱盖、门柱、尾板和后翼子板的角板用的是钢板。

该车还需要最后的修饰。罗伯里·欧文(Rubery Owen)设计了一种新式车轮,能够避免使用繁琐的轮毂盖。这种风格的车轮,采用了钢制车轮深拉制造工艺,

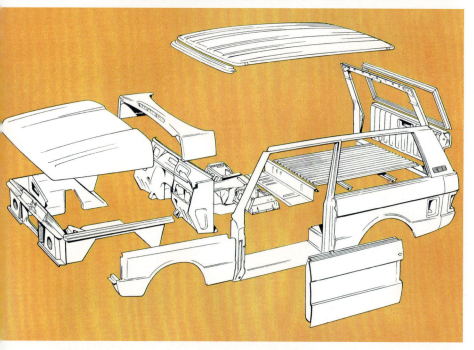

揽胜车身的布局。车门、门柱、尾板和翼子板的角板都使用钢板制成,其他表面外壳是铝合金面板。发动机舱盖原本计划用铝合金材质,但是新增的城堡状凸起意味着只能用钢板冲压而成。斯宾·金表明他不赞同这个改动!(Style Auto 杂志提供的照片)

---

⊖ 相比之下,后来的 4 门揽胜则配了一个设计最差的门把手,这个门把手来自于 Morris Marina 车型。

第 2 章 大卫·贝奇时期和揽胜

YVB 160H 的前舱，座椅已拆除。从照片中能感觉到设计制造的很匆忙，仪表盘是用塑料面板组装起来的，放脚的地方仅用橡胶垫马马虎虎地掩上。通道控制台被取消，只保留了烟灰盒。

YVB 160H 在摄影棚中拍摄宣传用的照片。从这张照片中，能明显看到粗糙简陋的内饰，车门衬里上有双头门把手和双开启门把手。这种箱型褶裥是采用最新的海绵真空成形工艺制造而成的，但是在使用过程中被证明不耐用，而且现在要对其进行修复还原是几乎不可能的。

053

照片中显示的是同一辆试制车的行李舱的布局，上面显示了粗糙简陋的内饰，只是用螺纹垫遮盖了一下而已。早期的车型配的是可折叠的铰接式车牌。

并于1967年命名为"Rostyle"车轮推向市场。罗孚是第一个采用Rostyle车轮的汽车生产商之一，P5B用的就是Rostyle车轮，福特Cortina Mk II 1600E用的也是Rostyle车轮，这两款车用的都是比较贵的表面镀铬车轮。尽管，车轮表面只是做了简单的银色涂装，但贝奇认为这种车轮非常适合揽胜。最后，揽胜采用了205/16英寸M+S（Mud and Snow，四季轮胎）高凸花纹胎面的轮胎，大大增加了该车的吸引力，使它和其他4x4汽车明显区别开来。

该车内饰体现了现代化功能性设计和运动风格的结合。设计的仪表板是用模具成形的ABS塑料制成的，而非手工制成的，仪表则安装在一个小型仪表盘中，与前排乘员侧的储物盒面板遥相呼应。选配的辅助仪表则位于驾驶台中央，是独立的仪表，就像跑车上的那样。操控装置都比较粗大，尤其是充满"男人味"的变速杆，配上模制橡胶制成的两个变速杆的波纹套、橡胶脚垫和大颗粒塑料件，给人一种结实粗犷的感觉，非常吸引人。

打开门后，首先注意到的是座椅。座椅安装在比较高的底座上，采用真空成型的PVC材料制成，上面带宽大的箱型褶裥。后来，这种风格也应用在P6轿车上。座椅底座的两侧配有整齐的ABS塑料盖板，盖板的造型是典型的20世纪60年代末的产品设计：梯形造型，内凹的细节设计和半径尺寸都与上面的座椅完美匹配。

安全带集成在前排座椅上，座椅采用了正确的人体工程学原理，不管座椅在哪个位置，当座椅靠背向前折叠后都能很方便地坐进后排座椅中。

内饰颜色只有一种——Palomino米黄色，这种颜色和可以选择的6种外观颜色形成了鲜明对比，相较于路虎所采用的普通灰色和黑色PVC更能给人一种高档和现代化的感觉。

## 揽胜的推出

英国利兰公司成立后，董事长唐纳德·斯托克斯（Donald Stokes）承诺每年会推出两款新车型。对于1970年的新车型，他已经有了Triumph Stag车型，但还缺一个新车型。因此，原本计划在1971年春天推出的揽胜就提前到1970年推出了。

揽胜只做了7辆原型车，第一辆和第二辆都用的是克朗普顿的车身。后来，生产了25辆星脉（Velar）原型车来做研测试发用。测试结果很不错，不仅在越野成果出色，而且在客户诊断的测试结果也很好。

揽胜是1970年6月17日在康沃尔郡（Cornwall）做的媒体发布会，而原计划则是在摩洛哥做媒体发布会。斯托克斯甚至想更早推出揽胜，在1970年4月就推出，但是试制车的数量不能及时达到所需的数量。

媒体对揽胜的反响非常好。不管哪个记者试驾，揽胜都能赢得他们的赞赏，结果揽胜立刻打开了市场，大众对揽胜的需求自此源源不断。揽胜一经推出，客户预订表就制定好了。

当时的情况很简单：揽胜的发售价格是1998英镑，在当时，没有任何一个竞争对手能够提供像揽胜所拥有的这种广泛的性能。揽胜不仅是一款优秀的越野车，还是一辆空间宽敞的房车，而且（罗孚很快发现）揽胜还是身份的象征。客户都非常喜欢指挥官式驾驶位置，尽管农民和厢式货车驾驶人对这种驾驶位置很熟悉。但是，对于购买

克里斯·韦德（Chris Wade）画的一张有趣的越野车草图。韦德做过不少揽胜的草图，这些草图在2016年的洛德巷展出过。（Style Auto 杂志提供的照片）

沃尔沃145或者凯旋2500这种高端房车的客户来说，这是一种全新的体验。

很快，罗孚发现人们购买这款新的旗舰车的原因多种多样，而非仅仅是因为它优秀的越野能力。农民可以开着车载羊，也可以晚上开着车去剧院——这种观点稍微忽视了真正的客户群体。事实证明，揽胜真正的客户群体更多的是住在伦敦、具有绅士品格、对造型时尚认识较高的中产阶级。20世纪70年代晚期，"切尔西拖拉机（Chelsea Tractor）"的绰号就是这么来的。

中东是揽胜的另一个主要市场，阿拉伯买家喜欢和英国皇室有关联的事物，喜欢射击游戏和马球比赛。他们不喜欢只有两个门，因为是专职驾驶人开车载他们行驶，但他们很喜欢揽胜优越的座驾位置。警方和紧急服务部门也很快意识到揽胜在高速公路上巡逻的潜力——最高车速可达95英里/时、驾驶位置高、能够拉动40吨的载货汽车，这些关键性能是其他车辆无可比拟的。

尽管，英国利兰公司的管理很糟糕，但是揽胜在整个20世纪70年代取得了巨大成功。而且，公司缺乏对揽胜的后续研发，其他英国利兰汽车系列——像是 Mini 和 MGB 也同样如此，但揽胜本身的完整性承受住了公司的这一"疏忽"。没办法，因为当时英国利兰正在市场中和销量最大的主流车型进行激烈的博弈，揽胜只能"自卫"。幸运的是，一直持续不断的有客户购买揽胜，他们购买的原因是揽胜是一款很独特的汽车，即便生产品质不高，等待时间也很长，但仍不失为一辆值得购买的好车。

## 贝奇和他设计职位的变动

罗孚 P8 轿车和 P9 运动跑车的设计工作，占用了1968年到1969年罗孚工作室的大部分资源，但是公司之间的政策规定使得这两个项目在1970年初被封存起来了。P8 和 P9 的研发工作持续到1970年夏天，P8 在 Pressed Steel Fisher（一家英国车身制造厂）上花费的车身模具费高达300万英镑。威廉·里昂爵士（Sir William Lyons）认为 P8 和 P9 会对他自己的 XJ6 和 E-type 车型造成威胁，所以即便这两个项目已处于研发晚期，但他仍然要求终止这两个项目的研发工作。结果，P9 立刻被终止了研发工作，而 P8 则直到1971年3月才被终止。

对索利哈尔和贝奇工作室来说，这无疑是令人悲伤的，尤其是他们因在揽胜上的优秀设计工作而获得奖励不久就一下丧失两个主要项目，这肯定是令人痛彻心扉的，更不用说他们在9月份推出的 P6 优化设计也受到了热烈欢迎。工作室里弥漫着这一种"虎头蛇尾"的感觉，而贝奇第一次对他在罗孚的职位是否安全产生了质疑。

他的质疑担心并没有持续很长时间。尽管贝奇在 P8 和 P9 上输掉了，但是到了1971年，他的个人职业道路却日渐光明。他很快被晋升为英国利兰专业部的设计总监，专业部所负责的包括跑车、豪华轿车和路虎项目。在这个新角色里，他还终将成为位于坎莉（Canley）的凯旋工作室的设计总监，并计划设计两个新系列的轿车。

第一个项目，是用一个车型代替罗孚 P6 和凯旋 2000/2500 系列，这个车型最后被称为罗孚 SD1。1970年夏天，代替 P6 车型的新车型——P10 的设计工作就已经开始了，到1971年2月，就在 P8 被砍掉之前，管理层批准了 P10 的四分之一模型，允许该车型进行接下来的工作。到7月份，他们就已经开始制作 SD1 的全尺寸黏土模型，到11月份就准备好提交给管理层进行审核批准了。但是，到最终投入生产则又花了5年时间。由此可见，当

## 托尼·普尔（Tony Poole）

托尼·普尔原本是罗孚燃气涡轮部的一名装配工，他自第二次世界大战后期在 RAF（英国皇家空军）任职时就和喷气涡轮机打过交道。在 RAF 时，他经历了一场近乎致命的事故——螺旋桨划到了他的脸，在他的右脸上永远留下了深深的疤痕。

1956 年春天，大卫·贝奇招募了普尔作为他的第一个造型助手。他把对罗孚 T3 燃气涡轮发动机汽车的徽章和其他细节的建议画成了草图，吸引了贝奇的注意，凭借这一优势，他得到了造型工作室的固定工作。尽管，他并不是经过专业培训的工程师，但普尔用气笔作画的技术水平受到了其他公司的高度认可。

"我喜欢托尼，他非常古怪，"设计师艾伦·谢泼德（Alan Sheppard）回忆道，"托尼做的一些艺术作品是非常令人震惊的，这些作品是我所见过的最令人惊叹的气笔渲染图。尾灯以及车门内把手的变化都画得非常详细，看起来非常逼真，你从纸上就能明白它们是怎样工作的。"

普尔在大卫·贝奇手下做的第一个造型工作，就是为 P5 Coupe 设计改动后的车顶轮廓，后来他设计的轮廓被制成硬木车身成型器，用于压制钢的表面成形。

20 世纪 60 年代后期，他的时间都分给了揽胜和路虎 Series IIA 的更新上，因为某些特定出口市场的新法规要求在 1968 年春天之前将前照灯向外移动到前翼子板上。普尔还为新的路虎 One-Double-One 项目做了草图提案，该提案是一款在 111 英寸底盘上重新造型的路虎。尽管这一提案提交给了管理层，但该提案并未被批准继续。普尔还自己压制了"Range Rover"这几个徽标字母，这个名称是在 1968 年 12 月 18 日的会议中正式决定下来的，在这个会议中项目组和罗孚销售部代表还讨论了很多其他问题。

托尼·普尔还是一名漫画家。很快，全公司对他的这一才能产生了大量需求，尤其是在制作幽默退休礼物和圣诞节卡片的时候。"在他最后的那段时间里，他感到很沮丧，他的自由受到了一定的限制，"谢泼德继续说道，"你或许会觉得他很难过伤心，但他总是会在人前展示他快乐的一面。在他退休前的一段时间里，他经常会自己把自己锁在办公室里，我们以为他会给我们留下一些大项目。我们能听到他办公室里有荧光笔在纸上的声音，有切纸的声音，偶尔还有酒杯碰撞的声音，还有切割东西的声音。这种情况持续了好几天。他办公室的墙壁并没有接到天花板，他办公室前是一张长长的图纸桌，桌子位于工作室的中间。我就坐在那里，突然，我的工作桌上出现了一个巨大的阴影，伴随着嗡嗡声，我抬头一看，一架巨大的用泡沫芯材制造的双翼飞机飞过了我的头顶，降落在了图纸桌上，完美着陆。飞行员就是他自己的肖像，还戴着 Biggle 围巾呢！"

托尼·普尔和他从不离身的标志性烟斗。从照片中看，他在和伦恩·史密斯（Len Smith）以及大卫·贝奇（David Bache）交谈。（莫琳·希尔提供的照片）

时英国利兰混乱的、效率低下的管理形式。

第二个项目，则在 1972—1975 年占用了工作室的大部分资源，这个车型就是尺寸更小的 SD2 车型——用来代替凯旋 Dolomite/1500 系列车型，并在高端紧凑车型市场中与宝马 3 系列、阿尔法·罗密欧（意大利汽车品牌）的 Alfetta 和奥迪 80 进行竞争。还有，最终代替以 Triumph TR7（1975 年推出）为首的英国利兰跑车。工作室之间在所有这些项目上的相互竞争非常激烈，像是来自位于长桥（Longbridge）的哈里斯·曼恩（Harris Mann）的奥斯丁－莫里斯（Austin-Morris）团队的竞争，更不用说来自密切罗蒂（Michelotti，意大利汽车设计工作室）和宾尼法利纳（Pininfarina，意大利汽车设计公司）的外来竞争[⊖]。

### Series III 和 SD5

20 世纪 70 年代，路虎的设计工作在这一时期内退居二线，贝奇的设计职责也更加广泛。托尼·普尔（Tony

---

[⊖] 威廉·汤斯（William Towns）是凯旋设计室的设计师之一，他曾在罗孚的贝奇手下工作过，后来离开罗孚加入了阿斯顿·马丁，随后成为自由设计师。但是，他也曾经历过一段困难时期，之后重新被聘用为凯旋的设计顾问，负责罗孚/凯旋联合项目。不过，他设计的车型输给了贝奇的 SD1 车型。1973 年，他离开公司，重新成为一名自由设计师。

带外置前照灯的 Series IIA 路虎旅行车。自 1969 年 2 月开始，这种外置前照灯就应用在了所有 Series IIA 上。刚推出的时候，很多人觉得和原版路虎相比，这种前照灯让路虎隐约有种"大眼绵羊"的表情。但这些年来，人们对路虎越来越熟悉，已经没有当初"大眼绵羊"的那种印象了。

Poole）承担了所有路虎的改装工作，他也是 1971 年推出的 Series III 的幕后推手。

除了塑料格栅外，最大的改动是内饰，因为新法规要求将仪表移动到驾驶人的前方，安装在一个小型仪表盘中。风窗玻璃下方增加了一个带软包衬垫的横面板（padded top roll），以及由 ABS 真空成形的全宽搁板，转向柱还包了塑料护罩，并配了新的喇叭、前照灯闪光器和转向灯的拨杆，这样的内饰更像汽车内饰。该车还第一次安装了空气加热器，进气口在最近的前翼子板上。

1973 年，托尼·普尔升任路虎的"执行造型工程师"，这是路虎这一子品牌第一次拥有专门的造型设计资源。随后，他联系了几个月前已离开罗孚的克里斯·韦德（Chris Wade），请他作为他团队的第二个设计师。韦德拒绝了他的邀请，所以这个位置就给了查尔斯·科德哈姆（Charles Coldham）。

科德哈姆是韦德团队中一个不同寻常的存在，他受过高等培训，又有点神经质，但他能够做出非常美丽的作品。几年后，他作为设计团队的资深成员有权使用一辆英国利兰公司汽车，单身的他迅速把工资的很大一部分用来租用一辆捷豹 XJS，这让很多其他使用 SD1 的罗孚高管们感到很反感。

Series III 之后，路虎工程师转而集中尽力对代号为

**路虎** 设计成就传奇

Series IIA 内饰可选配豪华座椅（左侧），配有带凹槽的 PVC 面板和一小块侧支撑。

Series III 的特点是车门采用了平铰链，在左边的前翼子板上有个进气口，用于新加的制热器。车里安装的新款仪表板，仪表则位于驾驶人前方，配有中凹式的方向盘，方向盘上还带塑料套。

第 2 章 大卫·贝奇时期和揽胜

1971 年推出的 Series III 系列，配了一款新的 ABS 塑料格栅，这款格栅和早期路虎车型（像是 1958 年的皇家阅兵车）上的格栅有些类似。

SD5 的路虎车型进行全面更新。设计师斯蒂文·费拉达（Steven Ferrada）加入了普尔和科德哈姆的团队，他们要围绕一组基本单元采用模块化结构做一个整洁的设计，能够允许在轴距、硬顶和皮卡车身上进行简单变化。这种"模块化汽车"概念，甚至设想过也做成跑车版。他们考虑过车顶和其他车身外部部件采用玻璃纤维增强塑料（GRP）材质制造，而座椅则设计成了模块化部件，能够安装各种不同的插入式软垫。

SD5 的造型用模型是用木头和黏土制作的，这样一个简单的初始模型能推到外面进行观看。它的整体风格和当时在同一时间研发的菲亚特 Campagnola 和梅赛德斯 G-Wagon 有些类似。SD5 原本有可能比 15 年后诞生的发现（Discovery）车型更早成为第三条产品线的。

最后，SD5 的风格被认为和揽胜过于相似，而且这个项目碰上当时英国利兰（BL）的另一场金融危机：一个路虎新车型在这个资金短缺的公司中远远排不到优先。很遗憾，因为 SD5 原本是可以在 20 世纪 70 年代后期占领 4x4 潮流趋势的先机，但却被日本公司领先了，尤其是铃木公司和丰田公司。

1975 年初，SD5 的比例模型。该设计以采用大胆的图形分割和带有纹理的车顶板而出名。轮口上方则是插入式软橡胶板，能够容纳不同的车轮和轮胎组合。（莫琳·希尔提供的照片）

揽胜在这一时期的设计和装备改动都比较少。1973 年 10 月，聚酰胺纤维布座椅成了选配，C 柱则附上了黑色乙烯基材质，用于遮盖低劣的冲压质量。到 1979 年，揽胜还做了局部美化：保险杠涂成了黑色，而非原来的银色；矩形后视镜改成了翼子板圆形后视镜，尾灯则加上了强制

在造型室中展示的SD5，上面的草图是斯蒂文·费拉达画的。这种模块化概念能围绕一个基本驾驶舱设计上多个不同的车身。（莫琳·希尔提供的照片）

这张照片和上张照片都是在1975年的同一天拍摄的。这是一个用胶合板制成的初步总布置的初始模型。（莫琳·希尔提供的照片）

这个 SD5 的初始模型是用黏土和木材制作的，可用来在室外观看，外观是绿色的。车轴似乎采用的是揽胜的配置，没有用板簧。请注意，这个模型中没有内饰。发动机舱盖和翼子板上用的 Futura Black 字体是 20 世纪 70 年代所流行的。（莫琳·希尔提供的照片）

还是 SD5 车型，背景建筑物是东厂房。这张照片是 1975 年 10 月 9 日拍摄的。（莫琳·希尔提供的照片）

SD5 和 1974 年出现的菲亚特 Campagnola 都采用了相似的产品设计美学。

和 SD5 一样，1970 年的雷诺 Rodeo 是另一款采用模块化产品设计美学的轻型休闲娱乐越野车，垂直图形元素采用了大胆的对比色。图片中的这辆车是 1981 年的 Series 2 Rodeo 车型。

性安装的后雾灯。在内饰上，方向盘改成了四辐设计，而不是早期的三辐，而且在工厂安装的空调也可以指定，这可是路虎第一次提供指定空调配置。

## 路虎脱离罗孚

SD5 项目被封存后，路虎在接下来的几年中都很少有产品上的改动。对路虎来说，20 世纪 70 年代是失落的 10 年，英国利兰的投资都转移到了主流车系列中，88 英寸车型和 109 英寸车型孤立无援。就是在这一时期，海外市场慢慢地被日本对手占领了。对于很多客户来说，路虎已经过时了，和新式车相比，路虎的性价比也不高。相比之下，丰田 Land Cruiser 和日产 Patrol 的可靠性都很不错，售后服务也很好。但是，在英国利兰的管控下，很多市场都丢弃了这些优秀品质。

实际上，整个英国利兰公司帝国内部越来越动荡。生产力和利润双双下滑，很明显，没有了政府的支持，这家集团公司将会面临倒闭，丢失数千工作岗位：当时的工党政府指定了一个团队对英国利兰公司进行评估，1975 年 3 月出具初步报告。

该团队以唐·莱德爵士（Sir Don Ryder）为首，他也是新成立的国家企业委员会的会长。该团队得出的结论是，英国利兰需要在产品和生产设施设备上实行一个广泛的、合理的程序，而且要提高生产品质和产品可靠性的标准。莱德报告中还提议申请新的政府贷款，股权资本总金额达 7 亿英镑，这就意味着英国利兰将被国有化，而且要受国家企业委员会的管控。就这样，英国利兰改名为英国利兰有限公司，并分成了 4 个盈利中心，罗孚－凯旋则在英国利兰汽车集团下合并在一起。

两年后，公司再次重组。1977 年 11 月 1 日，迈克尔·爱德华兹（Michael Edwardes）被任命管理英国利兰有限公司。自 1975 年开始，公司对路虎的投资就很少了，此时路虎终于开始迎来了春天。随着爱德华兹的到来，"利兰汽车"这个一块徽标用在所有汽车上的规定被撤销了，把路虎从主流车团体中分离出来的想法也慢慢成形了。

1978 年 7 月，路虎有限公司作为一个独立营运部门成立，这标志着路虎首次被其母公司罗孚或英国利兰作为一个独立公司对待。这也是路虎迎来真正投资的开始，随着投资的到来，等待已久的新产品研发也开始了。

卡迈克尔设计研发的 6x4 揽胜消防车。(作者自己收集的照片)

# 路虎 设计成就传奇

根据客户反馈，汽车内饰在几年内进行了数次更新升级，包括在行李舱内做防滑垫以防猎狗打滑，中央通道上铺了厚地毯，安装了模制拉丝尼龙车顶内衬。在这张照片中，座椅重新包了聚酰胺尼龙布，1973 年聚酰胺尼龙布就已经是座椅面料的选配了。单钟表是标配，其他小型仪表都是选配。该车上面的高低变速杆和驻车制动杆上没有波纹套。

直到 1972 年，吉奥夫·米勒（Geof Miller）和罗杰·克拉索恩（Roger Crathorne）都是揽胜项目的前沿研发团队的一员。照片中这辆 Bahama Gold 原型车（是在索利哈尔老测试跑道附近拍摄的）是路虎早期对 4 门车型的尝试，该车是在 1971 年底完成的，但是并未再继续研发下去。据克拉索恩说，这辆车后来被废弃了，重新做了双门车身上去。请注意，和最终生产的车型相比，这辆安装了固定玻璃窗的后车门是稍微大一些的。

## 路虎的喷漆颜色

路虎色板系列只包括 6 种颜色，从 Series II 开始到 1985 年的 Series III 都用的是这 6 种颜色。这些颜色根据用途和使用地点来看，基本都是比较柔和的功能性颜色。这些颜色还故意做成了有些"泛白"，颜色配方中含有大量白色，这意味着这些颜色即便长时间未经抛光也依然会鲜亮。

在第二次世界大战期间，浅绿色是农用机械和建筑物的通用颜色，浅绿色也是铝制件的常用典型底色，尤其是在飞机制造业中。罗孚 P3 的标准色就是浅绿色，但是路虎最初选用浅绿色是为了用掉之前的油漆库存，这一说法从未真正落实过。

后来流行的铜绿色，则是以标准英国军队颜色为基础，对配方加以改动而形成的。1949 年 6 月，铜绿色代替浅绿色作为唯一的车身颜色。中灰色是 20 世纪 50 年代另一种比较常规使用的农用机械颜色，当时的 Ferguson 拖拉机和很多商用车都用这种颜色，因此比较便于农民和车主进行车漆维修。

灰白色（Limestone）则是在 1954 年作为旅行车和硬顶车的车顶对比色而产生的，后来则成为常规的车身颜色。从 Series IIA 开始，灰白色成了所有车身颜色的车轮标准色，铜绿色车身的除外。事实证明，灰白色在商用车和应急车上非常好用，因为同纯白色相比，在灰白色车身上印刷文字更显得干净。沙色则是另一种比较有用的浅色，可在沙漠中作为伪装色，也可以在热带气候中使汽车保持凉爽。海蓝色则提醒着人们经典 Cotswold 蓝色曾是 20 世纪 50 年代流行的汽车颜色，这种颜色和英国地理风景相得益彰。海蓝色和铜绿色是最受英国农民欢迎的车身颜色。

揽胜有 6 个颜色可选：马赛红、巴哈马金、林肯绿、托斯卡纳蓝、达沃斯白和撒哈拉沙色，这些颜色都是当时罗孚汽车的颜色。

热塑性聚烯烃（TPO）涂料的诞生以及 1979 年喷漆车间的扩大为所有车型提供了更广泛的颜色选择，其中包括一些路虎之前从未用过的鲜亮颜色，还包括 4 种凯旋 TR7 的颜色：Java 绿、Pageant 蓝、Inca 黄和 Russet 棕色，这些颜色最初只在 Stage 1 V8 上用过。据罗杰·克拉索恩说，这些新颜色是他到哥斯达黎加旅行之后提出的建议，因为当地人想要更加生动的颜色而非这些来自英国的单调颜色。

20 世纪 90 年代，卫士车型退出后，管理层决定定期更新颜色、车轮和选配来促进销售，这和主流车的促销举措基本一样。这一决定和之前的促销做法形成了鲜明的对比，之前营销部通常倾向于利用新功能特点来促进销售，这些新特点则是特殊项目部为满足特殊客人的要求而研发出来的。

1993 年，喷漆车间对所有洛德巷工厂生产的汽车都改用了清漆（COB）涂料，这也是为新款 P38A 揽胜的推出做准备。因此，

这是路虎车型的 6 种经典颜色。25 年时间里，这 6 种颜色基本没有变化。（作者自己收集的照片）

这是原版路虎色卡，很接近当时罗孚汽车的颜色，尤其是深红色、蓝色和芥末黄。（作者自己收集的照片）

卫士车型可选用全光金属漆，County 车型还有 4 种特殊金属漆：County 黑、County 红、County 灰和 County 绿。

20 世纪 90 年代，路虎经典颜色的回归恰好符合了当时流行的复古设计潮流，同时也希望能以此重新认识发现之前的标志性汽车，像是 Mini 和大众甲壳虫。1999 年的"Heritage"特别版，就重新采用了铜绿色和重新配置的浅绿色——被称为大西洋绿。1997 年的 NAS 限量版"LE"旅行车，则喷涂了另一种原版浅绿色——柳绿，而车顶则采用了对比色白色。

# 第 3 章 独立与扩张

## 1978—1989

1975 年，莱德报告（Ryder Report）建议在索利哈尔附近的蒙克斯帕斯（Monkspath）组建一个由斯宾·金负责的新的英国利兰工程部（BL Engineering Division）。尽管当时已经找好了建筑物，初步概念设计工作也已经开始，包括建筑施工图也已开始设计，但这一提案却没有足够的动力来推动进展，主要原因是英国中部地区（Midlands）的各个英国利兰工程办公室之间的内斗。

随着迈克尔·爱德华兹（Michael Edwardes）的到来，组建工程部这一提案被撤销，但却在沃里克（Warwick）南部的盖顿成立了一个被称为 BL 技术部（BL Technology）的小型研发机构，斯宾·金再次成为掌舵人。

英国皇家空军的盖顿基地是在第二次世界大战期间建立的，到 20 世纪 60 年代已发展成为英国主要 V-bomber 轰炸机战略基地，拥有一条很长的飞机跑道。当时，英国皇家空军已不再需要这个基地，因此该基地就卖给了英国利兰公司作为车辆测试基地，将这条 1.75 英里长的飞机跑道作为高速车道。这个测试基地恰恰是英国利兰所严重缺乏的，在这之前，英国利兰不得不依靠位于纽尼顿（Nuneaton）的老旧 MIRA 测试场对大多数车辆进行测试，这和其他汽车公司形成了鲜明的对比。沃克斯豪尔（Vauxhall）在米尔布鲁克（Millbrook）建了一个很好的测试场，福特在比利时的罗美尔（Lommel）和英国埃塞克斯郡的伯勒姆（Boreham）有联合测试场。因此，1979 年，英国利兰技术部成立，工程部和造型部当时仍然留在工厂内。还得再过 17 年，盖顿才会成为集团范围内的工程中心（Engineering Centre）。

爱德华兹对索利哈尔的现状感到很满意，而且他非常热衷于扩大产能。公司拿到了 2.8 亿英镑的政府新资金，这是他重组计划的一部分。政府资金的到位，开启了对产能和新车型研发的主要投资，以期望能在 20 世纪 80 年代大幅提高销售额。

麦克·霍奇金森（Mike Hodgkinson）是这家独立的路虎公司负责人，他曾是福特的财务经理，在 20 世纪 70 年代早期加入了英国利兰。霍奇金森接手了一家每年能生产 55000 辆 4x4 汽车但却只有一款产品在研发的公司。这款产品是要替代 88 英寸和 109 英寸路虎的。尽管在造型上和现有汽车基本相同，但是该车配了新款底盘，在车身之下还有其他众多改动。这款新路虎有 3 个版本——90 英寸、100 英寸、110 英寸轴距版本，还有 2 款正在研发的发动机装配在改装后的 Series III 路虎上，这被称为"阶段 1（Stage 1）"。

第一眼看上去，霍奇金森打造的这个新路虎公司很有吸引力：职工总数较少，有一系列能盈利的车型，还有几个新项目在研发。军用车是公司运营的一个重要组成部分，有 Series II 和 Series III 的多个版本在生产，还有军用 101 英寸 V8 Forward Control 版本在生产。

阶段 1 的 V8 路虎，是在 109 英寸底盘上研发的高性能版本，是为了打开并提升路虎在中东市场的份额而研发的。该车型于 1979 年推出，采用低配 91 马力的

## 路虎阶段 1(Stage 1)和阶段 2(Stage 2)的重组

1978 年 8 月,公司宣布获得 2.8 亿英镑的政府新资金,路虎有限公司因此得以开始对新车型研发和扩大产能进行重大投资,推动路虎进入 20 世纪 80 年代。这个计划分为阶段 1 和阶段 2。

路虎和揽胜的产能一直受生产各种配件的卫星工厂的产能制约。位于雅确斯纪连区(Acocks Green)的 V8 发动机是最大的瓶颈,每周产能只有 850 台发动机。

阶段 1 中,初始投资为 1500 万英镑,用于扩大 V8 发动机产能,每周能生产 2000 台发动机来供应英国利兰集团,还供给在洛德巷生产的罗孚 SD1 和凯旋 TR8 车型使用。同时,揽胜的变速器和中央传动装置的产能也扩大了。这使得"阶段 1"V8 109 英寸路虎能够在 1979 年推出,这个 109 英寸路虎底盘上采用了低配的揽胜 V8 发动机。同样在阶段 1 中,空置的北厂(North Works,P6 曾在这里生产,直到 1975 年 12 月)被改造成一个自动化零部件和包装仓库,之前停用的 P6 油漆车间也重新启用,用来对路虎和揽胜的车身进行喷漆。

在 2.5 亿英镑的阶段 2 投资中,将北厂(North Works)转变成了包含发动机生产和发动机组装的工厂,最初是生产 4 缸汽油和柴油发动机,后来还生产 V8 发动机。雅确斯纪连区(Acocks Green)的发动机制造厂则停工了,工厂被卖掉了。接下来就是生产揽胜。公司再投资 1500 万英镑来扩大北厂产能,使得新款揽胜的产能高达每周 600 辆,尤其是新款 4 门版本。此时,路虎的生产扩大了,大到要占用整个北厂,装配线也由 2 条增加到 7 条,这也有助于生产更多 County 车型和高容量皮卡(High Capacity Pick Up)车型。

1982 年 1 月,SD1 轿车的生产转移到了牛津郡的考利(Cowley)工厂,TR7/8 停止在索利哈尔生产。因此,洛德巷第一次成为由路虎有限公司运营的专门生产路虎的工厂。"下岗了"的东厂(East Works)则在汽车行业中挂牌出售,但是没有人买,因此在接下来的两年里,这个工厂就一直空置着。

随着托尼·吉尔罗伊(Tony Gilroy)在 1983 年 1 月的到来,公司再次进行了重组,关闭了伯明翰周边的 7 个卫星工厂,工人数量减少 16%,减少到 9700 人。生产业务现在集中在洛德巷,结束了过去 20 多年来路虎组装分散在伯明翰多个工厂的模式。位于卡迪夫(Cardiff)的 Pengam 仍然用来生产组装汽车变速器,但后来这个工厂也关闭了。为了给迁到新址的零部件组装让位,其他非生产团队(像是服务部、营销部、研发部)都转移到了伯明翰或考文垂的周边地区,从工厂中转移了出来。既然东厂处于休眠状态,那么吉尔罗伊就毫不犹豫地将该厂用作冲压车间以及白车身装配和变速器的生产区。

1983 年 3 月,"阶段 2"的项目迎来了它的成果——推出了配有新款螺旋弹簧底盘的路虎 One Ten 车型。"阶段 2"项目还包括配有加长载物车厢的 127 车型,可作为双排座皮卡(Crew Cab)或者只配底盘和驾驶舱的无货厢皮卡。

"阶段 2"最后在 1984 年 6 月推出了 Ninety SWB 车型。路虎在洛德巷的产能此时每周可达 2700 辆,是 1978 年的两倍多。

这是洛德巷工厂,是向北望去的景象,该照片大约是在 1989 年拍摄的。P6 北厂的面积扩大了一倍,用来满足路虎组装的需求。中间是油漆车间,通过高架传输带和造价为 3000 万英镑的东厂(右边)相连。东厂在 1976 年完工,用来生产 SD1 车型,但是 1982 年被停工封存。(罗杰·克拉索恩提供的照片)

3.5 升 V8 发动机,搭配揽胜的整套 LT95 变速器、传动装置和永久四轮驱动系统(4WD)。为了满足安装要求,V8 发动机进一步前置,因为还需要安装一个更大的散热器,所以就需要重新设计前脸风格,格栅被推到前面和翼子板相持平。这种风格一直到 2016 年版的卫士车型推出才停止使用。

公司在 109 英寸底盘上进一步研发出的成果是 1982 年推出的高容量皮卡车(High Capacity Pick Up)。该车配了一个大型的铝制后车厢,比标准车型的后车厢长 8 英寸、宽 1.7 英寸,因此该车后车厢长达 2 米,有效载荷为

# 路虎　设计成就传奇

Stage 1 的 V8 路虎于 1979 年问世,该车是第一款采用加长发动机舱盖的路虎车型。该款车采用了颜色鲜亮的凯旋 TR7 的车身颜色。

保罗·泰勒(Paul Taylor)用马克笔和蜡笔画的早期 One Ten 车型草图。(保罗·泰勒提供的照片)

1976年秋天,车辆研发部的罗杰·克拉索恩的团队制造了4辆Stage 2混合动力原型车,轴距分别为90英寸、100英寸和110英寸。图片中这辆100英寸混合动力车是一辆带后车厢帆布罩的4门旅行车。该车保存在萨里的Dunsfold Collection。(Dunsfold Collection提供的照片)

1200千克。尤其重要的是,这款车使得路虎能够在海外市场同丰田Land Cruiser皮卡进行竞争。

同年,托尼·普尔(Tony Poole)团队的3名设计师响应市场营销部的要求,对路虎旅行车的基本版进行了一系列的改进提高,用以吸引蓬勃发展的4X4休闲市场。日本汽车品牌,像是丰田、日产和铃木,早就进入了这个市场。这一系列改进提高的结果就是"County"车型,该车型的前照灯点缀了银色装饰圈,显得更加活泼,配了一对Lucas雾灯和有色汽车玻璃,后门上还有备用车轮罩。88英寸车型的两侧有4条纹贴花,而109英寸车型的两侧则采用了更雅致的双条纹贴花。其他特色还包括一款新的舒适座椅,面料采用灰色千鸟格粗花呢,座椅倾斜度可调,还配了头枕,还有一个带盖子的中央储物盒,用于存放零碎物品。

投资的增加减轻了生产限制,但是销售额却基本没有提高,英国利兰内部弥漫着一种失望的气氛——投资并未达到预期效果。更糟糕的是路虎公司此时开始严重亏损。1983年,托尼·吉尔罗伊替代霍奇金森出任总经理。和霍奇金森一样,吉尔罗伊是1954年在福特开始了他的职业生涯,他在接替霍奇金森之前管理的是Freight Rover厢式货车部门。作为一个严肃强硬的爱尔兰人,吉尔罗伊立刻开始着手大幅度削减成本并合理化计划,结果伯明翰周边的很多卫星工厂都关闭了,工人数量也减少了。

两个月后,路虎One Ten车型推出。这个车型是1976年开始研发的,当时在4个揽胜底盘上安装了路虎的车身套件。其中,两个底盘保持100英寸轴距不变,一个轴距缩短10英寸,另一个轴距加长10英寸。永久性4x4驱动和V8发动机配置基本不变,悬架采用的是长行程螺旋弹簧。车身宽度没有改动,而揽胜较宽的轮距则在轮拱上采用了简单的附加式塑料延展件。

随着在伊斯特纳城堡(Eastnor Castle)的试车成功,公司管理层在1977年4月签字批准了"阶段2"项目的研发。在这个新项目的早期阶段,公司决定放弃100英寸版本,专注研发Stage 2 110英寸版本。为了弥补100英寸车型造成的损失,公司决定继续生产Series II,并在利润丰厚的非洲市场推进Series III CKD版本的销售。

由于Series III和Stage 2之间所共用的零件数量较

Ninety 车型的推出见证了一体式车门的改动,该车还配了一款新的按钮式门把手。请注意,该车加油口位置较低,油箱安装在侧面。后车厢罩布的标配颜色是卡其色,座椅则是采用了黑色乙烯基材质。

多,这一决定导致了设计上的严重妥协。对此,公司内部产生了激烈的争论,争论包括是否真的需要在所有汽车版本上都采用一整块风窗玻璃,以及为什么不能继续保持用两块风窗玻璃。虽然设计了带有下拉式玻璃的新款车门,但是这一设计并未被应用,因为公司认为独立的上车门框架在某些市场中依然很重要。

这种琐碎的争论和无休止的延误是汤姆·巴顿(Tom Barton)管理下的工程部的典型症状。1980 年,汤姆·巴顿退休,比尔·莫里斯(Bill Morris)替代他成为工程部总监。不可否认的是,当时资源不足,但用整整 7 年时间来生产一款像 Stage 2 路虎一样简单的改装车,即便用 20 世纪 70 年代的标准来衡量,也只能用"龟速"这个词来形容了。

尽管 One Ten 车型最初以揽胜的架构为基础,但是量产 One Ten 采用了一款更强的新底盘——配更深的侧面构件和更大的螺旋弹簧。不可避免的是,所有 One Ten 的版本都采用了 Series III 车身的大部分:软顶版(Soft Top)、载货汽车版(Truck Cab)、大容量皮卡版(High Capacity Pick Up)或者旅行车版(Station Wagon)。发动机则是现有的 2.3 升 4 缸汽油或柴油发动机,或者是 3.5 升 V8 发动机。所有 One Ten 版本的前脸都采用了来自于 V8 的长发动机舱盖,搭配了一款新的 8 条杠黑色格栅,两侧则是带有黑色塑料饰边的前照灯,这种风格一直延续到卫士(Defender)车型结束生产。为了满足欧洲新的汽车照明规定,该款车安装了一块整体式风窗玻璃,之前的热带双层车顶也换成了单层车顶,但是新的车顶内饰则提供了额外的隔热作用。

该车内饰上采用了一个新的仪表盘和四辐方向盘,搭配千鸟格粗花呢面料的座椅,加热器也经过了改进,还有一个收音机/磁带播放器。在 One Ten 发布会上,路虎还展示了一款 Double Cab 皮卡的原型车。一年后,Double Cab 就上市销售了。这款"路虎 127"采用了加长的 127 英寸轴距、来自于旅行车版的后车门以及来自大容量皮卡版的货箱，搭配一台 V8 发动机，是一款很有用的双排座皮卡（Crew Cab）。

尽管进行了阶段 2 的投资，但新款 One Ten 的销售在整个 1983 年依然处于低迷状态，每周销量只有 200 辆。相比之下，仍在生产的老款 Series III 的每周销量却高达 600 辆。路虎生产的 60% 的车都是长轴距的，因此 One Ten 车型要优先考虑长轴距版。

为了应对急剧下降的销售额，路虎紧锣密鼓地开始了一系列新车型的研发。在很短的时间内，路虎就把 Stage 2 短轴版提前到了 1984 年夏天发布。这款车采用了新的配置，轴距为 92.9 英寸，但为方便起见，就作为了"90 英寸"车型进行营销。和 One Ten 相比，这款"90 英寸"车型的基本配置完全相同，但是发动机阵容则只有 4 缸发动机，没有 V8 发动机可选。

一年后，短轴版也有了 V8 发动机可选，发动机改成了更加强劲的 2.5 升 4 缸发动机，汽油机为 80 马力，柴油机则为 65.5 马力。此时，Series III 最终在洛德巷停产，自 1971 年以来，该车生产数量超过了 427000 辆。

## 20 世纪 80 年代罗孚工作室的发展

在 20 世纪 80 年代早期，英国利兰在英国中部地区有数个造型工作室。奥斯汀在长桥（Longbridge）工厂有自己的工作室，负责人是雷克斯·弗莱明（Rex Fleming）和哈里斯·曼（Harris Mann），有 2 栋独立的建筑物。第一栋建筑物被称为"象屋"（Elephant House），是个圆形建筑物，最初是作为商业汽车展厅在 1965 年建的。这里的设施设备并不理想：中间区域可以改造成展台，而设计师和模型师就围绕在周边工作，窗户上有临时安装的窗帘防止路人看到里面。长桥人幽默地称其为"象屋"，这个叫法源自于达德利动物园（Dudley Zoo）大型厚皮动物馆。⊖

第二栋建筑物则被称为"玻璃屋（Glass House）"，是一栋建造于 20 世纪 50 年代中期用于造型和制造原型车的建筑物。它有着长而倾斜的磨砂玻璃窗户和木质地板，在过去几十年里几乎没有改动过，而且没有专门在外面观察汽车模型的地方。

当然，罗孚在洛德巷有工作室，负责人是贝奇。从 1973 年开始，贝奇还承担了位于坎莉（Canley）的凯旋工作室的领导职责，因此贝奇的时间就分配给了这两个工作室。最后，捷豹在布朗斯巷（Browns Lane）有一个小型造型工作室，负责人是道格·索普（Doug Thorpe），但是这个工作室是独立于其他工作室之外的，和其他工作室之间并无交流。实际上，英国利兰的工作室之间很少有"手足之情"，公司不鼓励甚至经常阻止工作室之间相互转移工作。而所有工作室的负责人都受路虎总工程师比尔·莫里斯（Bill Morris）的制约。1981 年年底，贝奇被解雇，后来罗伊·阿克斯（Roy Axe）代替贝奇成了奥斯汀-罗孚（Austin-Rover）工作室的负责人，但是阿克斯被自己的发现惊到了。"你可以说我在加入之前就应该仔细查看，但是在设计部门这是很难做到的，在你加入公司之前是不会带你参观设计部的，原因很显然。我发现坎莉这里的设施设备很落后，说基本够用都很勉强，而且连展厅都没有。所有的一切都很糟糕，非常糟糕。我都震惊了，我都不知道自己接手的是怎样一个烂摊子。"

一开始，阿克斯是在坎莉工作，但是长桥工作室依然继续现有项目的设计工作，例如 Maestro、Montego 和 Ambassador。但是，哈里斯·曼、罗伯·欧文（Rob Owen）和罗杰·塔克（Roger Tucker）在数月之内都离职了。因此，阿克斯把戈登·斯凯德（Gordon Sked）升任为外观设计负责人，让刚加入公司的理查德·汗布林（Richard Hamblin）出任内饰设计负责人。当时路虎正处于 Stage 2 的研发阶段，作为洛德巷大规模重组的一部分，这个由托尼·普尔负责的小型设计团队在 1981 年初搬到了位于德雷顿路（Drayton Road）的一个小房子里。

阿克斯不仅缺设施设备，还缺人。1983 年，位于坎莉街惠特利（Whitley）的克莱斯勒-塔尔博特（Chrysler-Talbot）的设计工作室关门了，这直接导致很多设计师在考文垂附近寻求新的工作职位，阿克斯突然就每周收到很多来自之前同事的简历和简介。阿克斯没有过多犹豫，他立刻招募了格里·麦戈文（Gerry McGovern）、大卫·阿巴克尔（David Arbuckle）和大卫·沙丁顿（David Saddington）来领导坎莉的罗孚和 MG 团队，他还招募了一批技艺熟练的黏土模型师。

---

⊖ 实际上，达德利动物园的建筑物是长方形的，是 Tecton Group 设计室在 20 世纪 30 年代设计的装饰艺术建筑群体的一部分。Tecton Group 还设计了伦敦动物园的企鹅池。"象屋"的说法，或许是因为这栋建筑物的现代化风格、圆形造型和阶梯式屋顶结构的组合，让人很容易联想到了动物园的建筑。还有，伦敦动物园在 1964 年也开了一个新的象屋，这个象屋是休·卡森爵士（Sir Hugh Casson）设计的，也是圆形造型，但是从建筑上来说却大不相同。

## 罗伊·阿克斯取代大卫·贝奇

不仅英国利兰有限公司（BL Limited）的高级董事在经历快速变化，设计工作室内部也在经历剧变。大卫·贝奇稳步升任为"英国利兰帝国"的总设计师，负责所有凯旋、罗孚和路虎的乘用车的设计工作。哈里斯·曼依然负责位于长桥的奥斯汀-莫里斯（Austin-Morris）外观设计工作室，但是来自贝奇方面的压力却越来越大——贝奇非常热衷于把自己的想法推进到奥斯汀-莫里斯的 LC1 和 ADO 88 项目中去。

但是，贝奇做得有点过头了，他和管控英国利兰的高管之间的关系比较紧张，这里的高管不仅仅包括董事会主席哈罗德·穆斯格罗夫（Harold Musgrove）。1981 年秋天，在奥斯汀 Montego 车型的签发会议中，高管们认为贝奇在主要演示稿中的内容华而不实，这些高管对他的设计提出了多个疑虑，但贝奇未能成功说服他们，尤其是生产品质的问题。随着讨论变得更加激烈，贝奇多次打断董事会主席的讲话，最终贝奇被赶出了会议室。第二天，穆斯格罗夫毫不客气地解雇了贝奇。

贝奇在罗孚从事了这么久的光荣事业，结局却如此不堪，但贝奇似乎并未意识到整个产品研发过程变得有多么严峻。董事会没有耐心听取异想天开的造型设计展示，他们想要的是连贯的设计策略，能让新车型有机会成功打败竞争对手的设计策略。

贝奇的私人助理莫琳·希尔看到了事情的结局。"在任何情况下，穆斯格罗夫都不喜欢被比下去。由于贝奇的兄弟是奥斯汀的销售总监，贝奇是作为工程学徒进入奥斯汀的，比作为工厂学徒的穆斯格罗夫要优越点，所以从第一天开始他们之间就存在问题。这事听起来挺疯狂的，但确实就是小事一桩。"

公司悄悄地找了克莱斯勒设计师罗伊·阿克斯，问他是否愿意担任奥斯汀-罗孚的设计总监这一职位。一开始是哈利·谢伦（Harry Sheron）去联系阿克斯的，他是阿克斯在克莱斯勒的老同事，当时他和斯宾·金共同负责英国利兰技术部门的运营。后来，穆斯格罗夫和阿克斯会面时，穆斯格罗夫向阿克斯介绍了英国利兰的现状——哪些是有问题的，哪些是好的，哪些是他想改正的。"穆斯格罗夫告诉我公司在生产方面的状况良好，"阿克斯说，"他们虽然和工人之间有争执冲突，但是生产部即将迎来大量资金投入，生产即将实现计算机化和机器人化，新车型也在筹备当中。但是，他在整体上还不是很满意，他感觉运营中的弱点就是设计造型。"

阿克斯在 1982 年 1 月接管造型部，并立刻着手重组设计工作，将长桥和索利哈尔主要的汽车造型工作室都搬到了位于考文垂的坎莉新基地。实际上，这一举措是从贝奇开始的，但是阿克斯的到来加速了这一进程。阿克斯首先集中精力解决了即将要发布的奥斯汀 Maestro 车型和 Montego 车型的紧急问题，还要利用本田的技术设计大量的新车型。罗孚的主要汽车造型团队搬到了坎莉，他们要和本田共同合作设计一个主要项目，也就是将在 1986 年推出的罗孚 800 车型。

## 路虎设计的新开始

必须要强调的是，路虎是英国利兰公司的一个完全独立的部门，直接向伦敦英国利兰总部的董事会报告。阿克斯的这些举措并不涉及路虎，因此对路虎没有直接影响。但是，路虎的设计也正在经历阶段性的变化。

阶段 1 和阶段 2 的路虎车型，基本上都出自技术工程和特殊产品部，设计造型工作室参与的车型很有限。只有一些小东西会制作初始模型，像是仪表盘和座椅，但是精密的黏土汽车模型则很少做。在洛德巷阶段 2 的研发过程中，路虎设计团队在 1981 年搬到了位于索利哈尔的德雷顿街，托尼·普尔是这个设计团队的负责人，维克·哈蒙德（Vic Hammond）和麦麦特·奥子奥托克（Mehmet Ozozturk）是造型师，还有 4 位制模师：菲尔·斯格里文斯（Phil Scrivens）、米克·琼斯（Mick Jones）、皮特·福克斯（Peter Fox）和克里斯·斯蒂文斯（Chris Stevens）。这种

第 3 章 独立与扩张

Capricorn 车型原本计划配一个全新的仪表板。（大卫·埃文斯提供的照片）

Capricorn 车型的改动提高之处有很多，使得路虎在 20 世纪 80 年代变得更加现代化。（大卫·埃文斯提供的照片）

安排比较适合像汤姆·巴顿（Tom Barton）这样的老派工程师，他们没时间听造型部年轻设计师给出的建议，他们认为这个工作就应该由工程师来独立完成。

"路虎的理念原本就是简约粗犷，内饰非常简单，是那种戴着手套也能操控开关的类型，工程师们向我们灌输的就是这种内容，"琼斯回忆说，"工程师们对造型师的花哨想法并不热衷。"

当时的设施设备都很基本，制热设备的效果很差，这对制作黏土模型来说是个不小的挑战，屋顶上还住着松鼠。"但这是我们的工作室，是我们提高汽车设计的机会，在不到一年的时间里，我们部门就更名为高级设计部。"琼斯继续说道。

吉尔罗伊的新车型计划野心勃勃，这就意味着设计工作需要大幅改革。随着 20 世纪 80 年代的到来，设计工作需要更多的人力，需要更专业的团队。为了领导这个团队，公司引入了一位新的设计主管，他就是大卫·埃文斯（David Evans）。埃文斯在伦敦皇家艺术学院学习过，他在 1973 年加入了阿克斯在惠特利（Whitley）的工作室，所以他们之间有这样一层老关系。10 年后，这个工作室解散，当埃文斯在找新工作的时候路虎给他提供了就业机会。1983 年 10 月，埃文斯加入了德雷顿路工作室。他一开始是普尔的助手，3 个月后被任命为首席设计师。

设计团队的首要任务，就是更新各个版本的揽胜，还有"Capricorn 项目"——Ninety 车型的更新版，去掉了中央舱壁，安装了面朝前的后排座椅和一款新的仪表板，车身外观也做了优化。为了满足工作需要，工作室的人数增加到了 15 人，其中乔治·汤姆森（George Thomson）和迪克·巴特拉姆（Dick Bartlam）是造型师，马特·蒙卡斯特（Matt Muncaster）是埃文斯招募进来领导制模团队的（他们二人之前在惠特利是同事），蒙卡斯特还带来了 3 位技艺熟练的黏土制模师：汤姆·莫西（Tom Mosey）、戈登·亨德森（Gordon Henderson）和菲儿·兰德尔（Phil Randle）。

埃文斯和汤姆森都认为马特·蒙卡斯特对团队的早期成功做出了巨大贡献。汤姆森说："在我们早期的时候，如果不是马特想方设法来帮我们拿到完成工作所必需的东西的话，那我们的工作会受很多挫折……他在制模上的经验和对模型师的了解是我们团队取得成功所不可缺少的一部

073

分。"尽管如此，Capricorn 车型在当时被认为太难了，大家普遍认为面朝前的后排座椅和新款仪表板要安装到卫士（Defender）车型上还得再花 20 年的时间。

埃文斯是工程总监比尔·莫里斯（Bill Morris）的下属，和汤姆·巴顿相比，莫里斯对设计的态度有所提高。"比尔完全理解设计的价值，他在任职期间给了我们大量支持，而且他不会干涉设计的视觉元素，"埃文斯回忆道，"但吉尔罗伊不同，他可不是等闲之辈。"

随着团队的不断扩大，设立一个专门的色彩和装饰小组的需求就变得越明显。因此，公司委派了米克·琼斯来领导这个色彩和装饰小组，负责为 County 车型研发油漆颜色和新款面料装饰，还要制定新的系统和颜色控制程序。"在和罗孚汽车团队的早期商谈中，我们发现捷豹、罗孚和凯旋的颜色系列之间有很多关联，像是参照物、名称和配色，这些都值得路虎去借鉴，"琼斯解释道，"在此期间，我们通过车身油漆的'客户转化率'㊀来评估色彩和装饰设计，研发重点从汽车经常用的纯色转移到了更加合适的互补色系，在实验室和喷漆车间的全力协助下，我们还研发出了新技术。"

## 失误的开始：Llama、Ibex 和 Inca 车型

以揽胜底盘为基础，路虎公司开始了一个新的休闲越野车型的设计制造，这就是后来的"Jay 项目"，稍后会在本章节里详细说明。公司还对一个全新的揽胜车型——"Pegasus 项目"进行了早期研究，这部分内容会在下一章节里详细介绍。

1984 年，一个代号为"Llama"的新军事项目拉开了帷幕。这是一款在 One Ten 基础上设计的新款 Forward Control 轻型载货汽车，这款车或许会比 101 英寸 V8 Forward Control 车型具有更好的民用销售潜力。乔治·汤姆森领导了该车的设计，他在载货汽车车头上设计简单而和谐，保留了配有圆形前照灯和水平格栅的路虎前脸造型。

稍微倾斜的车头，采用了钢铝架构和 Reliant 公司生产的玻璃钢面板构成，但军方内部对该车的耐用性提出了一些质疑。Llama 车型采用了重型 Salisbury 车轴，比标配 One Ten 车型的轮距宽了 8 英寸，能够提供更大空间的载货车厢，车厢可以配活动式的侧栏板或者车厢配固定式的侧栏板而上面罩帆布罩。该车依然采用 135 马力的 V8 动力系统，配 LT77 5 速手动变速器和全时 4WD 驱动，该车的其中一辆原型车则安装了一台动力不足的 2.5 升涡轮增压柴油发动机。但是，军方想要的是一辆纯柴油汽车。埃文斯解释了当时的情况："Llama 确实时运不佳，因为当时国防部想要的是一款自动档柴油车，但收到的却是这样一款手动档汽油车。但这并不是设计上的失败。"没有军方的支持，Llama 没办法证明能取得足够的民用销售业绩来支持它的后续研发，因此在制造了 11 辆原型车后，公司于 1987 年放弃了该项目。

还有"Ibex/Inca 项目"，这个项目的目标是使用同一个结构设计一款新的路虎和揽胜。"我们对这个项目进行了评估，但是要折中和妥协的地方太多了，尤其是揽胜所需要的（较大的）侧窗内倾角，"埃文斯说道，"这一想法很快就被放弃了。"

德雷顿路工作室里的 Llama 的黏土模型。请注意模型制作过程中所使用的 Norton 滑轨。（大卫·埃文斯提供的照片）

㊀ 通过销量来确认每个颜色的受欢迎度。

# 第 3 章 独立与扩张

Llama 驾驶舱的初始模型。路虎典型的做法是仪表板可以针对左驾或右驾进行灵活调整，而且仪表还能换到乘客区，方便左侧驾驶（大卫·埃文斯提供的照片）

最后，公司还曾尝试将路虎 Ninety 重新设计成一款 4x4 的软顶休闲越野车，试图在价格更便宜的铃木 SJ 和大发（日本汽车品牌）Rocky（在英国叫 Fourtrak）所开辟出来的市场中抢占一定份额。这个"Cariba"概念是米克·琼斯（Mick Jones）和艾伦·谢泼德（Alan Sheppard）在 1987 年设计提出的，该款车以 Ninety V8 为基础，防滚架和窗眉相连，配 205-16 英寸钢制车轮，尾门为侧开式，带备用轮胎架，车门只到腰线处，车头安装了一个比较突出的保险杠，前照灯也很醒目，车身喷了金属漆，座椅则是真皮的，这些构成了一个完整的总布置。

特种车辆定制部（Special Vehicle Operations，SVO）制造了 2 辆样车，并向媒体进行了展示。但是，这个项目并没有进一步继续下去，因为当时设计团队正忙于"Jay"和"Pegasus"项目的设计，而销售部则完全忙于在美国推出揽胜。

Dunsfold Collection 收藏了 4 辆 Llama 原型车。这是原型车 1 号。车头格栅上开的长方形切口是为了便于向前倾斜时能卸掉前置牵引挂钩。（Dunsfold Collection 提供的照片）

## 德雷顿路工作室和38A街区工作室

尽管托尼·普尔在过去的20多年里一直负责路虎的设计，但是由于他的身体健康问题，公司急需加速组建一个新团队。这个团队将由受过大学教育的设计师组成，他们比普尔的6人小组拥有更深层次的技术。为了推动托尼·吉尔罗伊的宏大的新车型计划，公司引入了一名新的总设计师来重振路虎的设计。

1983年10月，大卫·埃文斯接手位于索利哈尔的德雷顿路的"高级设计部（Advanced Design Operations）"。尽管被称为"高级设计部"，但它却涵盖了路虎所有工作室的工作。这个厂区外的工作室是1981年1月洛德巷工厂重组后建立的，那时贝奇在罗孚的老工作室刚刚关闭，汽车团队随后搬到了坎莉。"高级设计部"至少在名称上比"造型"这个词更进了一步，但这也反映了英国利兰内部的工程师大佬们对于"设计"这个词的深刻执念，他们不愿意把"设计"让给创意工作室，他们认为"设计"和"设计师"是属于公司里的工程师的，因此才把"高级设计"给了造型工作室。

"我在加入公司之前并没有看过设计部，他们是故意不让我看的！工作室位于停车场后面，你一路走过去会觉得有点潮湿。"埃文斯解释道。这里包括研发工作室和汽车媒体宣传部，约有200名员工。设计区域由2部分组成，一部分给设计师用，另一部分较大的区域是用来制作汽车模型的。除了普尔，还有麦麦特·奥子奥托克（MehmetOzozturk）以及3位模型师，其中一位是米克·琼斯，还有设计师麦克·桑普森（Mike Sampson），他是1983年从捷豹加入进来的。

1984年5月，埃文斯招募了乔治·汤姆森（George Thomson）和迪克·巴特兰姆（Dick Bartlam）来协助他的设计工作，他还招募了马特·蒙卡斯特（Matt Muncaster）作为制模经理，这些人都是埃文斯在克莱斯勒的惠特利工作室的老同事。米克·琼斯被派来成立一个路虎色彩和装饰部，这个部门在以前可从未真正存在过。

"德雷顿路工作室是在车间的一端，"埃文斯继续说道，"马特·蒙卡斯特从惠特利购买了一套Norton Rails滑轨，我们在Llama项目中使用过这套滑轨。在这之前，都没有精准的滑轨来测量模型的尺寸。"下一个大项目则是Jay，德雷顿路工作室在接下来的两年里大部分都是在做这个项目，还做了一系列全尺寸汽车模型。"实际上，我们从1985年年初就开始做新款揽胜的草图了，再后来就做了全尺寸胶带图纸，我们有很多地方能够张贴我们的设计作品。再后来，揽胜项目就停了，因为Jay项目更紧急。"

1986年8月，公司决定把工作室搬回洛德巷，搬到一个新装修好的房子。此处位于洛德巷38街区的中间位置（38A），在

这张照片是在德雷顿工作室内拍摄的，是在工作室关闭前不久拍摄的。照片中显示了乔治·汤姆森（George Thomson）的Jay车型的侧面和揽胜侧面的对比。尽管实际上底盘并未改动，但照片上能明显看出后悬更短。（麦克·桑普森提供的照片）

Billsmore Wood的"丛林小径"旁边。这个新工作室刚成立时的主要工作就是新款揽胜项目，因此新款揽胜项目又被称为"项目38A"或者简称P38A。之后不久，托尼·普尔退休了，他做了30年的路虎设计工作，是贝奇在20世纪50年代设计团队的最后一个初始成员。

到1988年，大卫·埃文斯的设计团队成员已经扩大到了60多人。新设计师包括唐·怀亚特（Don Wyatt）、艾伦·莫伯利（Alan Mobberley）、麦克·布罗根（Mike Brogan）、艾伦·谢泼德（Alan Sheppard）、皮特·克劳利（Peter Crowley）、大卫·布利斯伯尼（David Brisbourne）和贝琳达·多兰（Belinda Dolan）。米克·琼斯带领下的色彩和装饰部的成员为约翰·斯塔克（John Start）、凯伦·欣德（Karen Hind）、金·特纳（Kim Terner）和盖瑞·考克斯（Gary Cox）。在模型制作方面，马特·蒙卡斯特手下有一个14人的制模师团队。还有11名可行性分析工程师，包括皮特·鲁德福德（Peter Ludford）、皮特·詹姆斯（Peter James）和克莱夫·琼斯（Clive Jones）。

"38A是一个很不错的小型工作室，设施设备很齐全，"米克·琼斯回忆道，"墙壁是白色的，地面上铺的是黄色的热塑瓷砖。有一排排的颜色经校正后的荧光灯，有恒温控制加热装

# 第 3 章 独立与扩张

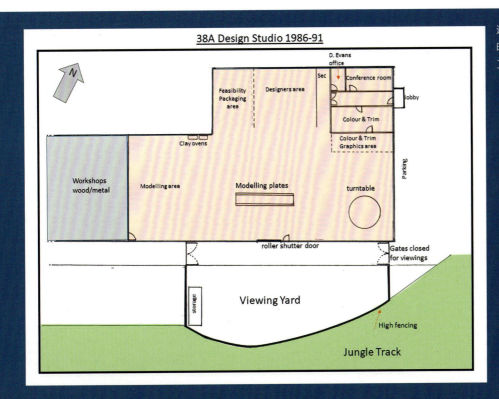

这是 38A 工作室的平面图，时间 1986—1991 年，是大卫·埃文斯画的。

洛德巷厂区的平面图，上面显示了设计工作室的位置。（作者自己收集的图片）

备，有可旋转的模型展台，还有一台 Stiefelmayer 3D 测量仪。"外面是一个观看庭院，两端都有大门，因为南街大道正好有段路穿过这里。"当我们要观看模型或者其他东西的时候，我们必须关闭两端的大门，阻断这段路上的交通，这会给不少人带来不便。"唐·怀亚特说道。

"呃，但是我们可以在德雷顿路工作室的暖房里种西红柿！"麦克·桑普森补充道。

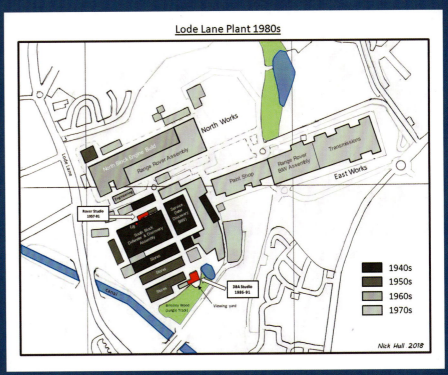

路虎　设计成就传奇

这是 38A 工作室的设计团队,是 1987 年在托尼·普尔退休的时候拍摄的。比尔·莫里斯和大卫·埃文斯在左边,普尔是身着深色西装的那个人。拍摄照片时,整个团队超过了 60 人。(麦克·桑普森)

### 揽胜转向高档市场

如果说路虎是因为缺乏发展而遭受了影响,那揽胜亦是如此。自 1970 年推出以来,揽胜所收到的投资非常有限,究其原因,不仅仅是因为生产上有严重的限制,还因为全球各地对该款车的持续大量需求。"既然我们可以卖掉生产出来的所有汽车,那为什么还要费心改变这个成功的运营方式呢?"这似乎是英国利兰在 20 世纪 70 年代的"真言"。但是到 70 年代后期,销量急剧下降,路虎的这种"自鸣得意"的态度必须要改变了。一些汽车专家以双门揽胜为基础,开发出了很多小众版本,其中包括 4 门版、长轴距版、配自动变速器版和配柴油发动机版。在路虎工程部看来,这些外人对揽胜所做的改装似乎有些可笑,而他们自己"正儿八经"的研发则继续以一种零零碎碎的方式进行着。

路虎特殊产品部(Land Rover Special Products)准备了 3 款原型车,如果这 3 款原型车被证实能够取得成功的话,那它们就能进行量产。在公司的"心血来潮"之下,这几款车型都是在外部专家的协助下研发的,但这只是为了减少工程部自身的资源开支,也是为了给失败加一层保险。1980 年 3 月,Monteverdi 4 门版揽胜推出。尽管路虎之前有做过一款 4 门揽胜原型车,但最终推出的是 Monteverdi 版。尽管和最终产品相比,这款原型车的后

第 3 章 独立与扩张

Monteverdi 版揽胜在英国的售价为 16507 英镑，比标准双门版贵了 33%。请注意后车门在轮拱上的独特的关门线。

排乘客的车门有些短小，但是整体上看来这种瑞士风格的转变（Swiss conversion）还是非常灵活的，应用的也非常好。

特殊产品部批准了这款车进行生产，并通过路虎经销商网络出售该款车。但是，Monteverdi 的销量只有区区 130 多辆（这款车很昂贵）。当然路虎不可能从这个可怜巴巴的销售额中获得什么鼓舞，但是市场对 4 门车概念的反响为推出路虎自主设计的 4 门车版提供了新的动力。

路虎重新考虑了自己的 4 门版揽胜的研发。有限的工程资源随着阶段 1 和阶段 2 项目工作的增加而不断稀释，霍奇金森对揽胜工作缺乏进展而感到非常沮丧。在经历过无数次延迟后，他委托位于考文垂的 Carbodies 公司进行一些研发工作，随后，1981 年 7 月，公司内部的 4 门版揽

In Vogue 特别版双门揽胜是 1981 年 2 月和 Wood and Pickett 公司共同研发推出的。公司宣布限量生产 100 辆，大约有 250 辆以 13800 英镑的价格在英国销售。

079

## 路虎　设计成就传奇

1982 年，In Vogue 4 门版揽胜，该照片拍摄于盖登附近的 Burton Dassett 山。在短短几年里，90% 的揽胜都成了 4 门版。1984 年，双门版揽胜退出英国市场。这种第一次在 In Vogue 原型车中出现的三辐式合金车轮，在设计造型中被称为"野马轮"。

胜问世了⊖。该款车在双门版的基础上的改动很少，但是后排座椅往后移动了 3 英寸，方便乘客进出，为乘客提供更多的腿部空间。据米克·琼斯说，最初的设计工作曾一度受阻，因为那时发现了原版双门揽胜的后翼子板长度竟然是不一致的！这款 4 门版揽胜是在改造后的北厂（向东扩展了）的一条新生产线上生产的，而且油漆车间的新设施设备能够提供更广泛的颜色选择，包括金属漆，这可是第一次！

第二个项目则是要提供可选配的自动变速器，这是中东市场多年以来梦寐以求的。1980 年年底，Schuler 自动变速器推出，它采用了克莱斯勒 Torqueflite 3 速变速器配一个链条驱动的分速器和防抱死制动系统（ABS）。这又是一个昂贵的选配，售价为 2300 英镑加上增值税，但是选配这台自动变速器的揽胜生产了 200 多辆。这一项目的成功让路虎坚定了推进自主设计的自动版的决心，1982 年夏天，路虎自动版开售，依然采用克莱斯勒变速器。

第三个项目则来自于时尚杂志 Vogue 的一场摄影拍摄，揽胜作为耶格（Jaeger，英国服装品牌）系列产品的背景道具频频出现在照片中。为了这场拍摄，路虎设计师和伦敦车身制造厂 Wood and Pickett 一起打造了一辆奢华双门版揽胜，车身颜色为淡蓝色，铺满地毯的车尾行李舱里还放了一个野餐篮。因此，路虎在 1981 年 2 月推出限量版 In Vogue 车型，该车型是照片中的背景道具——奢华揽胜的复刻品，该车型的售价则比标配揽胜高了 800 英镑。该款车的配置特色包括将空调作为标配，车门上配胡桃木饰面，座椅之间有一个储物盒，还配有一个野餐篮和特别定制的揽胜冷藏盒，车身表面则采用了 In Vogue 蓝色金属漆。由于 1000 辆限量版的成功（利润很可观），公司在 1983 年又生产了第二批 500 辆。1984 年，In Vogue 成为有自主产权的量产车型。

In Vogue 特别版是路虎第一次故意将揽胜定位在时尚奢侈品上，这也是为了创造更多和其他奢侈品牌——尤其是英国奢侈品牌像是皮卡迪利大街上的辛普森（Simpsons，英国服装品牌）、达克斯（Daks，英国服装品牌）和耶格，一起合作公开产品的机会。在今天，这种形式的产品合作是高级品牌营销的标准手段，但是在那时，这种形式尚未被资本化。传统的路虎营销通常专注于让特殊产品部研发出增加了某些特定功能的不同的版本，像是采用了新的设备，或者较长的底盘，或者增加了一些新配件等，然后再求足够的买家来证实这一新功能的合理性。

20 世纪 80 年代，在吉尔罗伊的任期内，路虎走向了更加高端的市场，而且盈利能力变得更强。为了对此提供支持，路虎营销部做出了改变，变得在将揽胜作为奢华轿车进行宣传推销时更加得心应手。揽胜是具有重要工作的人的身份象征，不管是皇室成员，还是军队里的军人、外交官、名人和警察以及应急服务人员都开揽胜。

作为战略的一部分，汽车内饰逐步进行了改变。像是指定采用豪华面料——包括天鹅绒座椅面料、康诺利

---

⊖ 这导致了 Carbodies 把揽胜 4 门版车身作为了它原本要设计的新款 CR6 出租车的基础。Carbodies 同意免费为揽胜改短的汽车前门面板制作模具，作为交换，他有权将这个设计用在它自己的新车型中，这对 Carbodies 来说是个非常有利的协议。但是，Carbodies 在 1983 年放弃了这个出租车项目。

（Connolly，英国品牌）皮革，还有毛绒地毯以及美国胡桃木饰面，而且还配了工厂原装空调。

随着自动变速器和 4 门车身的诞生，吉尔罗伊的"老鹰项目（Project Eagle）"就可以实施了。该项目批准了在北美市场销售揽胜，而北美市场恰恰正是整个 20 世纪 70 年代所忽视的地方，因为揽胜的产量非常有限而且英国利兰的经销商网络一直处于比较混乱的状态，名爵（MG）和凯旋跑车的销量都萎靡不振。公司在北美建立了一个新的销售网络——罗孚北美（LRNA），而且在生产品质和内饰上进行了一系列的改进，为的就是在美国市场上把揽胜定位为高级越野车。

米克·琼斯认为美国销售网络的建立得益于公司对设计的态度转变："LRNA 是 20 世纪 80 年代中期的中流砥柱，设计部在美国组织了很多场大型展示会。设计研发得到加强，设计部的地位也因此开始得以提升。"

为了支持于 1987 年在美国推出揽胜，埃文斯开始着手更新揽胜的设计——带水平板条的新款塑料格栅、新款保险杠、隐藏式车门铰链和发动机舱盖铰链，搭配最新研发的更强劲的 178 马力 3.9 升 V8 发动机。

内饰在过去几年里的更新改进也构成了"老鹰项目"的一部分，为在美国推出发行揽胜奠定了基础。内饰上最大的改动是 1984 年设计的低矮款 IP（仪表板），上面有 4 个长方形出风口，还有一个大仪表盘。"Aquila 项目"也构成了内饰改动的一部分——1985 年，为 EFi 版本设计了一款新的中控台，1986 年又重新设计了双辐方向盘。

1992 年 10 月，一款长轴距 LSE 4 门揽胜终于面世。当然，售后市场中有众多长轴距（LWB）改装版揽胜，这是常有的事，但公司内部旨在将配备了一台 200 马力 4.2 升 V8 发动机和 ABS 制动系统的揽胜推到豪华 4x4 之王的

1983 年底，为了配合空调使用，重新设计了一款低矮式的仪表板，其特色就是有 4 个长方形的出风口。

随着揽胜车型被推向高端市场，其车门内饰板经过了多次重新设计。这两张图片是 1983 年 In Vogue（左图）车门内饰板 VS1992 年揽胜车型的绒面内饰板。

路虎　设计成就传奇

标准版 Vogue 车型对比 Vogue LSE 车型。108 英寸 LSE 车型是大卫·埃文斯在 1990 年设计的，并于 1992 年 10 月推出。同样在 1992 年，发现车型（Discovery）的新款 2.5 升直喷涡轮增压发动机作为选配，取代了之前的 VM 涡轮增压柴油发动机。

## 1985—1988 年，路虎争取独立

1983 年，英国利兰进行重组，路虎成了路虎利兰（Land Rover Leyland）的一部分，是奥斯汀-罗孚汽车集团的一个独立部门，包括了利兰载货汽车和巴士部门以及 Freight Rover 厢式货车部。当时很多人都惊讶为什么要把路虎打包在这个商用车组中，这么做的原因是如果这个商业车组能从负债累累的汽车集团中剥离出来，那英国利兰或许更容易把商业车组作为有市场的企业卖掉。20 世纪 80 年代，对英国利兰进行私有化是玛格丽特·撒切尔（Margaret Thatcher）领导下的保守党政府的主要政策之一。1984 年 9 月，捷豹成了英国利兰最先成功分离出去的资产。

私有化计划的下一步，就是将路虎利兰卖给通用汽车公司（General Motors）。1985 年春天，双方公司开始洽谈讨论将载货汽车部、路虎和 Sherpa 厢式货车部（但不包括巴士部）卖给通用，以此巩固双方在英国的商业车运营——当时双方都未有盈利。会议提案则是通用持有该公司的 49% 股权，英国利兰保留英国控制权，这种方案对美国公司来说毫无疑问是个棘手的问题。当时，英国政府卷入了韦斯特兰（Westland）直升机事件中，因此英国政府认为身负重要军事合同的公司应保持为英国所有。经过数月谈判，通用汽车最终做出妥协，接受了这个提案，并起草了正式的合同协议。两天后，贸易和工业大臣保罗·钱浓（Paul Channon）通知英国利兰团队说，和通用汽车的这个交易在政治上不可行，毕竟这会对路虎的"英国性"产生一定威胁。此次交易最终被取消。讽刺的是，当时对英国政府如此看重的"英国性"随后在德国、美国和印度公司的所有权下都幸存了下来，而且使得捷豹路虎（Jaguar Land Rover，JLR）发展成了我们今天所见证的成功公司。

接下来是福特。1985 年底，双方开始讨论把英国利兰整个卖给福特。福特对当时正在研发的 K 系列发动机尤其感兴趣，当然对路虎也很感兴趣，因为路虎和福特在欧洲的汽车产品没有任何重叠。到 1986 年，福特要求英国利兰提供详细的财务信息作为尽职调查的一部分。很多英国利兰高管认为这个要求对他们的状况非常不利，因为福特将会获取公司未来的产品计划和详细的公司盈利数据。不幸的是，其中一些商业敏感信息被泄露给了媒体，随后撒切尔政府卷入了政治风暴。此时，双方洽谈已停止，福特转而购买了马自达和捷豹的股份来作为扩张其业务的手段。

1986 年 5 月，英国政府决定英国利兰需要有一位董事长兼 CEO 来带领公司进行私有化。这份工作落在了 52 岁的加拿大人格雷汉姆·戴（Graham Day）身上，他曾帮助英国船厂公司（British Shipbuilders）进行了私有化，在政府圈内声望很高。此时，大多数的董事会成员都离开了公司，其中包括哈罗德·穆斯格雷夫（Harold Musgrove）和大卫·安德鲁斯（David Andrews）。在戴的领导下，公司名称改成了 Rover Group Plc。

戴决定用一段平静的时间来恢复公司信心，而且他认为抽出一部分管理时间来处理这些私有化事宜对公司日常运行极具破坏性。路虎的定位变了，所以路虎和罗孚集团的联系更加紧密，而载货汽车部和 Freight Rover 部则作为独立部门，如果能找到买家的话，依然可以出售。他把路虎作为一个独立的公司放在洛德巷，有自己的产品研发团队和设计公司，这是非常明智的举措。

1986 年底，戴的新团队已经制定了和空军部合作创立一个新公司的协议大纲，而在这个新的公司中，空军部的股份占了 60%，这样空军部就接手了罗孚集团的整个载货汽车部门和 Freight Rover 部门。1987 年，戴还谈妥了 Unipart，罗孚的计算机服务部（Istel Ltd）和利兰巴士（Leyland Bus）的私有化，这样由奥斯汀-罗孚汽车和路虎构成的罗夫集团就更容易管理了。

此时，英国航空航天公司（British Aerospace）突然提出要购买大量路虎股权来增强他们的军用部，但此事后来却扩大到要购买整个罗孚集团。对格雷汉姆·戴来说，在英国内部解决私有化进程是个非常理想的解决办法，而且这和萨博（SAAB）、劳斯莱斯、戴姆勒-奔驰都很相似——汽车和飞机之间的技术协同已存在了数十年！1987 年 12 月，英国航空航天（BAE）正式向政府提交申请购买罗孚集团，与此同时，福特也表示有意愿购买罗孚集团，但该意愿很快被驳回。英国政府和 BAE 迅速展开谈判，到 1988 年 3 月，双方达成一份协议，据此，BAE 向政府支付 1.5 亿英镑购买罗孚的股份，而政府勾销罗孚集团的 8 亿英镑债务。作为交换，BAE 同意至少持有罗孚集团股份 5 年以保证其稳定性。

宝座上。这款揽胜还首次采用了一款全新的空气悬架系统，叫做电控空气悬架（ECAS）。这款 LSE 揽胜采用了拉伸式底盘，轴距为 108 英寸，多出来的长度都做到了后排车门上，使得揽胜的外观看起来更加平衡，也加大了后排腿部空间，比原来的 4 门车型更加方便进出。

## 一款新生活方式汽车：项目 Jay

在和福特之间的洽谈结束以及格雷汉姆·戴的任期结束后，罗孚集团的董事会才有空处理一些集团内部事宜。1986 年 9 月，董事会要对下一次重大投资做出决定，决定是要做一个 MG 跑车项目还是做一款以揽胜为基础的新款

路虎车型。公司没有资源同时做两个项目，因此董事会在会议中决定做路虎"项目 Jay"，而不做 MG 跑车。

项目 Jay 大约是一年前开始的，是吉尔罗伊计划下的一部分，是为了将路虎带入新市场的高级项目。公司还成立了一个叫旋风小组（Swift Group）的新团队，这个团队是一个公司内部智囊团，利用缩短时间尺度来探索自可行性到预生产的项目事宜。该团队由 6 人组成，负责人是史蒂夫·史莱默（Steve Schlemmer），办公地点位于洛德巷第 46 区。

该小组很快就确定了要做一款更加注重生活方式的越野车，价位要比揽胜低，但却比路虎 County 旅行车更现代化。这款车能够和同类型的竞争对手进行竞争，它的竞争对手包括福特 Bronco、Jeep 的 Cherokee XJ、日产 Terrano、大发 Rocky、三菱 Pajero 和五十铃 MU。

Jeep 的 Cherokee XJ 是 1983 年推出的，因采用了一体式设计而非独立的梯形底盘而出名，所有其他竞争对手亦是如此。日产 Terrano 可以选配 2.4 升汽油发动机和 2.7 升柴油发动机，和三菱 Pajero/Shogun 以及大发 Rocky 一样，Terrano 也有 3 门版和 5 门版。三菱的 5 门版还可提供 7 座布局，而且顶级车型还可选配 3.0 升 V6 汽油发动机（也可选择 2.0 升涡轮增压汽油发动机和 2.5 升涡轮增压柴油发动机）。

在欧洲，通用汽车推出了 Jay 的竞争对手——沃克斯豪尔/欧宝 Frontera，一款由贝德福德（Bedford）在英国贴牌生产的五十铃 MU 4x4 越野车。Frontera 在 1991 年推出时有 3 门版和 5 门版，可配 2.0 升或 2.4 升汽油发动机和 2.3 升柴油发动机。它是 Jay 的主要竞争对手，而路虎也想在市场中立于不败之地。

因此，对项目 Jay 来说，有一款柴油发动机版的车型是至关重要的，而且销量的大部分很可能是来自柴油机版，尤其是欧洲和亚洲市场。实际上，最初主导公司内部讨论的正是发动机事宜，而非车身设计事宜，柴油发动机也标志着 Jay 是不同于揽胜的独立车型。

1986 年初，公司明确同意新车型以揽胜为基础，随后设计部开始准备草图和模型，为项目前期规划提供支持，这是在将项目提交给吉尔罗伊和董事会进行审批成为正式项目之前所必须要经历的。

为了控制成本，这款车不仅会用揽胜的底盘和 4x4 传动系统，而且还会用揽胜的舱壁、风窗玻璃和车门。对于设计师麦克·桑普森（Mike Sampson）和迪克·巴特兰姆（Dick Bartlam）来说，这是对设计的严重限制，但是他们觉得该车可以凭借较短的后悬、垂直后车窗和侧开后门来构成自己的特色。乔治·汤姆森（George Thomson）是该项目的首席外观设计师。

该款车的一个关键目标是摆脱 Pajero 和 Trooper 的风格影响，创造出一个更有特色的轮廓造型，要能够为两个侧向后排座椅提供足够的头部空间——有点像 88 英寸旅行车上的侧向后排座椅。最终，设计部设计出了一个阶梯式车顶，上面还有极具特色的"Alpine"车窗，给人一种轻快透亮的氛围。

1986 年初，制模部开始在揽胜的可移动底盘上做全尺寸黏土模型，到 9 月时模型就展示给了董事会。但在展示给董事会看之前，设计师们先在户外观察了这个模型，在把模型推出到室外的时候还差点发生了意外。"我是第一个驾驶发现（Discovery）的人，"艾伦·谢泼德（Alan

这是麦克·桑普森在 1986 年 1 月做的一张草图，该图展示了最初的 Jay 车型的设计想法之一。图上采用的是路虎旅行车的车顶轮廓，车顶颜色为灰白色，和车身形成了鲜明的对比。从一开始，Jay 车型的目标就是在车顶采用 Alpine 车窗和大量的玻璃窗。

第 3 章 独立与扩张

麦克·桑普森的其他草图。

迪克·巴特兰姆做的最终的 5 门版草图。

Sheppard）回忆道，"我是体型最小的，也是最年轻的，他们让我钻到汽车模型里面去操控方向。汽车模型往外推的时候从坡道上滑下去了。这东西带着黏土有 2~3 吨重，没有制动，它直接滑到停车场里了。我用尽全力操控方向盘，差一点就撞上一排汽车。汽车模型在停车场里转了 3 圈才停下来。"

1986 年 8 月，设计团队重新搬回了位于洛德巷经过改进后的设计室，他们在这里继续着 Jay 车型和新款揽胜车型的工作。不久之后，托尼·普尔决定退休，他是大卫·贝奇团队在 20 世纪 50 年代最后的成员。

但是，有一名新成员在这一年的秋天加入了设计团队，他就是艾伦·莫伯利（Alan Mobberley）。他也是惠特利的前雇员，曾在捷豹同汤姆森共事过。公司派他来领导 Jay 的内装设计，领导管理艾伦·谢泼德、麦麦特·奥子奥托克（Mehmet "Memo" Ozozturk）和麦克·布罗根（Mike Brogan）。

1986 年底，Jay 项目的团队正式成立，其核心团队成员有 50 人，包括设计师、工程师和营销人员。该项目的负责人是麦克·多诺万（Mike Donovan），他曾任商业和产品规划经理，曾负责过 "High Cap" 路虎的生产。

约翰·布拉格（John Brag）负责技术工程，迪克·艾尔西（Dick Elsy）负责研发。

英国利兰董事会只给了吉尔罗伊 2500 万英镑的预算。由于时间和资金预算都很紧张，为了在 3 年内使 Jay 投入

第 3 章 独立与扩张

1986 年春天，德雷顿路工作室制作的第一个黏土模型。这个模型是在真正的揽胜底盘上制作的，是可以滚动的模型。（大卫·埃文斯提供的照片）

同一车型的后期版本，是在德雷顿路工作室里拍摄的。汽车的侧面展示了麦克·桑普森的设计提案。

所有汽车外观的研发都用的是双面模型。就是这个模型在艾伦·谢泼德的驾驶下滚进了停车场。

同一车型，上面贴了特耐柔饰贴（Di-Noc），是在德雷顿路工作室外面拍摄的。在这个阶段，车门的开合机构尚未安装。

同一车型在后期的后视图。未做改动的揽胜底盘和后横梁要求配一个长长的后保险杠。后来，后保险杠的设计进行了优化，巧妙地在视觉上减少了其突兀感。

087

生产，公司第一次采用了"同步工程"工作流程。正常情况下，一个车型从设计到生产要花5年时间。为了进一步降低成本，有些专属配件就来自于其他的英国利兰车型。这些配件包括：尾灯来自于奥斯汀Maestro小货车，前照灯来自于Sherpa小货车，仪表组来自于奥斯汀Metro，通风口来自于罗孚800。后来，通风口选用了柱形的，内嵌在横跨仪表板的独特管状凸起上。

和以前的路虎项目相比，Jay是一个进展快速的项目，很快就拿到了签字批准。1987年2月，外观设计暂时停止。1986年底，内装设计开始，模型制作也开始了。另外，公司还委托了两家外部设计室来做该项目的顾问并对其提出方案，这两家设计公司就是位于沃辛市（Worthing）的国际汽车设计室（International Automotive Design, IAD）和位于伦敦的Conran设计室。

大卫·埃文斯解释道："我们那时正在寻找一种新的内饰设计方法，因此我们认为应该和IAD合作，或许和Conran合作也不失为一种有趣的选择。最初展示的主要是

## 女人和设计

在20世纪80年代之前，设计团队里的成员往往主要是男性。尽管，罗孚在20世纪60年代招募了宝琳·克朗普顿（Pauline Crompton）出任色彩和装饰设计师，但这只是个例。1987年，米克·琼斯为他的色彩和装饰团队招募了第一位女性设计师——凯伦·欣德（Karen Hind）；1988年，金·特纳也被招进来了（Kim Terner，现在是Kim Brisburne）。

随着Jay项目的发展，托尼·吉尔罗伊担心样品板上或许缺少女性元素。他没有像以前那样邀请董事会主要成员的妻子来查看设计提案，而是鼓励设计部组建一个"女性小组"，在色彩和装饰提案提交给董事会之前对其进行审查并评论。在今天看来，这或许是严重的性别歧视，但至少在承认另外一半汽车驾驶人的意见的重要性上向前迈出了一步。

"这个小组由设计部的女性员工组成，但是也和其他部门'紧密'合作，像是市场营销部和材料实验室的女性员工以及总监们的个人助理，这样来保证她们看法的全面性和安全性。"米克·琼斯说道。

拆下来的揽胜车身用于进行内饰研发，拍摄于1987年38A工作室。（麦克·桑普森提供的照片）

第 3 章 独立与扩张

早期的 Conran 版（的内饰）非常引人注目，但是做工却很粗糙，是用泡沫和挤压成型的塑料件制成的。请注意车顶的控制台和后视镜。（大卫·埃文斯提供的照片）

后来的 Conran 版的黏土模型，是艾伦·莫伯利团队重新设计制作的。（大卫·埃文斯提供的照片）

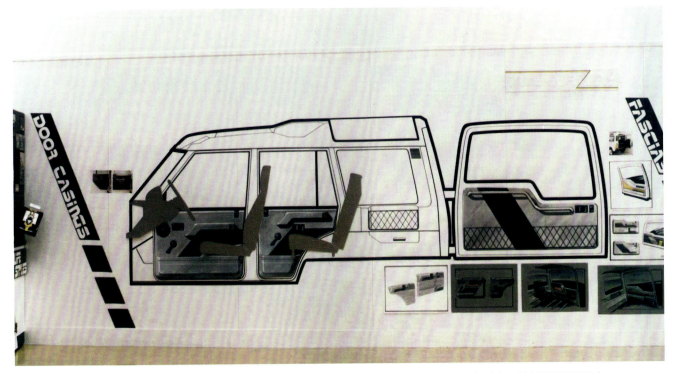

内饰胶带图，是在 38A 工作室做的。迪克·巴特拉姆（Dick Bartlam）重新设计了 Conran 的原版 Jay 车门外壳。（大卫·埃文斯提供的照片）

路虎　设计成就传奇

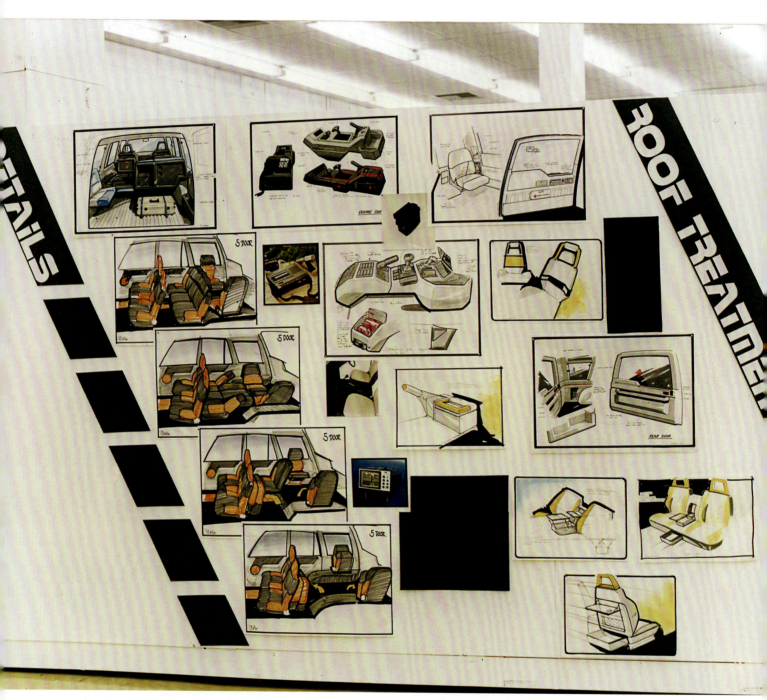

重点关注新功能的大型内饰细节草图。（大卫·埃文斯提供的照片）

第 3 章 独立与扩张

Jay 车型完整的色彩和装饰材料样品板。约翰·斯塔克（John Stark）非常喜欢在样品板上用真材实料，这些材料来自于钓鱼行业、游艇行业和赛车行业。（大卫·埃文斯提供的照片）

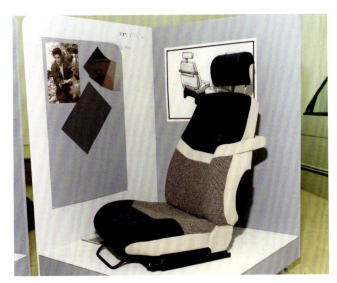

Jay 的车座软包的初始模型。软包直接包裹了座椅两侧的凸起，使得座椅看起来更宽大。（大卫·埃文斯提供的照片）

材料照片和样品板，都是和当时设计界的流行主题——内饰潮流相关的材料。当时还有一些小方案，像是要安装一台高频无线电，摘要报告中有提到这一点。"这一点在 IAD 的方案中被忽视了，所以立刻被淘汰出局。

1987 年 3 月，公司已准备好向董事会展出三款内饰模型：其中两款是公司内部设计的，第三款是 Conran 设计的。经过审核后，董事会认为第三款设计是最有趣的设计，值得继续研发下去，这个设计所采用的管状主题和菱形图案在当时是很流行的。但是，随着这个项目的发展，很明显能看出 Conran 对汽车内饰的复杂性和限制因素并不熟悉，需要莫伯利团队的大力帮助来解决生产中会碰到的设计问题。莫伯利确认 Conran 团队对生产加工中的拔模角度的重要性知之甚少，这一点在和供应商的讨论中引起了设计团队的担忧。"例如,在 Conran 版的设计中,变速杆和内饰把手上设计了凸起的圆点,但是凸起的圆点用模具是做不出来的。我们把它改成了可以用模具做出来的小凹坑。"莫伯利解释道。

为了满足严格的成本限制,很多塑料件都是采用低成本的真空成型,而非是注塑成型。尽管如此,这个有着低矮腰线和高挑车顶的 Jay 车型的乘客舱还是提供了一些新颖的储物空间。在遮阳板的上方有一个放置地图的架子,在阶梯式屋顶上有一对放置儿童用品的储物网。托尼·吉尔罗伊对车厢后面的折叠座椅的费用提出了质疑,但是营销总监约翰·罗素(John Russell)认为,有这个 7 座版选配的话,他有自信能多卖出 100 辆车。"吉尔罗伊同意了这个数据,但他表示,如果折叠座椅的成本比这 100 辆车的利润还高的话,他就拒绝这个配置。幸运的是,后来销量数据是对约翰有利的,多卖了 95 辆,吉尔罗伊就同意了这个配置。"埃文斯回忆道。这个 7 座选配后来取得了巨大成功。

阶梯式车顶为新的储物设计想法提供了空间,像是遮阳板上方放地图的架子和给儿童使用的储物网。当时,弹出式天窗非常流行,而发现配了 2 个天窗,还有 Alpine 窗。

内饰上则采用了令人眼前一亮的颜色——Sonar 蓝色,抵消了低成本造价给人的"廉价"印象。"这种 Sonar 蓝色设计想法来自于 Conran,看起来非常清新。"莫伯利说道。Conran 还设计了一个可选配的中间隧道拉链袋,可以拆下来用作肩包;还有,车厢后面没有安装第三排座椅时就会在两侧各装一个储物盒,这是一个非常有用的功能。

1987 年 9 月,内饰设计已准备好提交给董事会进行审核签发,此时该项目进入了预生产阶段。Jay 的最终预算累计为 4500 万英镑,但是这个预算包含了扩大并改进将要生产这款车的洛德巷工厂和生产设备的费用,而且即便按照 20 世纪 80 年代的标准,这个预算依然是比较少的。

公司为这款车考虑过几个可以用的名字,最终定下来用"发现(Discovery)"。在决定采用路虎这个品牌并把该车型从其他车型中分离出来之前,其他参与"竞争"的名字还有"Highlander"和"Prairie Rover"。1989 年 9 月

发现内饰的量产设计是 Sonar 蓝色。该车刚推出时,公司宣传了和 Conran 设计室之间的合作关系,但是实际设计工作是艾伦·莫伯利和公司内部设计团队做的。

16 日,发现在法兰克福车展上推出,Tdi 版和 V8 汽油版的售价都是 15750 英镑起。

产品规划部认为 Jay 应该慎重定位,以便最大程度上减少和揽胜的重叠,这点有助于解释发现在推出时的初步

配置。为了降低公开售价,只要不是必不可少的配件都作为了选配。此外,设计部还设计了50多种时尚配饰,这是路虎设计师第一次尝试自己设计时尚配饰,而且要比市场上任何车型的配饰都更加全面。

在设计方面,有几个关键要素确保了这款车不会被视为"折价的揽胜"。该车的基本轮廓本身就和揽胜有所不同,该车采用了阶梯式车顶、较短的后悬和竖直后车窗,而且侧开尾门上还安装了一个备用轮胎,而不是双开尾门。最初的车身是3门版的,但是能提供7个座位。最后,这款车有了时尚的内饰,还有了一系列配饰,它的动力装置则是一台柴油发动机。

一开始,公司担心发现会"偷走"揽胜的销量,后来

最终签发的3门版和5门版车型,本照片是1987年底在38A工作室外的观察场地中拍摄的。圆形前照灯一直是设计师的宠儿,但是Sherpa方形前照灯直到后期才被圆形前照灯替换。(大卫·埃文斯提供的照片)

带贴花的最终的玻璃钢(GRP)模型。注意量产车上后侧窗的更加犀利的处理效果。(大卫·埃文斯提供的照片)

这是"G WAS"发布会上推出的原版汽车之一。刚推出时,合金轮辋只作为经销商配件提供,但车身两侧的贴花则可以很容易提供。

尽管是和3门版一起设计的,但是5门版发现直到1991年才推出。同年,发现的设计团队拿到了英国设计大奖(British Design Award)。

证明这种担心是毫无根据的，而且客户调查显示人们对这两款产品的感受是大不相同的。该车推出后，对于 Conran 参与内装设计的宣传就悄然减少了。但是，作为在早期对路虎品牌的背书，这曾是一个比较有用的故事。不过，几年后，这个故事在市场营销上就没有用了。

但是，人们却越来越注意到材料和配饰上的缺点。而且很明显，在内饰上弱化"生活风格"有助于推动销售。因此，5 门版在 1991 年推出了第二款内饰颜色——巴哈马米色，面料的图案也改了。到这个时候，发现正处于快速发展阶段，产量从每周 300 辆增加到了 500 辆。

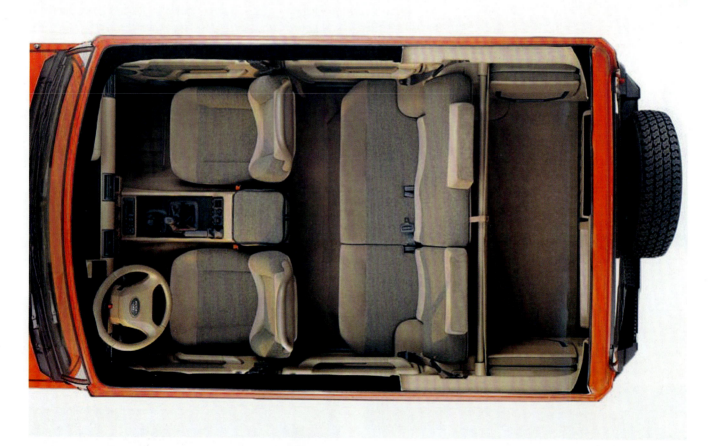

发现 5 门版的第二款内饰颜色——巴哈马米色。后排巧妙的折叠座椅是麦克·布罗根设计的。

## 第 4 章 坎莉工作室和新东家宝马 1989—1996

在英国航空航天（BAE）的控制下，罗孚集团的产品研发部在 1988 年进行了完全重组，设计和技术工程由新进的约翰·托尔斯（John Towers）领导。此时，罗伊·阿克斯在坎莉的职责进一步扩大，连高级技术工程和 CAD 团队都需向他汇报，相较于前几十年，这是一个重大转变。

到当时为止，设计这一职能都被称为是"造型"，各种工作室也被称为"奥斯汀 – 罗孚的造型服务工作室"。罗伊·阿克斯解释了这个状况："通常在英国，工程部会向我们展示一个存在问题的设计，并指示我们'把它装扮一下'，这种说法很令人反感。在这种情况下，就适合称之为"造型"，因为是设计完成后再加上去的一些东西。但是，当'造型'变得更严肃认真而且在早期研发阶段就需要投入我们的职能时，这个称谓就改成了'设计'。"

托尔斯加入公司后接管了产品研发，这样罗伊·阿克斯的职责就开始减少了。"设计部所扮演的角色进一步弱化，实际上退回到了英国利兰之前的职能，"阿克斯回忆道，"这会让事情退回到我加入公司之前的状态，在我看来，这完全是一种倒退。"此时，设计部归属于由斯坦·曼顿（Stan Manton）领导的产品研发部。

因此，阿克斯在 1989 年夏天宣布他将离开公司，在利明顿温泉镇（Leamington Spa）成立一个独立的咨询公司——设计研究联合公司（Design Research Associates，DRA）。该公司最初的工作是给 BAE 做飞机的内饰设计，但是阿克斯成功拿到了一份长达 4 年的利润丰厚的合同——作为罗孚汽车项目的外包设计工作室。公司员工有不少来自坎莉的，包括艾德里安·格里弗斯（Adrian Grifths）、伊恩·比奇（Ian Beech）、杰瑞米·纽曼（Jeremy Newman）、理查德·卡特（Richard Carter）和克里斯·米尔本（Chris Milburn）。

戈登·斯凯德（Gordon Sked）升任为坎莉工作室的负责人，负责奥斯汀 – 罗孚和路虎的设计工作。他做了很长时间的阿克斯副手，经常陪同阿克斯每天视察工作室。斯凯德生于金罗斯（Kinross，英国苏格兰中部城市），在 20 世纪 60 年代作为"学生"而非学徒加入了鲁兹，他受造型工作室的吸引，希望能有机会成为一名造型师。在 3 周的试用期内，他接触到了罗伊·阿克斯，这个苏格兰年轻人成功地向阿克斯证明了他拥有加入造型工作室的才华。1970 年，23 岁的斯凯德加入了奥斯汀 – 莫里斯工作室的哈里斯·曼（Harris Mann）的造型团队。1976 年，他转到了罗孚，但他个人倾向于做罗孚汽车而非路虎汽车项目。

在这次产品研发部的重组之下，路虎设计团队开始转移到坎莉综合工作室，关闭了 38A 洛德巷工作室。大多数员工都在 1990 年转移到了坎莉，但 P38A 项目最后阶段的相关人员仍留了下来，直到该项目安全投入生产后才转移的。

要把不同的设计团队整合到一起并非易事，这里有好几个派系。首先，有之前的长桥设计师，像是艾德里安·格里弗斯、理查德·伍利（Richard Wooley）、约

## 罗伊·阿克斯

1982年1月，罗伊·阿克斯被任命为设计总监，他带来了英国利兰产品研发所急需的专业性。

阿克斯有两个关键优势。首先，作为一名拥有国际经验的克莱斯勒公司的设计总监，他很熟悉产品展示技巧，也熟知底特律盛行的项目快速运转；其次，作为局外人，他不会去考虑自20世纪60年代就一直荼毒英国利兰的工程部和设计工作室之间的争斗，而且哈罗德·穆斯格罗夫还授权他可以按照自己的意愿来对事情做出改动。

1937年，罗伊·阿克斯于斯肯索普（Scunthorpe，英格兰东部城市）出生。1953年，年仅16岁的阿克斯在考文垂开始了他在鲁兹的汽车设计生涯。他当时学习的是比较陈旧的技术，学的是制作木制模型而非黏土模型，相较于在英国的福特工作室和沃克斯豪尔工作室，他学的草图画法也比较有限，但这些在当时的鲁兹却是典型通用的。到20世纪60年代早期，阿克斯证明了他是一名合格的设计师，他很幸运地晋升成为一部分Arrow项目的负责人，尤其是他设计了1967 Sunbeam Rapier的衍生品。随着克莱斯勒在这一年从鲁兹家族手中拿到控制管理权，年轻的阿克斯在29岁就再次晋升为首席造型师，随后在新收购的惠特利厂区建立了一个全新的设计室，这个设计室在20世纪80年代成了捷豹设计室。

在这之后，阿克斯领导设计团队设计了Hillman Avenger、克莱斯勒180、克莱斯勒Alpine和克莱斯勒Sunbeam项目。再后来，他在1977年搬到了美国，加入了克莱斯勒在底特律的主设计室。在底特律，他负责领导内饰设计团队，是总设计师唐·德拉洛萨（Don DeLaRossa）的左膀右臂。

尽管阿克斯从未担任过路虎设计的职责，但他却是罗孚集团设计故事的核心人物，而且也是英国教育界在设计专业上的关键人物，时至今日依然有着深远影响。1967年，在福特英国的乔·欧罗斯（Joe Oros）的赞助下，伦敦皇家艺术学院的汽车设计专业开课了，而阿克斯则是第二个认识到皇家艺术学院（RCA）课程重要性的主设计师，他从1971年开始每年都资助2名学生。阿克斯在RCA资助的早期学生，有大卫·阿巴克尔（David Arbuckle）、吉奥夫·马修斯（Geoff Matthews）、大卫·埃文斯（David Evans）、盖瑞·麦戈文（Gerry McGovern）、莫利·卡勒姆（Moray Callum）和伊恩·卡勒姆（Ian Callum）兄弟。

到20世纪80年代，阿克斯在推进罗孚与考文垂理工学院（现在是考文垂大学）的交通设计课程的联系方面发挥了重要作用。他不但推进设计课程，而且在罗孚提供实习机会，这是很多本科生人生的大转折，这些人包括大卫·伍德豪斯（David Woodhouse）、奥利弗·勒·格莱斯（Oliver Le Grice）、菲尔·西蒙斯（Phil Simmons）和安迪·威尔（Andy Wheel），这些人在路虎故事中继续扮演着各自的角色。

2010年，现任设计总监盖瑞·麦戈文在和Autocar杂志编辑史蒂夫·克罗普利（Steve Cropley）的谈话中对阿克斯是这样评价的："他改变了我的人生。要不是他给了我一个机会，我是不会从事我现在的工作。我有幸碰到了他，他资助我上完了大学，还让我在克莱斯勒的设计工作室实习了一个夏天。他教了我很多有关设计的东西，像是造型、雕塑和做设计工作。罗伊他有一种庄严性，他能让每个人都明白他是老大，但他也能让每个人发挥出各自的最大作用，他对这两点的把握非常好。"

前设计总监吉奥夫·尤派克斯（Geoff Upex）对此表示赞同，他说道："他把奥斯汀-罗孚从一群乌合之众整合成了一个专业的组织团队，我对他非常钦佩。他预计这个组织团队会成功，我加入进来是因为我觉得奥斯汀-罗孚有前途。他做得很好，他把设计放在了公司里的正确位置上，放在了重要位置上。"

阿克斯戴着厚厚的黑框眼镜，留着厚厚的小胡子，给人一种相当严肃的感觉。和之前的贝奇一样，阿克斯的着装风格独树一帜，让人很容易就能把他和他的工程师同事们区别开来。他的着装风格深受美国时尚的影响，喜欢穿大格子图案的衣服，颜色搭配也很大胆。他在罗孚工作时放纵了他对法拉利的热爱，他首先买了一辆308，随后又买了两辆Berlinetta Boxer，再后来还买了一辆Testarossa。

1988年，阿克斯成了罗孚集团的一名全职董事，这是第一次由设计师出任全职董事，这也是为了向他在公司里仅次于格雷汉姆·戴（Graham Day）的声望和地位致敬。从罗孚集团离职后，阿克斯成立了自己的设计咨询公司——DRA，总部位于利明顿温泉镇。再后来，他退休后搬到了佛罗里达。2010年10月，阿克斯在佛罗里达与世长辞。

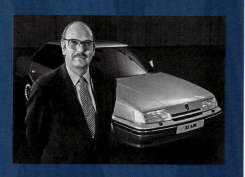

罗伊·阿克斯

## 坎莉设计工作室

坎莉设计工作室位于 Fletchamstead 高速公路旁——是 A45 主干道南部绕过考文垂的一部分。随着罗伊·阿克斯在 1982 年 1 月的加入，位于 50 号楼的老凯旋造型室在这一年里进行了巨大的改动扩张，办公室翻新了，增加了数个新的工作室，还有一个新的展厅，里面带旋转展台。

为了降低成本，新的工作室在凯旋的旧组装车间里，但是里面整个翻新了，安装了最新的饰面板和数字模型桥。为了领导扩大后的制模团队，阿克斯把罗孚索利哈尔工作室的伦恩·史密斯（Len Smith）要过来出任制模部经理。这个综合性工作室的后院还有一个模型观察场，能在自然光下观察汽车模型，观察者可以站在较远的地方观察模型。1983 年年初，长桥工作室关闭，其员工则转移到了这个位于考文垂的新工作室。

"尽管这个工作室并不是什么建筑瑰宝，但是它的布局非常实用，在这么多年的使用过程中，它充分证明了它的实用性。"阿克斯评价道⊖。其他设计师对该设计室的回忆评价多种多样。吉奥夫·尤派克斯回忆道："那里没有窗户，你都不知道外面天气如何，也不知道现在是什么时间了，这一点是挺奇怪的。"设计师奥利弗·勒·格莱斯对此表示赞同。"这个地方是挺奇怪的。前面设计主管的办公室采用了木板装饰，给人一种褪色装饰艺术的感觉。但是当你穿过一条走廊后，就会感觉这是一所二流综合学校，随处可见脱落的墙面和不堪入目的散热片。你再继续走下去就会发现这是一个旧工厂。挺有趣的，这个工作室从关闭那天起就几乎再没改动过，我觉得这有点像玛利亚·色莱斯特号（Marie Cleste）幽灵船。"

"工作室或许是公司里最活跃的地方，这里有很多富有激情的年轻人。这是个很大的工作室，每个设计师都有一张大绘图桌，后面是老一代工程师，他们通常打着领带，还会在上衣口袋里放上铅笔，他们也每人一张大绘图桌。工作室里还有制模师用的两三个平台，这些制模师可是一群不能惹的人。他们能把你做成一个蠢萌的小人模型，一天粉碎一个。"

"还有永无休止的吹口哨，现在你是听不到了。甚至还有把口哨吹成歌曲的！还有，那个时候大家都抽烟，每个人都抽，你可以直接把烟灰弹到地上，清洁员就会拿扫把来扫干净。虽然感觉有点像东欧的气氛，但是这里一直都是一个充满创意的地方。"

坎莉设计工作室里的早期 Oden 黏土模型。入口走廊是一处精美的艺术展示区，墙面上镶嵌了橡木板。（詹姆斯·泰勒提供的照片）

戈登·斯凯德

翰·斯塔克（John Stark）、史蒂夫·哈伯（Steve Harper）和米歇尔·瓦德汉姆（Michelle Wadhams），这些人依然"团结一致"。设计师史蒂夫·哈伯回忆道："当时坎莉设计工作室只有我们几个人。当罗伊·阿克斯接替大卫·贝奇后，我们遭受了'惠特利人'的'入侵'，他们的人都是出自克莱斯勒工作室，像是盖瑞·麦戈文（Gerry McGovern）、大卫·沙丁顿（David Saddington）、大卫·阿巴克尔（David Arbuckle）和众多制模师。"

再者，还有一群才华横溢的年轻毕业生，大多都是从考文垂理工学院招募进来的，包括大卫·伍德豪斯、奥利弗·勒·格莱斯、菲尔·西蒙斯和杰瑞米·纽曼（Jeremy Newman），还有来自皇家艺术学院的毕业生，包括霍华德·盖伊（Howard Guy）、理查德·卡特（Richard Carter）和克里斯·米尔本（Chris Milburn）。还有其他新的经理人也加入了，像是吉奥夫·尤派克斯，他是 1983 年从奥格里设计室（Ogle Design）离职后加入公司的，1986 年升任为中型车的首席设计师。

最后，还有路虎设计团队，其中包括一些前惠特利设计师，负责人是大卫·埃文斯。大卫·沙丁顿说道："有好几个不同的阵营。我认识艾伦·莫伯利和戴夫·埃文斯，我也

---
⊖ 罗伊·阿克斯的自传——A life in Style

在惠特利见过乔治·汤姆森的草图。奥斯汀长桥工作室的老员工也记得凯旋工作室的同事，有些人都互相认识。但是，大家都有点'我们和他们'这种态度。有几个路虎的同事对此感到不舒服，因为他们远离了和工厂的紧密联系。"

吉奥夫·尤派克斯对此表示赞同："路虎团队花了很长时间才融入坎莉，他们在心理上感到和大家不一样，有差异，花了很长时间才融入进去。"这种差异与人的性格关系不大，更多的是与文化差异有关。罗孚汽车的主设计团队到当时已经和本田合作了10多年的时间，他们吸收了很多日本哲学，学会了同具有精密制造理念的国际工程师一起展开合作项目。

相比之下，路虎团队在整个20世纪80年代都是在英国运营，很少受到外界的影响。在罗孚汽车设计师看来，产品（像是发现车型）的制造公差和宽大的开门线是他们的痛处，时刻提醒着他们在20世纪80年代也是这样走过来的。在路虎设计团队看来，宽大的开门线和较大的车身面板边缘弧度是因功能需要而产生的：这样车身比较有弹性，车身面板不会相互摩擦，这也是铝制车身面板所采用的制造方法而导致的直接结果。他们还觉得宽大的缝隙赋予了汽车一种"坚韧并诚实"的品性，符合路虎汽车坚固粗放的形象，当然这用在罗孚800轿车上显然是不合适的。

同时，他们还不得不用少得可怜的预算进行项目研发，像是发现车型就不得不沿用很多现成的配件。米克·琼斯认为路虎工作室受到了资金短缺的束缚，而这个问题在当时愈发明显，使得团队内部关系愈发紧张。"罗孚800的车门造价几乎和整个Jay项目的造价一样，这太令人吃惊了。"吉奥夫也认可路虎的做法。"我很钦佩他们所做的一切，而且他们还取得了成功，要知道这款车可是非常粗糙的。"吉奥夫说道。

在斯凯德的领导下，坎莉工作室继续和本田一起研发主要的汽车项目，包括HHR（罗孚400/本田Civic）和Syncro（罗孚600/本田Accord）。除此之外，坎莉工作室还设计研发了自己的R3罗孚200来填补即将推出的罗孚400系列和Metro<sup>⊖</sup>之间的空白。现在，随着路虎设计团队的加入，管理结构也进行了改动——设计团队将完全以项目为主导，罗孚和路虎设计师第一次通力合作，大卫·埃文斯的首席设计师一职也进行相应调整。随着Jay的投产和P38A基本通过批准，埃文斯决定是时候继续前进了。

### 卫士和挑战者

路虎推出发现车型后，就面临着要用什么名称来命名原本的路虎4x4车型。尽管它的标牌曾是90和110车型，但它并未在购买群体中引起强烈共鸣，所以它找了一个新的名称。"卫士（Defender）"曾是之前项目的代号，公司

卫士100英寸（上图）版本和114英寸双排座版的Photoshop图像。（大卫·埃文斯提供的图片）

---

⊖ 1993年，罗孚公司启动了一个新款Mini项目，该项目的负责人是戴夫·沙丁顿和大卫·伍德豪斯，该项目的设计团队中还有不少年轻的设计师，像是奥利弗·勒·格莱斯和菲尔·西蒙斯。这是自20世纪70年代以来第一次在真正意义上设计一款新Mini（而非是Metro的继任车型），而且设计了多种方案，包括一对"Spiritual"模型——后来在1997年的日内瓦车展上展出。该项目作为同英国航空航天（BAE）一起研发的正经项目，虽然资金不足，但是时机却很好——1994年宝马参与进来的时候对这些初步的Mini设计非常感兴趣。

感觉这个名称具有强烈的形象感。但是,"卫士"这个车名的所有权属于另一家汽车制造厂,在和这家汽车厂商谈妥之后,路虎在1990年秋季将卫士作为其经典4x4车型的通用名称。

4x4车型的名称改动,也是为了配合该车型采用了来自发现车型的200Tdi涡轮柴油发动机,二级名称"90"和"110"依然保留,以此来表明常规底盘和加长底盘。

与此同时,127英寸车型的名称则改成了"卫士130",但轴距依然保持不变,这个新数字只是为了更加简洁。更重要的是,130车型不再是用110进行"切割+拼接"而成,而是有一个专门的全新底盘。

公司还重新审视了要怎样替代卫士车型本身。因为,这个基本设计到现在已经有40岁的"高龄"了,而且4x4的市场也在改变——低成本日本汽车当时占主导地位。因此,公司开始设计一款更轻便更容易制造的汽车,该款车一开始会采用100英寸底盘和发现的动力系统,这就是卫士II。

这个项目被称为"挑战者(Challenger)",设计师皮特·克劳利(Peter Crowley)被派到坎莉来负责这个项目。公司计划做一整个系列,包括软顶版、硬顶版、旅行车版以及军用版本,要尽可能多地采用来自卫士和发现的现有组件,要和原版的路虎大致相同。内饰则计划采用发现和揽胜Classic的新款仪表板的基础架构,使得这款车的内饰既充满现代感又坚固耐用。"挑战者原本是打算采用真空成形的表皮,而发现则会采用冷凝模塑成形,"艾伦·莫伯利解释道,"这个仪表板架构是比较普通的,而且我们也获悉了可加入的泡沫数量。"

"我们制造了两辆可以跑的原型车,这两辆原型车都进行了军用试车,"克劳利回忆道,"但是,由于来自母体车型和沿用现有配件的束缚,这个项目进行得很困难。我们的想法是保留整个底盘、动力传动系统、风窗玻璃、翼子板和冲压钢板制造的车身内部构件,但是可以改动车身外部的铝制面板。市场营销部很担心丰田Hilux皮卡对传统卫士市场的冲击。发现车型符合市场营销部所寻求的汽

1991年制造的卫士军用车的原型车。(Dunsfold Collection提供的照片)

车内饰标准,而卫士的内饰则一直没有跟上时代潮流。我还记得那个时候我和麦克·古尔德(Mike Gould)去参加伯爵堡(Earls Court)农业展,我们四处蹓跶着这看看那看看。那个时候,拖拉机驾驶舱里都装了空调、弹簧座椅和音响——比卫士驾驶舱要舒适的多。因此,这就是一个以低成本来提供舒适驾驶体验的项目。"

在这些车型之后,公司在1991年制造了一辆军用皮卡的原型车,轴距为114英寸,后车厢罩帆布,配了一个像卫士那样的备用车轮架。在这个车型上,车门进行了改动,车门上半部分可以拆卸,车门外壳轮廓一直延伸到了新款前翼子板上。该车型还配了一款可翻倒的前窗玻璃,这样就成了一辆出没于战场之上的"低姿态"军用车。

"计划是先交付硬顶版,所以大家都努力去做硬顶版了,想着硬顶版做出来后,软顶版的就'Cut and shut(切一下再合上)'就行了。但是我和工程师们认为,我们需要先做软顶版来确保车身的刚性,还要在车身上做一些特色装置来提高帆布罩的密封性,至少要比卫士车身(配20世纪40年代的一些装置)的帆布罩的密封性提高一大截才行。例如,其他汽车制造商当时会在帆布罩上走一根带螺纹的钢丝绳,将其夹在后面来形成一个气密帆布罩,可以快速拆卸和安装。这个如果要以后安装的话会很难。"

"军方想要一个真正的130英寸版,能够载1个发射器和4枚地对空导弹。但是,这个底盘做不到这么坚固,承受不了军方要求的工作周期。还有就是,发现的前风窗风屏大多是平面形状的,要做成军用可翻倒式的就需要用

加大后的铰链将其放平到发动机舱盖上。对军方而言，发动机舱盖也是一块宝地，可以用来放备用轮胎或者站在上面作为有利位置。"因此，用这种前风窗风屏是毫无意义的。

随着这个项目的发展，生产全套模块的费用开始不断增加，而英国航空航天（BAE）对其投资承诺则更加谨慎。因为，为之前的 Llama 车型埋单的就是国防部（MoD）自己。

"它从来就不是一款真正的卫士车型，它更像是一款过渡车，它不是军方想要的。军方那个时候想要的是更大的车型，像是斯太尔普赫（SteyrPuch）和悍马（Hummer）。它们可以装载大量装甲和有效载荷。在军方眼里，这种小型越野车已经'失宠'了。"

取代这款车的是特别车辆部（Special Vehicles）启动的一个小型项目——用原有的卫士90车身复活 Cariba 概念，做一款软顶休闲 4x4 汽车，在英国市场投放。1992年，这款 SV90 问世。这款限量版 90 保留了 90 的全高框架车门，但是增加了一个延伸到前风窗玻璃前方的外部防滚架。该车装配了发现的五辐合金轮毂和前保险杠总成，前照灯和两个探照灯也配有防护网，还配了侧踏板，大大增强了该车的运动感。200Tdi 柴油发动机仍保持为标配，没有改动，但是这也意味着它性能平平。"但这款车引起了人们的巨大兴趣，它向世界证明了这种车依然有市场。"克劳利说道。

SV90 的下一个衍生品 NAS 90 是专为美国市场而研发的，是为了和 Jeep 的 Wrangler 竞争市场。这个车型放弃了 Tdi 柴油发动机，采用了更适合美国人口味的 3.9 升 V8 汽油发动机。NAS 90 采用了军用路虎车门，用可拆卸的车门上部和侧车窗替代了 SV90 的全框架车门。防滚架的后面部分去掉了，有一系列的软顶车棚可选，着重强调了该车有趣的一面。五辐合金轮辋上装了宽 265/75R16 的 BF Goodrich 轮胎，车顶上加装了探照灯，还有一系列鲜艳的车身颜色可选，包括亮黄色，使得这款车的外观洋溢着加利福尼亚的风格。NAS 90 在 1993——1997 年大大推动了卫士在美国和加拿大的销售，再后来，卫士就退出了美国市场，因为卫士在不进行大改的情况下无法满足即将实行的有关安全气囊和侧面碰撞的法律法规。

卫士 90 NAS 装配了外置防滚架和额外的车灯。这款车在 1994 年和 1995 年一共售出了近 3000 辆。这辆车被路虎作为了研发车辆，车上配了一些非标准件。现在，这辆车是敦斯福德收藏室的藏品之一。（Dunsfold Collection 提供的照片）

## 贴 花

在 20 世纪 70 年代和 80 年代，贴花在汽车行业中非常流行。贴花不仅是一种显示特殊性的廉价方法，还给毫无特色的平面表面带来了朝气，像是那种大篷车和船舶上的平面表面。但是，贴花为什么在路虎上如此普遍呢？

真正的推动力来自于市场部，他们喜欢用贴花来给汽车增加一些低成本亮点。当车上基本没有什么新东西可以讨论的时候，他们可以讨论贴花。就这样，设计部接到了设计贴花的任务。"我们设计了主要的贴花，这是市场营销部要求的，但我们丢掉了一个改进升级 One Ten（110）的机会，"大卫·埃文斯解释说，"对于很多路虎买家来说，贴花有些华而不实，但却很抢手，大部分的人都要贴花。"

路虎的贴花设计每年都变，而且变得越来越精细。1982 年的第一款旅行车，在 88 英寸版上配了一组奶油色四带直纹贴花，在 109 英寸版配了一组双带贴花。第一款 One Ten（110）也采用了类似的四带贴花，但是 Ninety County 则采用了双色弯曲贴花，在车尾处还有反光的作用。卫士推出时，我们设计一个大胆的贴花贴在了前车门上，这个贴花上面有斜着的"DEFENDER"字母。

发现 1 推出的时候，车身上有很多贴花，而且在接下来的 5 年里公司还推出了多款能覆盖大面积车身的贴花设计。很多人都感觉这些贴花很花哨，扰乱了发现车身原本干净利落的线条。1994 年，经过 Romulus 的"美容"，卫士放弃了使用贴花，现在贴花只限于在限量版的标牌和标识上使用。

虽然揽胜并不热衷于贴花，但是也不能完全"免俗"。1981 年，揽胜 In Vogue 限量版的车门上贴了一条奥子奥托克（Ozozturk）设计的蓝色和银色相交映的带状贴花；1982 年，揽胜自动特别版则贴了一条更宽的对比色更深的贴花，上面有 4 条细条纹。最后一款配有贴花的揽胜车型是 1990 CSK，车身上有一条不太明显的红色细条纹贴花装饰在侧翼上面。

1989 年发现上的贴花。

Ninety County 旅行车上的反光贴花。

与此同时，公司研究了各种各样的方法，用铝材来减轻挑战者的重量，结果产生了一系列轻质概念车。LCV1 以发现为基础，采用铝制底盘和铝制车身面板。LCV2 以卫士为基础，但是采用了轻质粘合和铆接结构车架。1997 年，LCV2/3 则大幅度更新了内饰和铝制车身，采用了弧面风窗玻璃和侧窗玻璃来提高其空气动力学。这个车型虽然没有进一步研发下去，但是仍有 1 辆样车在盖顿博物馆中。

挑战者项目解体后，公司把新的精力转移到了改进更新卫士上面，使其保持竞争性，加强其对私人客户——尤其是欧洲私人客户的吸引力。从 1993 年开始，硬顶版和旅行车版开始提供更鲜艳的车身颜色，玻璃天窗、有色玻璃、布面座椅的选择也越来越多。除此之外，整个卫士系列都可以选择 Rostyle 车轮和一系列新款 16 英寸合金轮辋。

1994 年，卫士开始采用来自发现的 300Tdi 涡轮柴油发动机，能够提供 111 马力，比之前的 200Tdi 发动机改进了不少，大大提高了车厢内的舒适度。

更重要的是，卫士在 1998 年开始安装全新的 2.5 升 5 缸涡轮柴油发动机，发动机上面的标牌为 Td5。此时，200Tdi 和 300Tdi 发动机已经不能满足即将实行的 Euro2 排放法规，所以 Td5 替代了 Tdi 作为英国和欧洲市场上唯一可选的发动机。

### 一款新的揽胜：Pegasus 和 P38A

揽胜的更新换代是工作室在 20 世纪 90 年代早期最大的路虎项目。这个项目的两个主要参与人是乔治·汤姆森（George Thomson）和唐·怀亚特（Don Wyatt）。汤姆森从1967年开始在捷豹做学徒，后来他成为布朗斯巷（Browns Lane）工作室造型团队的领军人物，负责设计了XJ40的外观。再后来，他加入了克莱斯勒的惠特利工作室，并一直在那里工作到惠特利工作室关闭。随后，他又回到了布朗斯巷工作室，但只在那里工作了很短的一段时间，因为他觉得这个由工程部控制的造型室大大限制了他的"雄心壮志"。

唐·怀亚特是一名美国设计师，他曾在加利福尼亚州的艺术中心（Art Center）学习过，学成后在丰田和克莱斯勒工作过。1981年，他随着克莱斯勒来到了惠特利工作室，随后负责管理位于巴黎郊外的普瓦西（Poissy）高级工作室。1987年，他听说路虎在招人，就申请了路虎的职位，再一次和他之前在惠特利的老同事一起共事。"我是1987年10月加入的，职位是设计概念经理，一开始做的是P38A，"怀亚特说，"这个项目刚刚起步，我们花了很多时间做初步草图。皮特·鲁德福德（Pete Ludford）做了这款车的整体配置，约翰·霍尔（John Hall）是项目负责人。"此时，这款新揽胜的代号是"发现（Discovery）"，现在看来这一点会令人感到困惑，但这个时候Jay车型还没有诞生，当几年后Jay车型诞生后才会把"发现"作为其车型名称。"事实上，所有的初步草图上都带有'Disco'这几个字母。"怀亚特确认道。

1987年底，他们在新的洛德巷工作室开始设计草图，还做了一系列大型胶带设计图。1988年夏天，6辆四分之一比例的模型"新鲜出炉"，其中包括了意大利设计室博通（Bertone）、宾尼法利纳（Pininfarina）和伊特（Ital）的设计提案。后来，公司还制作了两个全尺寸黏土模型，这两个都是双面模型。除此之外，路虎管理层还委托博通设计制作了一个全尺寸模型。

"这是一个最封闭但也最开放的项目。在我看来，吉尔罗伊对揽胜的更新换代非常紧张，"怀亚特继续说道，"他们愿意去看一些新的东西，但是在他们内心深处，只是想简单地改一下保险杠、改一下车门后视镜，然后就把它称之为新款揽胜。我们提出了彩虹版绚烂的设计提案，但他

1988年夏天，38A工作室里的6辆揽胜四分之一比例模型。（大卫·埃文斯提供的照片）

1988年初，洛德巷观察场中的早期P38A黏土模型。这个揽胜模型是一辆真正的汽车，上面做了黏土颜色的贴面，以便使两个模型的对比看起来更加真实。（大卫·埃文斯提供的照片）

们最终选的是最接近现有揽胜的设计。他们一直都觉得忐忑不安。对他们来说，我们就是一群陌生人。他们自己都相互认识，我们就是外来者，他们普遍都是这样认为的。把他们最成功的产品交给一群外来者进行设计，这对路虎团队来说肯定是非常震惊的。"

1988年11月，公司进行了设计主题的最终审查。"博通的设计被淘汰了，"大卫·埃文斯解释道，"公司内部设计的主题B和C被选出来融合成一个最终设计。乔治·汤姆

森调整了他的设计,做了一些改动,很快就拿到了造型批准。"此时,汤姆森接管了该项目并出任该项目的生产设计经理。他设计的关键因素,包括蚌壳式发动机舱盖、悬浮式车顶、双开尾门和粗壮的横条式进气格栅。矩形前照灯被视为反映了当时的最新潮流,Jay 车型当时就改用了矩形前照灯。同样,汤姆森的设计也采用了矩形前照灯,但是后来有人觉得这种前照灯降低了该车的特质。

该款车原本打算直接使用 LSE 的底盘,但是随着设计的不断发展,公司采用最新的 CAD 技术为该款车设计了一款全新的底盘,更坚固的同时减小了转弯半径,但这个新底盘依然保留了 LSE 的 108 英寸轴距。车身构造也采用了新方式,用钢制车架覆盖合金面板而成,而不是之前所用的铆接面板的方式。由于路虎公司内部资源大部分都分配给了 Jay 车型,所以大部分的车身设计外包给了考文垂的 MGA Developments 公司。

"发现"这个名称给了 Jay 之后,揽胜的代号就改成了"Pegasus"。但是,当这个代号被广而告之给媒体并在多份杂志(像是 CAR 和 Autocar)中多次使用过后,这个代号被公司视为有些妥协之意,因此"Pegasus"在 1990 年改成了"P38A"(以设计工作室的建筑物命名的)。

该车内饰的设计进展一直都很稳定,到 1989 年初,内饰设计的主题就得到了生产批准。其中最显著的一个改进就是全新的仪表板,该 IP 采用了和罗孚 800 一样的高品质搪塑成型工艺,而非原版车型所采用的粗糙的 ABS 成型工艺。

艾伦·谢泼德(Alan Sheppard)是该车内饰项目的主设计师,同时他还参与了神行者(Freelander)的早期设计。他承认该项目是他作为设计师在真正意义上的初试牛刀之作,不仅如此,他还要和工程师以及配件供应商打交道。"该款车增加了很多新技术。导航系统和车载电话即将安装,除此之外还引入了其他很多复杂的电子设备,路虎决定为该款车采用世界上最复杂的车载系统。这款越野车有很多'创举',像是双安全气囊。但是,这些第一代安全气囊对于总布置来说,就是个庞然大物。"

1988 年 11 月,博通设计方案的全尺寸模型,此外还有另外两个全尺寸模型。这个设计主题的很多元素,后来在博通设计的雪铁龙(Citroen)XM 车型上体现了出来。(大卫·埃文斯提供的照片)

设计主题 C,采用了阶梯式腰线和传统的车侧脚踏板处理。(大卫·埃文斯提供的照片)

该车的电路系统以罗孚 800 为基础,但是安全系统不太稳定,蓄电池容易漏电。早期车型中存在车身会发出"嘎吱"声音的问题,空气悬架也存在问题。

"我们几乎做完了内装设计后才意识到空调容量对这个车内空间来说或许是不够的,因此我们又再次改了仪表板和中控台的设计来容纳一个更大的空调,这样最终的设计结果并不如最初概念那样简单纯粹。"

# 路虎 设计成就传奇

这个晚期的黏土模型是设计主题 B 的前脸和设计主题 C 的车身侧面以及车尾的结合体,基本上接近于最终设计。(麦克·桑普森提供的照片)

CAR 杂志揭露了 Pegasus、Pathfinder 和 Oden 项目的细节,导致了项目名称的变更。(CAR 杂志提供的照片)

P38A 的内饰更接近于轿车，比原版车型的内饰更加复杂，配有双安全气囊。该款车内饰有米色和灰色可选，中控台和仪表板上则是黑色的。1994 年，该款车还提供了引领潮流的压花丝绒面料的内饰。

P38A 推出时搭载的是一台升级后的 V8 汽油发动机，有 4.0 升 185 马力的，也有 4.6 升 225 马力的（如图所示）。除此之外，P38A 还可以搭配从宝马引进来的新款 2.5 升 134 马力的涡轮柴油发动机。

# 路虎  设计成就传奇

1994 年，P38A 在克莱夫登庄园酒店（Clivenden House Hotel）推出。该车每年生产约 25000 辆。该款车完全是用散件组装起来的，总共在索利哈尔生产了 167041 辆。最后一辆是在 2001 年 12 月制造的。

"美容"后的 P38A 在拍摄宣传照片，该照片展示了路虎在 20 世纪 90 年代所代表的典型英国贵族形象。

1994 年 3 月，美国市场的原版揽胜也采用了新款搪塑成型的仪表板来容纳双安全气囊。揽胜经典（Classic）是新款 P38A 的替代品，但价格相对较低。随着揽胜经典的不断生产，这种搪塑成型的"软性仪表板表皮"也得以继续生产。1996 年，揽胜经典在一共生产了 317615 辆之后退出了市场。

## 探路者（Pathfinder）、Oden 和 Cyclone：神行者（Freelander）

神行者的开端很是曲折，因为这个项目是用来探索新的市场定位的，需要注入大量资金。在英国航空航天（BAE）的管控下，有限的资金都投入到和本田一起开发的量产车项目中了，像是 R8 罗孚 200，以及一定能成功的车型中，像是 P38A 揽胜。宝马参与进来后，对该项目加速了投资，但是神行者的研发还是"旷日持久"，直到 1997 年才最终在法兰克福车展上推出。

神行者项目的初步研究始于 1988 年。罗孚集团当时正在寻求进军小型跨界车这个新兴市场，想要做一款既有着 4x4 车型的风格和形象但价格又较低而且更"有趣"的跨界车。铃木的维特拉（Vitara）和大发的 Sportrak 当时是这个新兴小众市场的两款主要车型，所有的欧洲汽车公司在那个时候都没有为这一领域生产汽车的计划。唐·怀亚特（Don Wyatt）说："路虎有 Jay，有 Llama。作为高级设计经理，我设计了一系列的汽车。我们用了很多 A4 纸，两面墙上全都贴满了设计草图。"

当时，率先进入这个小众市场的一款欧洲汽车——Matra Rancho 刚刚停产。"PSA 找了好几款类似的车作为 Matra Rancho 的替代车型。"怀亚特确认道。怀亚特当时在 PSA 工作过，对 Rancho 有直接经验。随后，怀亚特被派往谢尔登（Sheldon，英国城市）的 RDS 做了几个月的咨询工作，同另一位工程师一起为这样一款车的设计制定计划。

在坎莉，理查德·汗布林（Richard Hamblin）负责概

早期探路者（Pathfinder）的设计草图尝试设计了多种可能的版本，包括单壳整体式造型和多个更高级的造型。这张草图是大卫·伍德豪斯（David Woodhouse）设计的。[詹姆斯·泰勒（James Taylor）提供的照片]

这个黏土模型是罗孚 Oden 的一个设计方案。（詹姆斯·泰勒提供的照片）

念设计，因此他对怀亚特的早期研究结果很好奇。"曾经有人讨论过要怎样把一款以生活方式为主题的汽车也改成一款同样能载人的汽车，所以我们搬到了坎莉的临时建筑中来做进一步的研究设计，"怀亚特继续说道，"我们做了一个全尺寸的胶带图和一些大概的内饰。我们把这些设计资

# 路虎　设计成就传奇

这是大约在 1992 年制作的探路者和 Oden 的玻璃钢初始模型。从 A 柱向后，两款车的车身大致相同，但是 Oden 采用了类似轿车的前脸，配了典型的罗孚进气格栅，而探路者则采用了特地设计的风格较为大气的前脸造型，而且车顶还安装了行李杆。（詹姆斯·泰勒提供的照片）

1993 年底，罗孚特殊车辆部（Rover Special Products，RSP）制作了第 2 辆 "Cut-and-Shuttle" 仿真模型。该模型为深蓝色，底盘高度比本田 Shuttle 高了 4 英寸。其尾灯是直接用的 Shuttle 的。该车内饰造型时髦，而且采用了粉色氯丁橡胶材料。这款车被称为 "Cyclone"。"我们也叫它'仿真模型'，它激励了营销部 CB40 3 门车型的设计的推进。"艾伦·莫伯利说道。

108

料带到坎莉主工作室后，在 2~3 个月里就做了一个全尺寸黏土模型，提交给管理层审查后，结果挺不错的。"

对罗孚来说，这似乎是一个探索创意的好机会，也是一个成为生活方式领域"先行者"的好机会。但是，要怎样进入这个尚未开发过的市场呢？为了涵盖更多的可能性，公司提出了两种不同的独立想法。

第一种想法被称为"探路者"，公司有意将其作为路虎阵容的第四个车型。该车型比发现更"柔和"，但是入门价则更低一些，大约在 15000 英镑。第二种想法则是一款罗孚 5 门高底盘 2WD（双轮驱动）旅行车，类似于当时的三菱（Mitsubishi）Space Wagon 和本田 Civic Shuttle，这款车的代号就是 Oden。

两款车都是单片式车身结构，带独立的前后悬架，而非像日本车款那样青睐使用独立底盘和活动悬架。路虎项目设计了两个衍生品：一款类似于 Oden 的高底盘 5 门版旅行车车型，一款后车厢配可拆帆布罩的 3 门版车型，类似于日本小型 4x4 车型。这两款车都会采用罗孚横置发动机，其 4WD（4 轮驱动）和动力装置则以 200/400 系列车型为基础。理查德·伍利（Richard Woolley）当时是 Oden 和探路者项目的高级设计师，根据他的回忆，随着项目的不断推进，这两款车的风格变得更加统一，最后的不同之处仅限于从 A 柱往前到前脸的区域，两相比较，罗孚 Oden 的发动机舱盖更低矮。"我参与了早期 5 门版的设计工作，还有 3 门版的，但是后来我被派去做其他汽车项目了。"

为把这个设计想法"推销"给罗孚董事会，他们制造了一款可以驾驶的原型车，能够让高官们亲身体验和欣赏该车的性能，亲身感受其设计概念，这比任何静止的展示和黏土模型更真实有效。这款原型车是克莱夫·琼斯（Clive Jones）和皮特·鲁德福德（Pete Ludford）制造的，他们把一辆红色本田 Civic Shuttle 4x4 汽车和重新造型后的车身拼凑在一起，做出了一辆能够运行的"概念验证"车。使用本田的动力装置，只是为了让原型车能够起动起来并运行数周时间，但却从来没有把它作为该车实际动力

> ### 罗孚特殊车辆部
>
> 1990 年 3 月，理查德·汉布林（Richard Hamblin）被任命为一个新智囊团的主管，这个智囊团包括之前史蒂夫·史莱默（Steve Schlemmer）领导下的路虎旋风小组成员和坎莉设计工作室的成员。这个部门就是罗孚特殊车辆部，该部门位于盖顿技术中心，有 40 名员工，其职责是研发市场空白产品并将其推至预生产阶段。
>
> 罗孚特殊车辆部（RSP）的一个早期项目是重新推出 Mini Cooper，后来又推出了揽胜 CSK——一款以斯宾·金名字首字母命名的限量版车型。接下来是 Mini 和 Metro 敞篷版、MG RV8 和 Rover 200 Tourer。但是，他们做的最大一个项目是 Phoenix，该项目考虑了如何在有限的预算内生产一款新的 MG 跑车。唐·怀亚特（Don Wyatt）和汉布林在接下来的几年里都深入参与了该项目，为 MG 跑车设计出了各种各样的概念车，最终设计出了 MG F 跑车。
>
>
>
> 1985 年，斯宾·金从英国利兰技术部门退休。他做的最后一个项目，就是为 1985 年法兰克福车展上推出的盖瑞·麦戈文（Gerry McGovern）设计的 MG EX-E 概念车提供技术工程支持。作为揽胜背后的男人，揽胜"CSK"是罗孚特殊车辆部（RSP）用他名字首字母命名的一款特别版车型，以此对其表示敬意。（BMIHT 提供的照片）

系统的重要提案。"我们在 38A 工作室扩建出来的建筑物里制造了这辆原型车，在喷漆车间后面的空地上对其进行了测试。"怀亚特说道。很快，高管太太团们就把这款车叫成了"Cut-and-Shuttle"！

盖瑞·麦戈文画的一幅晚期 CB40 的设计草图。（詹姆斯·泰勒提供的照片）

与此同时，Oden 和探路者项目被搁置了 18 个月，没有进一步进展⊖。因为，这个项目所需的投资数额巨大，远远超出 RSP 以前操作过的项目，而且大家普遍更喜欢设计新款 MG 跑车。然而，MG 项目在 1986 年输给了 Jay 项目，此时此刻，MG F 的业务实例比未经证实过的生活方式项目更有吸引力。

但是，当 RSP 的工作逐渐减少后，Oden 和探路者项目在 1993 年又重新启动了。在那一年，Oden 和探路者项目在吉奥夫·尤派克斯（Geoff Upex）的带领下一前一后都再次启动了，但是工作重心逐渐地向路虎版倾斜，因为这个版本的车型能提供更复杂的越野能力，而且定价可以更高一些，利润空间也就更大。对于路虎工程师来说，这是练习提高他们在单壳式车身、新型塑料技术和电子 4x4 控制系统上的专业技能的好机会，但同样也是对他们能否将所有越野能力融合进来满足路虎期望的挑战。对于路虎设计团队来说，这是罗孚汽车设计师第一次有机会参与路虎项目的设计，给路虎设计团队注入了新鲜血液。

12 月，公司高层对该项目进行了一次重大审查，之后这个项目就被称为"Cyclone"，而且公司决议认为这个项目应该推进，但是由于时间的精准性和投资规模决定了这个项目未能获得立刻批准。

但是，这些情况在随后的数周里都发生了改变。公司被德国宝马接管后，宝马董事会想看看罗孚的研发成果，结果惊喜地发现探路者项目已经基本完成，准备好投入生产了。这正是宝马所期待的罗孚新项目，这个项目不同于宝马这家德国公司在当时所研究的所有项目。

很快，这个项目就拿到了董事会的概念批准。1994 年 4 月，迪克·艾尔西（Dick Elsy）被任命为项目总监，史蒂夫·海伍德（Steve Haywood）出任总工程师。该项目名称则遵循了 Pegasus 项目的命名先例——用研发所在的建筑物的名称命名。"我们不想叫它 Cyclone，因为 Cyclone 是概念车，而我们做了新的设计，"史蒂夫·海伍德回忆道，"所以，我们决定用我们工作室所在地的名称——坎莉第 40 号楼（Building 40 at Canley）来给它命名，放在一起就是 CB40。"

盖瑞·麦戈文完成了他在 MG F 运动跑车项目上的工

---

⊖ 据称，探路者的早期原型车在 1991 年就向本田做了展示，但是这家日本公司拒绝直接参与该项目，本田更愿意用 Civic 平台研发自己的项目。结果，本田在 1995 年推出了 CR-V 车型，该车型比神行者早了两年推出，但是很多观察家觉得该车型的造型有着路虎的身影。事实上，在 20 世纪 90 年代早期，铃木、大发和五十铃就已经在日本建立了生活方式 4x4 市场，而本田则迫切地希望在这个新兴市场中分一杯羹。1994 年 5 月推出的丰田热门车型 RAV4——第一款紧凑型跨界 SUV，对本田造成了更为严重的冲击。

第 4 章　坎莉工作室和新东家宝马

CB40 3 门版的全尺寸玻璃钢模型，照片是在坎莉拍摄的。此时，车身后柱是黑色的，车门上的可升降车窗玻璃的形状以后也会改变。轮眉外露是该车所尝试的另一个设计想法。（詹姆斯·泰勒提供的照片）

CB40 旅行车的玻璃钢模型。后来，车顶侧梁做成了波浪形。（詹姆斯·泰勒提供的照片）

CB40的内装草图。（詹姆斯·泰勒提供的照片）

作后，公司授权他来监督把Cyclone重新设计成CB40。1994年夏天，CB40的基本框架完成了——采用单壳式车身，配独立前后悬架，安装在副车架上。在发动机方面，CB40不得不采用罗孚现有的发动机，这意味着发动机要横置安装，而非像路虎那样南北纵置安装。该款车搭载的主打款发动机是新款K系列1.8升汽油发动机，该发动机来自即将推出的MG F跑车；可选配的第二款发动机则是新款L系列2.0升直喷涡轮柴油发动机。除此之外，公司还计划将正在研发的2.5升KV6作为CB40的顶配汽油发动机，用于美国市场。

在麦戈文的带领下，CB40的设计得到了改进，融合了更多路虎"健壮"的元素：圆润的车身肩部变得更大，前脸更加充满了肌肉感，进气格栅两侧的竖直线条更加粗壮，前照灯的位置变得更高，保险杠下面还安装了一大块防滑保护板。

青年设计师艾伦·谢泼德和大卫·伍德豪斯同麦戈文一起设计了该车的外观，而谢泼德还在内饰设计上提了不少建议和想法。在奥子奥托克（Ozozturk）的协助下，这个设计团队坚持推进3门版和5门版之间特征大不相同的设计想法。"我的内饰设计被选中了，我的设计思路就是缩减成本，尽可能地降低成本。要确保从里面能看到车身结构，里面有很多金属表面都是简单地刷了漆，很多暴露在外面的，"谢泼德说道，"我在P38A上学到了很多东西，当时的情况也非常棘手，但是这些经验在CB40上非常有用，那个时候我们正在寻求以创新手段来降低CB40的成本。例如，车门内饰板就是减少成本的产物，还设计了左右车门内饰板都能放的垃圾箱。"

5门版旅行车的目标群体是家庭消费者，采用了传统的60/40分体可折叠式后排座椅，内饰有2种面料可选，分别称为"织锦（Tapestry）"和"帆布（Canvas）"。3门版的内饰则更具有年轻、有趣的气息，后排有两个独立座椅，门板很独特，座椅表面采用了花哨的印有"丛林（Jungle）"和"Trek"图案的印花面料。内饰颜色为暖灰色，这种颜色被称为"Smokestone"，还有一个水鸭蓝色（Teal blue）是3门版独有的颜色。从某种方面来说，这种设计策略和原版发现上所用的设计策略遥相呼应，3门版采用了Conran蓝色内饰。

为了增加吸引力，3门版也设计了两种截然不同的风格。第一种风格，采用了全PVC软顶，可以卷到车顶行李杆上存放起来，能像卫士（Defender）那样完全释放车顶后部空间，这种被称为"软背版（Softback）"。还有一种是"硬背版（Hardback）"，安装的是一个可拆卸的硬质硬顶。这两种风格的车都采用了一对可拆卸的Targa车顶板，这和罗孚200 Coupe上的很相像，是由麦戈文最新设计的。

1994年的整个夏天，设计团队都在紧张忙碌地工作，为的就是能够赶在11月做好外观和内饰设计，并提交给管理层进行审核批准。1994年底，第一辆"骡车（汽车研发阶段的测试车）"制造完成。该车采用了奥斯汀Maestro面包车的车身，所以能快速制成测试用"骡车"，能够进行一些初步测试，而不用等待昂贵的原型车制成。之所以选择Maestro面包车，是因为它的轴距和CB40的差不多，可以安装动力传动系统和悬架，这样就能够进行传动系统、底盘和悬架的研发测试。公司制造了22辆这样的"疯狂的马克斯（Mad Max）"仿真模型，不需要精心制造的车身就能在公路上使用。

当时，罗杰·克拉索恩（Roger Crathorne）是展示经理，他也是路虎内部对 CB40 作为一辆越野车的能力持严重怀疑态度的众人之一，还有是否能将 CB40 视为一款真正的索利哈尔产品也是他和众人所想要确认的。后来，迪克·艾尔西（Dick Elsy）驾驶着其中一辆由 Maestro 面包车改造成的原型车在伊斯特纳城堡（Eastnor Castle）测试场进行了试车，克拉索恩被其在测试场里展现的优异性能所折服，尤其是该车具有质量轻便、电子牵引力控制和陡坡缓降控制优异等优点。

1995 年春天，公司制造了两辆半成品原型车（SEP），到 9 月份又制造了 56 辆 "D02" 阶段的样车。这些车依然是采用低产量的原型车模具手工制造而成，用于在 1995—1996 年期间在世界范围内进行主要研发测试。这些测试大多是在比较恶劣的环境下进行的，从阿曼到阿拉斯加，这些测试经得住考验。

接下来就是 D1 原型车，这些车是在索利哈尔采用量产模具制造的。碰撞测试和后阶段研发，像是电路测试就用了 127 辆 D1 原型车。最后还制造了一些"QP"和"QC"预产车，在该车正式推出之前用来验证生产过程以及品质确认。在该车正式推出之前，这些车中有不少被用来进行媒体拍摄、为经销商提供培训以及作为批准最终模具的依据。

## 远洋游轮、桃子和椰子：宝马接管

1994 年 1 月 31 日，宝马突然从英国航空航天（BAE）手里收购了罗孚集团，很多员工至今仍能很清楚地记得那一刻。"对我们和本田来说，这是个无比震惊的消息，"尤派克斯回忆道，"我和本田合作了 3 个项目，本田设计师对这件事的反应让我感到惊讶。但自从 BAE 成为过往后，事情变得就像梦想成真一样美好。宝马从第一天起就实际参与接管了罗孚。"

宝马董事长伯恩特·皮舍茨里德（Berndt Pischetsrieder）

1997 年 10 月，神行者软背版和旅行车版在拍摄宣传片。最初生产的旅行车版在车门门框上喷了黑漆，后来黑漆取消了。

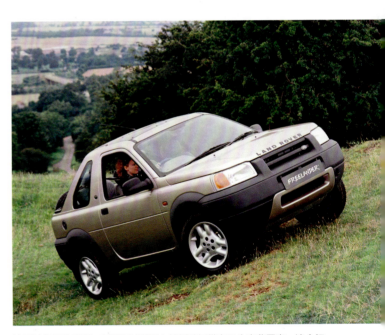

这是神行者软背版。早期设计草图上的侧踏板带有 5 个弯曲图案，这个细节成功进入了生产。该车内饰更加时髦，采用了印有"丛林"和"Trek"的印花面料，以及水鸭蓝色（Teal blue）塑料材质的饰板。

是这次收购的背后推手。皮舍茨里德是亚力克·伊思格尼斯（Alec Issigonis）的远亲，他认为这两家公司能够互助互补、相得益彰。罗孚能够为宝马带来更大范围的市场覆盖，能够带来一些依然有待开发的历史性品牌，像是 Mini、

## 宝马收购罗孚

20世纪90年代初期,英国航空航天(BAE)急于卖掉罗孚,以便重返其航空航天的核心业务。BAE的财务状况比它接管罗孚时更加薄弱。1993年夏天,BAE联系了本田,看这家日本公司是否愿意购买大量的罗孚股份。本田同意加持罗孚股份到47.5%,但是不愿意接管控制罗孚,因为本田认为罗孚留在英国人手中才是对罗孚的未来长期有益的,就像如果本田陷入困境也应该留在日本人手中一样。

1994年1月初,就在本田认为他们即将在这些条款的基础上签署协议之时,本田发现宝马已经以8亿英镑的价格收购了整个罗孚集团,而BAE表示只有本田立即支付相同金额的现金才会继续同本田的合作,这对本田来说无异于晴天霹雳。对此,本田是难以接受的,不仅仅是这个现金条款,而且这也是对本田同罗孚15年紧密合作关系的不忠。有的人则认为,本田从未打算收购罗孚,因为本田知道太多罗孚在产品研发能力和生产品质上的固有弱点,不想在罗孚"泥足深陷"。

对罗孚员工来说,这也是个非常令人震惊的消息。尽管大家都知道BAE想把罗孚集团卖给一个合作伙伴,但大家普遍猜测最终会卖给本田,至少本田会持有多数股权。1994年1月31日,收购谈判完结,宝马接管整个罗孚集团。

MG和路虎。沃尔夫冈·赖茨勒博士(Dr. Wolfgang Reitzle)当时是宝马工程部的负责人,他参与了宝马向P38A提供2.5升涡轮增压柴油发动机的谈判,所以当时他就已经对路虎高层团队有了一些了解。

据说,皮舍茨里德在早期的高层管理会议上拿出了两瓶非常昂贵但却截然不同的古董酒,他表示很难想象把这两种酒混合在一起。同样的,他解释说,宝马和罗孚都是强大但却独特的品牌,应以同样的方式和标准来对待这两个品牌——这就是目标。

为了解释德国和英国之间的文化差异,吉奥夫·尤派克斯做了一个展示,对比了英国和德国设计之间的不同。这些对设计部来说并不稀奇,作为设计策略的常规内容,他们之前就研究过这种文化差异,而且还尝试过定义英伦文化的微妙本质以及通过设计来交流沟通这种英伦文化。他们研究了日本和英国设计文化的差异,还将其作为一种工具用来提高与本田同事在合作项目上的工作关系。

设计展示中展现了传统奢华远洋游轮的内饰。德国船在技术工程方面非常全面系统,配件注重功能和品质。英国船更注重视觉效果,在乘客区通常会采用昂贵的装饰材料,像是木材、皮革和丝绸,强调的是优雅的线条,材料配置和乘客奢华体验是首要,而发动机性能则被视为是次要的。

因此,公司开设了一个文化培训课程。当时,有个桃子和椰子的比喻来表示英德两国之间的差异,这些差异可能会导致团队之间的误解和摩擦。英国人把自己视为桃子:外表软嫩多汁、和蔼可亲,但内心却坚硬无比,可以解释为漠不关心甚至是顽固不通。相比之下,德国人把自己视为椰子:外表看似有一层钢铁般坚硬的外壳,但你和他们多多接触,了解了他们以后,就会发现他们的内心其实是非常柔软的。

首先,宝马允许现任高管约翰·托尔斯(John Towers)和尼克·斯蒂芬森(Nick Stephenson)继续管理罗孚,慕尼黑很少直接干预他们的管理。会议都用英文进行,不必对罗孚设计师和工程师进行德语培训,毕竟他们在产品研发上所采用的方法都是一样的。

事实证明,这个决定是错误的。例如,宝马的工程经理认为应由一名初级工程师同事将他的技术应用在工作任务当中,他只需尽最大可能完成所分配的任务即可,年轻的初级工程师应完全理解他在整个项目中所在的位置。在英国人看来,这是非常傲慢的:德国经理只是告诉他们应该做什么,但却不听他们说。他们认为应该采用更具有协商性的方式来工作,应该聆听他们的想法和意见,高级人员应该指导项目中的每个细节,直到项目完成。在德国人看来,这是对微观管理的侮辱,这意味着没有他们密切参与整个过程,团队就无法运行,他们认为应该设定目标,然后等可靠的工程师做出结论。

在新东家宝马的管理下,路虎设计师和工程师逐渐获得了更多尊重。以前,他们采用独立底盘和车身的"古老"方法备受他们罗孚汽车同事的鄙视——罗孚和本田合作了

1995年的盖瑞·麦戈文

长达10多年的时间，本田的方法模式已经钻到他们的脑子里了，他们应用的是严格的车身公差和最新的轻质材料。但是，路虎团队依然保有专业的车身、底盘和发动机研发能力，罗孚汽车在这些方面的能力下降的厉害，大部分都依靠本田的支持。

路虎的设计师和工程师们非常清楚他们4x4产品的功能和用途，他们向宝马展示了他们是怎样研发这些高标准的配置参数来满足这些特殊目标的。这让宝马的工程师印象深刻，并使得宝马的工程师相信路虎有值得他们学习的地方，他们需要聆听路虎的建议来设计一款能满足目的要求的4x4产品。

结果，宝马内部担心X5 E53项目有可能会被取消，且未来所有4x4产品的研发都会由路虎负责。这种事最终并未发生，因为双方意识到X5和路虎在这个快速扩张的市场中都占有一席之地，它们所吸引的是不同的客户群体。

1994年9月，P38A终于推出了。尽管具备了专业的路虎特色，但它是在BAE预算紧张的情况下研发设计而成

## 电影《特警判官》——路虎

1994年，好莱坞影业公司（Hollywood Pictures）联系了路虎，让路虎为它出品的一部由西尔维斯特·史泰龙（Sylvester Stallone）主演的新电影设计并提供一款汽车。该电影的背景是2139年的《巨城一号（Mega City One）》，电影描绘了一个充满危险敌意的城市环境。我们所熟知的社会已经崩塌，社会中的传统自由已不存在，法官的职能是结合了法官、陪审团和执行者的职能。

如果你想去巨城一号的任何一个地方都需要叫一辆出租车：像纽约出租车一样，这些出租车外表也是黄色的，但却是一辆在轮子上行驶的堡垒，保护你免受外部敌对势力的伤害。

尽管忙于 CB40 的工作，设计师大卫·伍德豪斯还是被派来为这款车设计一些草图。他的最终设计看起来极其"凶悍"，车身表面还带有喷漆条纹。前脸处只有 1 个前照灯和一系列小灯——像是个独眼海盗。车身表面平平，车窗狭小，该车设计受到了隐形轰炸机和美国橄榄球头盔的影响。低压轮胎和突出来的轮辋，让该车看起来就像未来的军用车。

为了这部电影，31 辆 Forward Control 101 英寸路虎根据伍德豪斯的设计进行了改造，车身采用了玻璃钢车身。大部分的车都做成了黄色的城市出租车，一小部分做成了银色的"市政车"和红黑色的"移动厨房"。

Futura Design 和 Wood and Pickett 车身制造厂生产了大型玻璃钢车身模具，Dunsfold 路虎（Dunsfold Land Rovers）赢得了制作生产电影车队的合同。要在短短数月之内完成这个订单很难，购买到足够数量的 101 英寸路虎也很难。幸运的是，当时英国陆军决定处理一批 101 英寸路虎，他们在拍卖会上抢拍到了这些车。电影杀青后，余下的路虎被 Dunsfold 路虎的菲儿·芭莎（Phil Bashall）买走了，其中不少又都改回了 101 英寸的配置。有 4 辆能合法上路，用作电影的宣传用车。直到今天，依然有两辆存在。

电影《特警判官》中的出租车。

的。在宝马工程师看来，它并非是理想设计，很多地方都进行了妥协，得过且过，这不是一款优质的 4x4 越野车所应受的"委屈"。"赖茨勒对此不能理解，"尤派克斯回忆道，"他对路虎很是赞赏，路虎是他最喜欢的车。他认为这款新车是为了满足价格要求而做低了，没有达到标准。这款车也令很多人大为吃惊。"

随着阿克斯的离开并建立自己的咨询公司，戈登·斯凯德（Gordon Sked）现在也决定仿效他，建立自己的独立设计策略公司。"1995 年 3 月，戈登宣布他将会离开 6 个月的时间，"尤派克斯说，"接下来的几个月，他都在加利福尼亚州写一份关于美国市场的报告。他在 9 月份把报告提交给了宝马。"

这一年对罗孚来说，是相当忙碌的一年。1995 年 3月，MG F 推出；夏季时，400 掀背车推出；10 月时，新款罗孚 200 即将推出。在吉奥夫·尤派克斯的领导下，大卫·沙丁顿被任命为 MG 和 Mini 的设计总监，"新 Mini" 项目（R50）在这一年的夏天获得了官方批准支持。盖瑞·麦戈文现在担任路虎的设计总监，负责领导 CB40 的研发。

在宝马方面，赖茨勒取代皮舍茨里德（Pischetsrieder）成为罗孚董事长，对于英国运营的管理，他采取了多多亲身参与的方式。次年，沃尔特·汉瑟库厮（Walter Hasselkus）接替约翰·托尔斯出任 CEO，开启了在公司多个部门用德国经理人替代英国人的过程。值得注意的是，设计部不在被替代的潮流之内，这是承认了设计部在集团内的能力的标志。

## 洛德巷工厂

在 20 世纪 90 年代，索利哈尔再次进行了重组，洛德巷工厂分为两个主要功能：动力系统和最终组装。动力系统是在北厂（North Works）生产 V8 和 Tdi 发动机，产能为每周 700 台 V8，每周 3000 台 Tdi。它还生产 R380 变速器和 LT230 变速器，以及为利兰 DAF 生产完整的动力系统。

发现和卫士都是在南厂（South Works）生产的。制造发现所用的面板是考文垂的 Motor Panels 工厂生产的。到 1994 年，洛德巷工厂每周能生产 1250 辆发现，远远超过 1990 年每周 300 辆的产能。

相比之下，卫士依然大部分采用手工生产，机械化程度很低。卫士车身是一块块组装起来的，首先将舱壁固定在底盘框架和其他喷了漆的面板上，然后再挂装在汽车的前后。这种生产模式，意味着卫士可以把所有的车型和衍生车型都放在一条生产线上。这条生产线在南厂，呈 C 形状，底盘和车轴的组装位于开头处，车身和最终组装位于结尾处。

随着 P38A 揽胜即将投产，北厂全面进行了翻新，以便能满足这个新车型的最终组装。白车身（Body in White，BIW）是在东厂生产的，车身是由罗孚斯温顿（Swindon，英格兰南部小镇）工厂生产的 260 块面板在洛德巷工厂组装而成的。P38A 标志着洛德巷工厂第一次使用机器人，用于主要的 BIW 车架夹具。

所有的车型都共用一个喷漆车间。随着 P38A 的投产，这个喷漆车间进行了价值 300 万英镑的改进升级，用以满足生产需要——1995 年，产量达 100000 辆。

最后，公司又投资了 6800 万英镑，用于在 1996 年生产 CB40。因此，北厂进一步向东扩张，来为这款大批量车型提供新的最终组装区。到 2000 年，洛德巷每年可生产 175000 辆车。

P38A 揽胜的车身组装。

路虎　设计成就传奇

## 路虎特殊车辆部（LRSV）

从1992年开始，特殊项目SVO部门更名为路虎特殊车辆部（Land Rover Special Vehicles, LRSV）。这个部门会继续负责先前的商业改造工作，但是增加了一项新的服务——限量版定制生产服务，例如它生产了卫士SV90。该部门在1992—1993年为英国市场限量生产了90辆SV90。SV90的车身喷了新款绿松石金属漆，这种漆被称为"卡普里斯蓝（Caprice Blue）"，车顶是黑色的帆布罩。

在"自传（Autobiography）"项目下，LRSV在1993年还为揽胜推出了一系列独家的喷漆颜色、皮革面料和木皮饰面。这个举措是跟随了其他高端汽车制造商的潮流——设立一个子品牌，用来为客户提供定制服务。这些客户想要的是独一无二，不想要标配的颜色和饰物，也愿意为此支付昂贵的费用。

宝马已经设立了可盈利的"个人专线（Individual Line）"项目，捷豹在其SVO部门下设立了"标志（Insignia）"项目。"自传"是颜色和装饰小组有机会展示更多个人装饰和应用他们研发出来的最新材料的开始，到现在，定制服务已经发展成为路虎业务的重要组成部分。

"自传"定制服务是LRSV在1993年单为揽胜提供的。可以提供独家喷漆，包括车轮喷漆，但是要支付相当多的额外费用。

# 第5章 吉奥夫·尤派克斯（Geoff Upex）时期和盖顿工作室 1996—2001

1996—1997年，CB40的研发继续进行着。在英国航空航天（BAE）的管理下，公司当时的计划是将CB40的车身生产外包给芬兰的维美德（Valmet）。当时，保时捷在Boxster车型上也是这样操作的，就这样，公司和这家芬兰公司建立了各占一半的合作关系。完工后的整个车身外壳会运输到索利哈尔进行最终组装，这种安排和五月花（Mayflower）在考文垂生产MG F车身是一样的。但是，在宝马接管罗孚后，这一计划被废止。洛德巷的北厂进行了扩建，用来容纳CB40的组装。除此之外，还会有一个新的超大喷漆车间来满足汽车产量大幅增加的需求。

1997年10月，CB40作为路虎神行者（Freelander）在法兰克福车展上推出。当时在寻找该款车名称的时候，产品规划部（Product Planning）曾考虑过"汉兰达（Highlander）"，但却是"神行者（Freelander）"这个名称在该款车即将推出的数周前拿到了批准。1995年，本田推出了CR-V，但是直到1997年，本田才在欧洲推出这款车。这意味着神行者是这一领域内的唯一一款欧洲车型，保证了神行者在接下来的5年内稳居市场领军者的地位。

在欧洲，紧凑型跨界SUV市场依然处于"婴儿期"，而且在很大程度上是日本汽车生产商带着各自的新车型（像是铃木Vitara、本田RAV4和大发Sportrak）在进行角逐，推动着市场的发展。这些车型提供了更多更广泛的选配项，能让人们的生活方式定位比之前的4x4产品更加多样化，这是路虎设计团队所要注重的另一个方面。

设计团队在发现（Discovery）上面，首次尝试了自己设计一些经销商能销售的汽车配件和装备。CB40则更进一步，它有一个专门设计各种尺寸、各种造型的合金轮辋、汽车护杠和前照灯防护网等的小型设计团队。CB40推出的时候，比任何一个竞争对手所能提供的选配和配饰都要多，其中包括一套用于3门版的"车身造型强化包（Body Styling Enhancement Pack）"，装上后看起来相当狂野。在发现上，路虎经销商成功地推广并卖出了这些选配装饰，为路虎提供了宝贵的赚取利润的机会，这是宝马很久以前就已经发现了的。以前"打扮"汽车的手段非常有限，像是贴一些贴花，或者装一对卢卡斯（Lucas）雾灯，相比之下，现在装饰汽车的手段和方法可谓是多种多样。

### 设计转移到盖顿（Gaydon）

宝马收购罗孚后，对所有业务领域都进行了大量投资，解决了自20世纪70年代就一直"荼毒"罗孚集团和路虎的资金短缺问题。到1997年，宝马对CB40神行者投资了4.5亿英镑，对新款R50 Mini投资了4亿英镑，对位于伯明翰海姆斯霍尔（Hams Hall）的新发动机工厂投资了4亿英镑，对位于坎莉和索利哈尔工厂

## 吉奥夫·尤派克斯

在东家宝马和下一任东家福特接手公司的大部分时间里，吉奥夫·尤派克斯都是担任设计总监一职。1952年，尤派克斯出生于雷德鲁斯（Redruth），他是在康沃尔（Cornwall）长大的。他的成长环境带有一些波西米亚色彩，这为他日后形成自己的设计管理方式提供了一套全面的技能基础。

"我从小就非常喜欢汽车。我父亲就很喜欢机械之类的东西，他以前常去参加运牲畜车比赛和快艇比赛，我也常陪他一起去，所以我觉得我是注定要和机械打交道了。我祖父有几个车库，我父亲就是在车库行业中长大的。这种东西一旦融入你的血液中就很难再去除了。我父亲是个非常务实的人，他甚至自己建造了我们住的房子。他33岁就退休了，做过各种各样的工作：滑水教练、养殖龙猫等。他对汽车的热爱不可避免地传染给了我。"

尤派克斯最初梦想是成为一名建筑师。1971年，他开始在考文垂理工学院上学，后来他在学校看到了一则有关交通设计课程的广告，就成了这个课程的最早的学生之一。在上学期间，他在位于唐顿（Dunton）的福特进行了实习，但不是在设计工作室，而是在车身研发部（Body Research）为Cortinas车型做翻滚测试。"他们不允许我们进入工作室，他们把学生看作是安全隐患。"他回忆道。

毕业后，他又在伦敦皇家艺术学院（RCA）进修过。尽管RCA在车辆设计上不出名，但在产品设计上却久负盛名。在RCA学习期间，他和理查德·西摩尔（Richard Seymour）以及迪克·鲍威尔（Dick Powell）共住一个公寓。1977—1983年，他在位于莱齐沃思（Letchworth）的奥格里设计室（Ogle Design）工作，这个工作室主要做产品和运输设计项目，其中包括利兰T45和Iveco载货汽车。他当时的经理是理查德·汗布林（Richard Hamblin），当汗布林离职加入奥斯汀–罗孚负责内饰设计后，汗布林很快就邀请他加入他的团队。

最初的时候，他被任命为内饰首席设计师。1986年，他成为中型车的首席设计师，负责同本田合作研发R8——作为1989年推出的罗孚200/400系列车型。随后，他继续和本田合作了几个项目，像是Synchro（罗孚600）和HH-R（罗孚400），这两个项目都需要他和设计师理查德·伍利（Richard Wooley）在日本长期工作。

1995年，戈登·斯凯德（Gordon Sked）离职后，尤派克斯被提升为罗孚汽车的设计和概念总监，包括路虎、Mini和MG。福特收购路虎后，他成为路虎设计总监，并一直在这个职位上做到退休（2006年12月）。

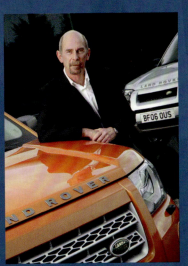

吉奥夫·尤派克斯

神行者推出时配了多种多样的配饰。

2001年的神行者V6版，配了一个稍微更厚重的前保险杠和一个带肋条的防滑护板。

的新喷漆车间投资了2.2亿英镑。除此之外，还对员工培训投资了大约4000万英镑，以前的管理层从未对这一领域有过多少关注，尤其是在管理培训方面。

当然，宝马也没有忽视对研发方面的投资。之前在长桥、索利哈尔和坎莉工厂的本地技术工程团队都逐步缩减了，大部

20世纪90年代的盖顿，这是扩张之前拍的照片，视角朝南。

分设计工程人员在20世纪90年代早期都逐步转移到了坎莉，坎莉工作室在空间容量上已达到极限。不管怎样，这里作为一个临时工作室，在场地排布和设施设备上都远远达不到宝马的标准。

1993年，一个造价为800万英镑的新的英国汽车工业遗产中心（British Motor Industry Heritage Center）在盖顿开幕，它现在更名成了英国汽车博物馆（British Motor Museum）。这是公众第一次有机会进入盖顿，第一次意识到罗孚在这个沃里克郡有一个世界级别的研发测试场地。遗产博物馆的资金和BAE以及罗孚是完全分开的，但是它的成立与盖顿研发测试场地的主体发展计划相吻合，罗孚开始用这个博物馆来进行产品展示和媒体活动。

沃里克郡的盖顿设计和工程中心（Gaydon Design and Engineering Centre，GDCE）拿到了3000万英镑的投资，成为欧洲最全面的综合性研发中心之一。1996年，设计团队搬到了GDCE，直到今天都一直"驻扎"在这里。

尽管对罗孚进行了大量投资，但对宝马来说事情进展的并不顺利。事实证明，最初计划将罗孚留在英国人手里进行控制管理是一个重大错误，约翰·托尔斯（John Towers）和尼克·斯蒂芬森（Nick Stephenson）都被宝马

## 盖顿设计和工程中心（GDEC）

自1979年开始，这个占地900英亩的盖顿汽车测试场就投入了运营，这些年来又陆续开辟了一条高速测试跑道，几条长达36英里的天然土路和越野测试跑道。在20世纪80年代，这里新增了1个气候风洞测试室、1个冷驾驶测试室、10个发动机测试单元和半消音测试室。总共有近1000名工程师在这里工作。

1992年，公司决定将所有的核心设计和工程部门都集中到盖顿，结束之前设计和工程部门都分散在坎莉、考利、索利哈尔和长桥的局面。之所以选择盖顿，是因为这里有很多优势：盖顿场地大，新建筑物的选址选择性多，地皮为公司所有，无需土地购置成本，而且场地安保工作已经到位。新M40高速公路极其方便的连通了罗孚集团在伯明翰和牛津附近的生产工厂。

1993年8月，盖顿开始了第一个阶段的建设——为新的半消音测试室和其他辅助性工作建造大楼。根据合同规定，威登合作建筑设计公司（Weedon Partnership Architects）和SDC集团（SDC Group）会采用类似于产品研发中所使用的同步工程技术来设计整体规划。这使得建筑规划可根据进展来进行快速改动和调整，还能确保建筑物在以后能灵活的进行改进提高。设计师奥利弗·勒·格莱斯（Oliver Le Grice）和米歇尔·瓦德汉姆（Michelle Wadhams）同吉奥夫·尤派克斯以及建筑师特里·李（Terry Lee）密切合作，共同设计了一个灵活、开放的建筑布局。他们选用了首字母缩写FEAST来总结设计目标：友好（Friendly）、方便（Easy）、通风（Airy）、安全（Safe）和整洁（Tidy）。

"我们心中理想的工作室是不必到外面的观察场中去观察产品，因为室内的自然光线已经足够了，"勒·格莱斯解释道，"我记得以前在坎莉要在自然光下观察点什么实在是太麻烦了，你得把黏土模型从支架上抬下来，把它放到车轮上，再用手推车式千斤顶把它推到观察场里，这个过程步骤太繁琐荒谬了。还有，汽车在室外和室内看起来大不相同，不同的令人吃惊。我们这个建筑的整体想法是空间足够大、自然光足够多，当把模型从室内移动到室外时不会看起来有太大不同。"

宝马收购罗孚后不久，1994年6月开始进行详细规划，1995年3月开工动土。特里·李设计的建筑，采用了钢结构覆盖铝制面板的方法，这反映了路虎的建造技术。在内装设计上，特地利用了建筑物的功能性元素（像是屋顶支撑梁和通风管道）作为室内视觉上的有趣装饰。

设计区的排布为U形，分为3个区域：前概念（Pre-Concept）工作室、概念（Concept）工作室和研发（Development）工作室，还有一个色彩和装饰工作室。

前概念工作室和概念工作室都安装了两个7米长的模型台，

研发工作室安装了两个 30 米长的模型台，还有一些从坎莉搬过来的用于比例模型和内饰工作的小模型台。所有的模型台上都装了最新的德国 Stiefelmayer 表面测量桥。为了便于外部供应商来访，色彩和装饰工作室同主工作室隔离开了，从这里看不到主工作室的景象。色彩和装饰工作室的窗户朝北，地板是黑色的，模拟了脚踏板下面的公路以及模型车身侧面的下部。

展示陈列室里有 3 个转盘，有前后投影屏幕，屏幕可与相邻的能容纳 200 人的设计会议室相连接。北区旁边有一个大型景观园，U 形设计区中间还有一个小型"禅（Zen）园"，旁边是新模型开发中心（New Model Development Centre），里面有模型车间和 5 轴铣车，这些都属于伦恩·史密斯（Len Smith）管理。模型车间里有木工车间、装饰车间、喷漆车间和 GRP（玻璃钢）车间。总的来说，这个设计工作室的工作容量是坎莉的 2 倍多。

在这座"戒备森严"的大楼里，有一条中心通道，通道旁边有咖啡馆和翠绿的树，这里是公共区域，在需要时也作为非正式会议场地和展览场地。上面 2 层是 650 名工程师所在的"能力中心（Centres of Competence）"，楼层之间有连接桥，这意味着各个项目的工程团队能够轻易地相互交流沟通。所有的工作室、车间和这 2 层的"能力中心"加起来的总面积为 30380 平方米，外加一个 1660 平方米的新的原型车车身车间。

结果，盖顿设计和工程中心（GEDC）就成了 1000 多名工程师和设计师的大本营。1996 年 10 月，第一个设计工作者踏入这里。1997 年 3 月 7 日，这个投资了 3000 万英镑的盖顿设计和工程中心由安妮公主殿下剪彩后正式开放。

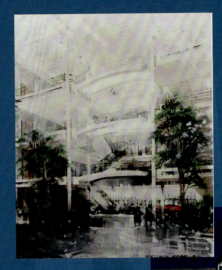

建筑师对 GDCE 的入门大厅的印象。

在沃尔夫冈·赖茨勒博士（Dr. Wolfgang Reitzle）的坚持下，GDEC 的入门大厅进行了扩建，建造得更加雄伟壮丽。

GDEC 的主通道。这里也是员工和访客的非正式会议处。

透过主工作室的超大西向窗户可以看到美丽的日落景象。作为建筑物的功能性元素，屋顶支撑梁和通风管道是裸露在外面的。

# 路虎 设计成就传奇

在测试跑道上拍摄的 GDEC 和主工作室的外景照片。这两个主工作室连成了 U 形,左边是一个景观园,用高高的栅栏围了起来。

高管取代了,在英国的运营由宝马高管来管控。沃尔特·哈塞尔库斯(Walter Hasselkuss)曾任 CEO,但他后来在 1998 年被沃尔特·萨满恩(Walter Samman)所取代。现在,英国管理层越来越被边缘化,公司还为英国员工开设了德语课程。

### 发现 II—Tempest

P38A 揽胜之后,路虎接下来的工作就是要考虑如何替换发现车型,但此事在当时并没有明确定下来。公司计划启动一个名为 "Heartland" 的全新发现项目,该项目的重点是增加在美国这个重要市场的占有率,但是这个项目需数年后才能实现,因此现在需要一个短期内就有成果的项目。

就这样,发现再次进行 "美容" 后就成了 1995 年款发现,内部代号为 "Romulus"。前脸稍微进行了改动:采

1995 年款发现,内部代号为 "Romulus"。相比较之下,该车的前脸稍微进行了改动——前照灯变大了,橙色转向灯变小了。这个 "美容" 是麦克·桑普森做的。

Romulus 采用了艾伦·莫伯利设计的新款仪表板。无线电收音机安装在较高的位置,远离变速器通道所产生的热量。

麦克·桑普森为 Tempest 项目设计的早期草图。计划将 3 门版发现改成 5 座的，并新增一个车身较长的 7 座版发现。

Tempest 的外观和 Jay 非常相似，但线条更加粗犷。该照片是 1993 年 9 月 22 日在坎莉观察场中拍摄的，这是第一次尝试设计制作的全尺寸 7 座版模型。（麦克·桑普森提供的照片）

1994 年 3 月，第二阶段的黏土模型。车身侧面看起来更加粗短，为了能安装 Td5 发动机，该车的设计首次尝试了将发动机舱盖做得更高。（麦克·桑普森提供的照片）

3 门版黏土模型，车身侧面是新设计的。该照片是 1994 年 1 月在坎莉工作室拍摄的。右侧车身是 7 座版的。照片背景横幅上写的是"Guts"和"Supremacy"。

用了新的进气格栅和定制的大号矩形前照灯，不再用之前来自利兰 Sherpa 厢货车的那款前照灯了，转向灯也变小了。内饰的改动较大：采用了全新风格的仪表板，这个仪表板骨架也用在了揽胜 Classic 的新仪表板上。为了满足最新的安全预期，安装了一个乘客安全气囊和一个罗孚 800 风格的带安全气囊的方向盘——这是第一款即将投入市场的带双安全气囊的越野车。控制装置则来自于罗孚 800 和奥斯汀 Montego，通风口则用大号矩形通风口替代了之前的罗孚 800 风格的桶状通风口。

"Romulus"的大部分设计工作都和同年推出的新款

P38A 共享。在机械方面，新款 R380 5 速变速器取代了老款 LT77 变速器，200Tdi 涡轮柴油发动机全面升级为 113 马力的 300Tdi 发动机，3.5 升 V8 汽油发动机也升级到 3.9 升。改进升级后的发现首次在美国市场上销售，为经销商提供了 2 款可以出售的发现车型。

在宝马的管控下，CB40 优先获得了投资，很多技术工程资源都集中在 CB40 项目上，因此全面替代发现的计划就改成了对现有的 Romulus 设计进行全面改进，而非做一个全新的车型。"Heartland"项目计划用两款车型来替代发现：一款以 Jeep 的大切诺基（Grand Cherokee）为目标的平顶 5 座版（L50），一款配阶梯式车顶的大型 7 座版（L51）。最终，这两个项目都被废弃了，取而代之的是一个更"寡淡无味"的项目，该项目代号为"Tempest"，预算仅有 6000 万英镑。

Tempest 的一个关键目标，就是要找到 7 座版布局的更好方案。根据新的法律法规，之前的侧向折叠式座椅在很多市场中都不合法了，需要额外的车身长度来容纳两个具有合适腿部空间且配有三点式安全带和头枕的前向座椅。

能看到车里面的 Tempest 玻璃钢模型同现有发现车型的对比照片，该照片是在坎莉观察场中拍摄的。注意模型同量产车型的不同之处：后车窗用了橡胶密封圈，没有黑色的轮拱保护件。车身面板之间的缝隙依然较大，但是相较于老款 Jay 车型而言，该车的缝隙已经算得上"紧致顺滑"了。此时，3 门版的发现项目已经被砍掉了。

Tempest 的外观和内饰设计是由艾伦·莫伯利监督设计的。照片中的这个模型是进行最终签字批准时用的玻璃钢模型。该照片是 1996 年秋天在盖顿的新观察场中拍摄的。除了尾门，所有的车身面板都是新的。

一开始的计划是将轴距增加数英寸，但是因预算有限，底盘需要找现成的，因此这个 100 英寸轴距可追溯到原版揽胜上面，额外的长度空间就需要从后轴的后面想办法获得——后悬增加了 5 英寸。

尽管，这样做在车身比例上并不理想，但这一情况在轮距增加了 2 英寸且安装了标配的 235/70R16 轮胎后得以缓解。底盘也做了改动，在后面加了一根额外的横梁。后悬也做了改动，采用的是瓦特连杆。高配车型上提供主动转向增强系统（Active Cornering Enhancement，ACE），配了电控液压启动器和防滚架。后轴上配自调节空气悬架，这两者结合起来，提高了有效载荷和拖拽牵引的可操控性。该车也融合了神行者的 ETC 和 HDC 系统，使得发现 2 车型的越野性能十分优异，赋予了该车型"顶级越野车"的美名。机械方面的另一个大改动，就是采用了新款 136 马力的"风暴（Storm）"2.5 升 5 缸 Td5 涡轮柴油发动机，这款发动机此次也用在了卫士车型上。

艾伦·莫伯利是 Tempest 的设计经理，麦克·桑普森协助进行外观设计。在设计方面，Tempest 是对之前 Jay 风格的实质性的诠释，但 Tempest 更加"粗短"。车门的内门板用的是现成的，但是设计了新的外表皮，而且车门上还安装了一个肌肉感十足的拉式门把手。A 柱变得更加粗壮，车身侧面的折角线亦是如此。该车采用了宽大的黑色轮拱饰板来遮盖扩大后的轮距以及更宽的轮胎，前后保险杠相较于之前则更加"深邃"和"健壮"。进气格栅的线条更加粗壮，前转向信号灯和后车灯都是比较"粗短"的。

最明显的是，该车配了一个更长的后翼子板，侧窗和 Alpine（阿尔卑斯之光）车窗安装在同一车身平面上，而非像之前那样用丑陋的橡胶密封条来安装的。车顶加长了，阶梯式车顶的线条更加简洁，车顶的行李架也更坚固。最后，尽管同 Jay 相比差异并不是很明显，但 Td5 发动机更加高大，因此该车需要一个新的发动机舱盖。

由于预算资金大部分都分配给了外观设计，所以内饰设计上就只能做做"化妆美容"了。该车保留了 Romulus 的仪表板，新款门饰板、改动后的开关装置以及豪华风格的座椅让该车内饰看起来焕然一新。中控台上还新增了"魅力无限"的圆形杯架，这点有助于增强该车型对美国市场的吸引力。

1998 年推出的发现 2。

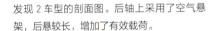

发现 2 车型的剖面图。后轴上采用了空气悬架，后悬较长，增加了有效载荷。

行驶在伊斯特纳城堡（Eastnor Castle）测试跑道上的发现 2。

Tempest 的内饰保留了早前 Romulus 的 IP，但是新增了一个乘客安全气囊，还有新的座椅和门板饰条。舱内长度加大了，第三排座椅也做了改动，这一点可以和之前 94 页上的 Jay 内饰进行比较。发现常用的内饰颜色和面料也做了变动，从蓝色、米色改成了灰色、黑色和米色。

2002 年版发现 2 车型，尾灯已改动。

## 农民之友

如果"农民之友（Farmer's Friend）"项目能继续研发下去并投入生产，那路虎有可能早就回到农业用车首选的位置上了。

这个项目是工程部主导的，要研发一款配十字轴万向节的底盘。该底盘架构分前后两部分，围绕穿插着传动轴的中心接头进行转动，而非将所有的万向节都放在弹簧里。

这个原理并不独特：建筑工程车辆、自卸载货汽车以及梅赛德斯-奔驰的乌尼莫克（Unimog）上用的都是这种万向节。但是，可以在农场中使用且比卫士以及皮卡更紧凑的小型车却没有尝试用过。当时，Gators 和四轮摩托车还是新鲜事物，而且变得越来越流行，所以工程师们就着重开发设计一款差不多大小的小型农用车。

负责新概念的路虎底盘部门（Land Rover Chassis Department）对这个想法做了进一步的研发。这个长桥的研发团队由马丁·道森（Martin Dowson）和托尼·斯皮兰（Tony Spillane）带领。该团队在 1988 年花了 6 个月的时间，利用从一辆不用了的斯巴鲁（Subaru）Sumo 4x4 面包车上拆下来的零部件以及一台 1.2 升 3 缸汽油发动机制造了一台原型车。悬架、发动机、变速器和控制装置都进行了调整，调整之后安装到了底盘架构上。成品原型车于 1999 年在盖顿进行了大量测试，结果令人"瞠目结舌"。

该车的巧妙之处，就是"悬浮驾驶舱（floating cab）"概念，即驾驶人的座椅和地板是安装在每侧的滑动接头上的，安装位置足够高，使得梁桥可以最大限度地铰接，但能同时保持自身的相对水平。在实际应用中，实现了惊人的 1 米车轮铰接空间，但是驾驶人却能保持在相对稳定的位置上，使得该车能在粗糙路面上很好地行驶，这一特点和最初的揽胜概念是一致的。

这年晚些时候，设计部拿着这辆原型车尝试了一些新想法，保罗·汉斯托克（Paul Hanstock）设计了一些额外装备，包括防滚架和探照灯，这些装备使得这辆车看起来像一个可爱的昆虫。该设计本身固有的正确性突出地显示了这是一款简洁大方的产品，这个产品原本会非常适合路虎品牌的。在接下来的 20 多年中，四轮摩托车成了无处不在的农用工具，很可惜路虎没有继续研发这个概念的产品，路虎原本是有机会为这个市场提供一款优质英国产品的。

罗杰·克拉索恩（Roger Crathorne）把这辆原型车保存在了 Dunsfold Collection。

1998 年的"农民之友"原型车。驾驶座椅由黄色管状滑动接头支撑，这意味着驾驶人能够保持相对水平的状态。（Dunsfold Collection 提供的照片）

## L30 揽胜

上一章节中就提到过，宝马工程师从未完全相信 P38A 能担任旗舰产品。因此，在宝马接管罗孚后的数月内，他们就开始想办法对其进行改进。其中一个早期计划，是用宝马 V12 发动机替代 V8 发动机，这就意味着前鼻需要加长。黏土模型制作出来后，展示结果并不理想，因此这一计划就被废弃了。

唐·怀亚特（Don Wyatt）继续讲述这个故事："接下来，他们决定做一款 1999 年版 P38A，进行局部'美容'，而且他们还让我为其做一个模型。由于预算非常有限，就只改动了保险杠和车灯。与此同时，宝马自己也开始制作一个 P38A 模型，这个模型的改动之处比较多，而且还做了新的内饰。我去慕尼黑看过他们做的这个模型，后来也和赖茨勒一起在坎莉审查了这两个模型。看过这两个模型后，赖茨勒在回慕尼黑的飞机上决定了他不想要'美容'，他想要一款全新的揽胜。"

此时，公司开始实行一系列宝马风格的代号：路虎的揽胜代号为项目 L30——意思是路虎第三代揽胜，诞生至今有 30 年历史。罗孚汽车项目的代号则是 R 开头的。

怀亚特被任命为这个新项目的首席设计师，他的上级领导是路虎设计总监盖瑞·麦戈文。1996 年 10 月，该项目的设计工作正式开始。第一年的时候，他的设计小组在 Motors Panel 工厂外面的一个临时工作室里工作，远离坎莉工作室的关注，但后来在盖顿工作室制作了一两个模型。

尽管怀亚特曾参与过之前揽胜的设计工作,但他对揽胜的缺点却直言不讳——2001年,他在接受CAR杂志的采访中说道:"P38A缺乏形象和个性,我们想把原版揽胜的个性找回来。"

到目前为止,路虎设计很少受到外来竞争和外来审查,而其他设计团队则不得不定期遭受来自外来竞争和外来审查的"斗争"。在以前,只要他们能给出总布置的硬点方案,不管是英国利兰还是英国航空航天的董事会都会给他们"开绿灯"。但是在宝马的管控下,这种舒适惬意的工作方式一去不复返,麦戈文的团队不得不提高自身水平,尤其是在面对下一代揽胜这样一个"鲜嫩多汁"的项目的时候。毕竟,哪个设计师不想把这个写在他(她)自己的简历上呢?

宝马有很多想尝试设计这个项目的极具天赋的设计师,因此,设计总监克里斯·班格尔(Chris Bangle)坚持把这个项目对整个宝马集团开放,征集设计创意。1997年1月,在该项目的预备阶段就收集了大量的设计草图,还制作了大概15个比例模型。全尺寸模型做了6个,根据这些模型,筛选出了4个外观设计。1997年8月,公司对这4个外观设计进行了审查。

第一个模型来自加利福尼亚的宝马设计部(Designworks),是英国设计师马雷克·瑞克曼(Marek Reichmann)的设计——风格前卫,注重功能性;第二个模型是慕尼黑宝马制作的——前鼻处理非常大胆,配有纤细的水平前照灯;第三个模型是年轻的罗孚设计师菲尔·西蒙斯(Phil Simmons)设计的,他的灵感来自于Riva机动快艇——动力在前,尾部向后逐渐变尖;第四个40%比例模型是经验丰富的路虎设计师麦克·桑普森设计的——前脸风格独特。所有的模型都具有相似的揽胜特征,像是环绕式DLO(Daylight Opening,指的是侧窗)、悬浮车顶、蚌壳式发动机舱盖,而这两个英国制作的模型都以粗大的进气格栅和圆形前照灯为标志性元素。

菲尔·西蒙斯以Riva快艇为灵感而设计的草稿。"这个设计是在于捕捉船头的所有力量,这些力量会随着船体流向这个优雅的船尾,这是船尾效应。"他说道。

第 5 章　吉奥夫·尤派克斯（Geoff Upex）时期和盖顿工作室

这 4 个外观设计都做成了全尺寸黏土模型。8 月在盖顿进行模型审查时，董事会选择了西蒙斯的模型，但赖茨勒对它是否具有正确的构成要素依然持怀疑态度。"好的，你们选择了这个西蒙斯的模型，但是我不确定要选它。我认为应继续研发这个模型和宝马的模型，到时候再看。"他说道。

L30 对西蒙斯来说是他设计生涯中的一个巨大突破。"我的全尺寸模型是在新盖顿工作室制作的，就在靠近窗户的那个台子上制作的。我非常清楚这是把我设计的车型推入生产的大好机会，这是我的志向所在。对此，我绝对做到了全力以赴。我清楚地记得那天，所有的汽车模型都排放在了观察场中，赖茨勒博士用他的身体语言表达了对我的模型的积极态度。我在 100 米外的窗户上看到这个情景，心中迫切希望我的能被选中，令我惊喜的是我的模型真的被选中了。"

公司又花了 8 周时间来完善这个设计。事实证明，这段时间对这位年轻的设计师来说是一个陡峭的学习曲线。"其中一个最初的困难就是，我原本以为这个厚重的保险杠是可以和车身分离开来的，"西蒙斯回忆道，"但这样做的生产成本是极其昂贵的，所以最终的解决方案是用一个保险杠横梁加传统的塑料盖。当时在我看来这是一种平淡无奇的做法，我本不想这样做的，但是经过一段时间的浸润，我开始觉得这样做也不错。现在，当我回顾这些细节处理的片段的时候，我觉得我那个时候确实有点'天真'。"

英国设计团队赢得了 L30 揽胜的设计，但是接下来的量产准备阶段的整个过程都是在宝马的慕尼黑工作室完成的，因为这里是进行技术工程的地方。因此，在接下来的两年里，整个设计团队都搬到了慕尼黑。"自从设计选出来以后，我每周都会去一次慕尼黑，"怀亚特说道，"克里斯·班格尔把这个模型直接搬到了慕尼黑工作室里，把模型放在了 E65 7 系列黏土模型的旁边，我们就开始在宝马工作室里进行工作。平台前面放的是外观模型，平台后面放

沃尔夫冈·赖茨勒博士（Dr. Wolfgang Reitzle）选出来的西蒙斯设计的全尺寸模型。这是 1997 年 8 月在盖顿展出的 4 个模型中的其中一个。

的是内饰黏土模型,还有一个车顶模型,一切都是在这一个平台上制作的。"

"这是一个非常棒的学习机会,"西蒙斯继续说道,"原本打算同 E53 共享设计研发工作,但是路虎工程师向宝马高管解释说,一款真正意义上的揽胜的要求是远远超过 X5 平台所能提供的。值得赞扬的是,宝马能理解并支持这一观点,因此对这个 L30 项目投入了很多额外的心力。L30 和 E53 有很多共同之处,但是在轴距、前轮位置和驾驶位置的离地高度——指挥官式驾驶座椅上有很大不同。如果启用指挥官式驾驶座椅,那么很多其他东西也就都定下来了。我们得到了宝马的大力支持。"

在艾伦·莫伯利的带领下,L30 的内饰设计也在不断推进。他们做了 7 个泡沫模型,用于 8 月份在盖顿接受赖茨勒的审核。"内饰颜色是黄褐色和棕色,是他最喜欢的颜色,"莫伯利回忆道,"'这看起来像是一片森林,'他(赖茨勒)说,'我就只能看到树,这些我都不喜欢。'然后他就扬长而去。这给我们带来了大问题。"距离下一次的审核就只有 8 周时间,莫伯利迅速选择了艾伦·谢泼德和盖文·哈特利的设计,并将其做成了全尺寸黏土模型,然后再

盖文·哈特利(Gavin Hartley)为 L30 内饰设计的主要草图。背景中的参照物是柚木、优质叠放 Hi Fi 音箱和游艇上的钛合金滑轮。

用模具做成玻璃钢模型并对其进行了装饰。"为了下一次的审核,我们日夜赶工。但是,在最后一刻,宝马工作室也带了模型来参加审核。"令莫伯利感到欣慰的是,"赖茨勒过来看了宝马的模型后说'这个不行。那两个挺不错的,嗯,我要选择哪一个呢?'"最终,哈特利的模型被选中,谢泼德则被派往慕尼黑去促使该项目顺利进入生产。

哈特利的设计主题魅力非凡,中控台两侧配有竖直的支柱,穿插在仪表板中央为仪表板的"顶篷"提供支撑。这些构件增强了仪表板的建筑风格,用木质材料来制作这个结构支柱则是奢华内饰中的独一份。仪表板两侧的盖板也同样采用了木质材料,不但与中控台的材质相呼应,而且也为通风口和地板灯提供了功能性支撑。"我们是从适于航海的角度来看待这个内饰的,"哈特利说道,"我们想要理解揽胜的客户,想要投身于揽胜客户能关联到的设计形象中去。我们把目标锁定在了远洋游艇上,以及你在游艇中能感受到的宽敞空间。"哈特利甚至带了一个钛合金滑轮作为样品,来解释该车内饰设计的构思:功能性、美感和昂贵的设计。

"揽胜的样子与你所预期的奢华汽车的样子是大不相同的,"怀亚特继续说道,"我们讨论过路虎设计的特点,从路虎 Series 1 到发现都具有强烈的水平元素和竖直支撑元素。"设计团队还认同了大卫·贝奇所倡导的建筑架构法,即仪表板在本质上应是对称的,仪表盘应嵌于驾驶人那一侧。这个设计也参考了当时的建筑潮流,像是尼克·格林姆肖(Nick Grimshaw)的建筑风格。

设计师金姆·布利斯伯尼(Kim Brisbourne,之前是 Kim Turner)采用了新的内饰颜色和材料。"揽胜内饰采用了木材和皮革,但是我们想换一种方法来做。"她解释说。虽然 P38A 采用的是传统的颜色,但是布利斯伯尼提出了新的内饰。她采用了售价极为昂贵的 Mission Hi-fi 音箱上所用的樱桃木皮饰面,还用了合金材质和羊皮纸色饰面,为舱内增添了一种当代英伦风情。绒头地毯的使用和中控台的新式"铸造纹理"饰面的使用,更是加强了该车内饰的英伦风。

第 5 章 吉奥夫·尤派克斯（Geoff Upex）时期和盖顿工作室

L30 的内饰采用了新式材料，包括胡桃木木皮和樱桃木木皮，合金材质以及羊皮纸色饰面，中控台上还采用了新式"铸造纹理"饰面。

这个仪表板的表皮采用的是非动物纹理。照片中显示的是配有可旋转的全地形反馈适应（Terrain Response）控制器的 2006 年版的内饰。

# 路虎 设计成就传奇

麦克·桑普森对 L30 的巧妙渲染

2005 年以后,揽胜和发现 3 都安装了一个可旋转的全地形反馈适应(Terrain Response)控制器。

## 绿皮书

沃尔夫冈·赖茨勒给吉奥夫分派了一项工作,让他为路虎制定一份解释说明设计策略的文件。"我在想,这是个不错的想法,我敢打赌宝马没有这样的一本书!不管怎样,我们做了这样一本说明书,全世界就只有 12 本。这是一本从视觉上描述有关是什么让路虎成为路虎,是什么让卫士、发现和揽胜之间有差别的书。但这本书也指明了这不仅是一个简单的公式,你必须成为一名路虎设计师才能把这些路虎特质转移到真实项目上,而且这些特质是不断发展变化的。换句话说,这种特质不是固定不变的,它更多的是一种对待工作方式的观点。"

"尽管沃尔夫冈想要这样一本书,但我不认为在他离开宝马之前能完成。当他和纳赛尔(Nasser)一起回来后,我带着他们一起看了这本书,他们俩人都能理解书里的内容——L30 是将其付诸实践的一个典型例子。而这本书也变得越发重要,因为新款发现是我们要做的第一个项目。"

"这让我们的处境有点尴尬。毕竟,福特生产的探险者(Explorer)才是最畅销的 SUV。那为什么不把它作为发现的基础呢?我在想,天哪!这种事我们之前就碰到过(同宝马 E53)。要怎样才能说服这些人理解探险者并非路虎呢?部分答案在这本书中,当你看完这本书后,你会发现探险者做不了书中所列的任何事项,尤其是当你亲自驾驶发现后,就能理解发现的能力了。探险者的驾驶座椅位置——甚至是探险者的整个架构,对路虎来说都是错误的。福特全球工程部总监理查德·帕里(Richard Parry)对此完全理解,他完全理解为什么发现需要一种独特的做法。"

"事实证明,这份文件是说服他们的强有力的工具。我们几乎在每天的会议中都会用到它,我把它发给了福特董事会的每一个成员。这么做的部分原因是我们当时在尝试设计一系列具有凝聚力的车型,因为在这之前的设计历史中是没有策略可循的,有的只是机会的大杂烩。"

"幸运的是,以 L30 为典型例子,福特高层理解了我们的目标。最重要的一点,是没有人来告诉我们要怎样做我们的工作。我们和捷豹不同,捷豹的问题是,福特的每个人对捷豹都有自己的看法和意见,对捷豹应该做什么怎么做也有各自的想法。因此,有捷豹在前面顶着,福特就没有动我们的路虎。"

绿皮书,只做了 12 本。

L30 并非是独立底盘，它的车身是全新的设计，采用了"非承载式车身结构（body-on-frame）"，钢制底盘架构与钢制地板融合为一体。车身采用了混搭构造，车身上部的大部分是用铝合金压制面板安装在钢结构上制成的。全车的独立空气悬架配了麦弗逊支架和双叉臂，没有用实心轴，这是揽胜第一次采用这种配置，使得该车比 P38A 的越野能力更优秀。为了给后排乘客提供宽敞的舱内空间并方便进出后排座椅，该车的轴距增加到了 2880 毫米。该车重量增加了 15%，还搭载了更强劲的宝马发动机：282 马力的 4.4 升 V8 汽油发动机，或者 174 马力的 2.9 升涡轮增压直列 6 缸柴油发动机，这两款发动机都可以搭配 5 速自动变速器和托森式（Torsen）中央差速器，该车是全时四驱（4WD）的。

为了实现众人所期望的揽胜的卓越性能，工程团队不得不在宝马汽车正常配置的基础上提出新的要求。发动机需要对机油系统进行大量改进，密封件和凸轮驱动滑轮要能承受运行时的极端角度和深水泥浆。多功能电子系统需要新等级的密封件来应对深水、灰尘和污垢的"挑战"，长远的车轮（上下移动）行程和巨大的转矩所需的传动轴配置更是"闻所未闻"。

这个极其强壮的车身需要 3.5 吨的牵引力，车身上配有拖车环，能承受 5.5 吨的"猛拉硬拽"，所以能用一辆正在移动的救援车将揽胜从困境中拉出来。这些，同宝马 X5 相比都是大不相同的。

随着 L30 项目的发展，该设计团队重新发现了令原版揽胜如此独特、如此深受喜爱的原因——在于它的性能和相关配置。在这款车上，奢华并不体现在配饰上，而是体现在核心体验上：高性能和出色的越野能力。指挥官式驾驶座椅的设计，不但给驾驶人营造了一种安全感，让驾驶人感到自己处于统治支配地位，而且低矮的腰线让驾驶人即便从外面看起来也处于统治支配地位，这一点和其他很多新近推出的 SUV 是不同的。原版揽胜也采用了先进的技术来提供这种体验：螺旋弹簧、自平衡悬架、全时四轮驱动和运行平稳顺滑的 V8 发动机。新款 L30 复刻了这一特点，采用最新的动态稳定控制系统和 HDC 来重新分配转矩，确保牵引力一直存在。

### 宝马把路虎卖给福特

宝马收购罗孚集团的同时，福特也在忙于收购其他品牌。1987 年，福特购买了阿斯顿·马丁的控股权，随后在 1989 年 11 月全面收购了捷豹。10 年后，福特决定收购沃尔沃。1999 年 3 月，福特创建了第一汽车集团（Premier Automotive Group，PAG），把捷豹、阿斯顿·马丁、林肯 - 水星和沃尔沃合并成一个新的奢华汽车部门。

福特意识到宝马对收购罗孚这件事非常不满，因此福特开始四处探询，看能否再次收购路虎。此时，恰好是宝马的动荡时期，皮舍茨里德和一些高管因罗孚不断亏损而被迫离职。这些高管中也包括沃尔夫冈·赖茨勒，他从宝马离职后，立刻被福特请去管理 PAG 了。

随着赖茨勒的加入，福特现在有了关于路虎架构的内幕消息，包括路虎的盈利能力和未来车型计划。赖茨勒原本就对即将诞生的 L30 项目充满了热情，他说服了福特老板雅克·纳赛尔（Jac Nasser）尽快同宝马进行会议，把路虎买来放在 PAG 的旗下。

赖茨勒对福特的影响远不止如此，他还建议福特设计总监杰·梅斯（J Mays）聘请盖瑞·麦戈文出任林肯的设计总监。1999 年底，麦戈文离开了路虎，他还带走了雷克·瑞克曼、大卫·伍德豪斯和菲尔·西蒙斯。然而，他们的离开是短暂的。因为，"3 个月后，福特收购了路虎，我们又回到了这个大家庭中。"西蒙斯说道㊀。

的确如此。2000 年 3 月，宝马宣布要拆分处理罗孚集团：长桥工厂被一个以罗孚前任 CEO 约翰·托尔斯为首的财团收购了，考利工厂和 R50 Mini 项目被宝马保留了

---

㊀ 后来，瑞克曼被任命为阿斯顿·马丁的首席设计师，伍德豪斯是林肯的首席设计师。

路虎　设计成就传奇

2001年11月，新款揽胜在伦敦设计博物馆（London Design Museum）推出。路虎被福特收购后，L30更名为L322，符合福特的3位数代号法。

下来，而路虎和索利哈尔工厂则成了PAG的一部分，鲍勃·多佛（Bob Dover）出任CEO。这笔18.5亿英镑的福特收购案的核心是整个盖顿场地，这其中也包括遗产博物馆，还有宝马要把L30项目推进到生产阶段。2000年7月1日，这项交易成功施行。

吉奥夫·尤派克斯至今仍能清楚地回忆起当时的情景："我必须争取说服福特接受整个设计部，把设计部作为一个整体而非拆分成很多部分。我记得有5个人去了罗孚，剩下的所有人都留了下来，我们设计部没有像其他部门那样被拆的七零八落。"此事在福特接下来几个月的尽职调查中引起了不少问题，因为福特不能理解为什么设计部没有被拆分。但是，尤派克斯成功地说服了福特把设计部作为

整体保留下来。这样做是非常有道理的，因为工作不得不从头开始，而设计部是工作过程链条中的第一部分，所以现在就需要全体设计人员。在平台和发动机方面，路虎需要一个全新的设计策略，所以他们设计部要从第一天就开始运转。

理查德·伍利（Richard Woolley）也认为那个周的情况十分紧张。"我们每个人都可以选择留在路虎或者宝马，或者留在独立的罗孚公司。在短短数天内，所有的罗孚模型和标牌都搬走了，制服上的罗孚徽章也拆下来了。与此同时，宝马把新Mini的所有车型和初始模型都搬走了，运回了慕尼黑。一夜之间，这个负责设计R50 Mini、MG和整个罗孚汽车系列的多品牌工作室就变成了一个纯粹的路虎

进行了改头换面的神行者，配了黑色保险杠，尾灯也改了。神行者的尾门一直都配了电动升降玻璃车窗，使用起来很方便。

工作室，这就是福特时代的开端。"

尤派克斯继续说道："从 Mini 模型开始运往慕尼黑、罗孚的物品开始运往长桥的那一刻，我就说'你们明天早上之前要把这里变成路虎工作室，明天一早就开始路虎的工作'。我们在当晚就把这个工作室改成了路虎品牌的工作室，所以当福特的人走进来的时候，他们会想'哦，这就是你们设计路虎的地方'。我担心的主要问题是福特不应该扩散路虎的设计，就像他们对待捷豹那样。我坚定地认为路虎只能在这里，在这个工作室里设计出来，其他地方都不行。"

尤派克斯承认当时他们开始做了很多虚假的项目，就是为了填满工作室的空间。他们根据废弃项目的旧数据迅速开始切割泡沫模型，就是为了确保让这里看起来像是一个完整的路虎工作室。"这个方法成功了。我们设计部整个保留了下来，没有像公司其他部门那样被拆分。"

几天后，雅克·纳赛尔和沃尔夫冈·赖茨勒就来了。"我去迎接了他们，"尤派克斯继续说道，"沃尔夫冈用胳膊搂着我说：'嗨，吉奥夫，好久不见。'我带着他们俩人参观了工作室，最后我们去看了 L30——沃尔夫冈的宝贝。模型坐在转盘上，雅克看到它非常高兴。但是，沃尔夫冈一如既往地开始数落我，因为他刚发现了一些细小的问题，像是后悬的螺栓有些是裸露在外用眼看到的，还有排气口等。哦，上帝，这和过去是一样的！"

福特对现有的路虎计划进行了详细审查，很快，工作室就开始了新系列产品的工作。其中最早的一个想法，是把福特翼虎（Escape）改成一款神行者替代品。最终，这个想法并未实现，而福特 EUCD 平台被用在了一个代号为 L359 的替代车型上。

L30 揽胜的研发历时整整 6 年，宝马为其投资了 10 亿英镑，当然，这里面包括索利哈尔工厂升级（产能提高到年产 35000 辆车）所投资的 2 亿英镑。在福特的管控下，L30 更名为 L322，这既符合福特三位数代号法，也是重申福特对该项目所有权的一种方式。尽管，该款车的所有权改成福特的了，但是赖茨勒最终还是在 2001 年 11 月 22 日在伦敦设计博物馆推出了他的"宝贝"。2002 年，该车成功上市。

2004年，神行者的内装进行了升级，安装了新的座椅，改动了中控台和门饰板。

# 第 6 章 福特时代

## 2001—2007

一开始的时候，福特把路虎和捷豹是完全分开的。但是几年后，福特决定要把它们两个整合到一起，尤其是在产品研发方面。随着双方项目的同化，惠特利和盖顿之间的工程师相互转移趋于稳定，但在吉奥夫·尤派克斯和伊恩·卡勒姆（Ian Callum）的管理下，惠特利设计工作室和盖顿设计工作室之间依然保持相对独立。

"宝马收购我们的时候，以为我们的工程能力比我们实际的要高，但实际上，我们非常依赖本田的工程支持，"理查德·伍利（Richard Wooley）解释道，"他们没有真正理解我们的核心能力是什么就收购了我们。他们知道我们设计部是非常出色的，但是当我们不再受到约束、可以自己做决定、没有了外来帮助的时候，事情就没有原本那么顺利了。在福特的管控下，我们路虎成了一家大型公司的一部分，福特就是一台光滑的、不断滚动且不可阻挡的机器，我们被它拖着走，所有的福特程序也随之而来：产品研发、品质和生产。很快，我们就被灌输了这些程序。当然，这些程序都已经嵌在捷豹的'肉'里了，我们也是如此，我们和捷豹的很多设计师都认识。我们是两个团队，但是任务不同。"

路虎被福特收购后的几年里，盖顿工作室真正地大力推进了新项目的研发。他们现在能专注于一个品牌的研发，而不像之前那样要同时做好几个品牌，现在的研发团队能专注于路虎和揽胜的深入研发，而且福特的投资能够支持更广泛的车型阵容。

2002 年 4 月，赖茨勒博士离开了 PAG，他的继任者是马克·菲尔兹（Mark Fields）。菲尔兹采取了各种措施，进一步合并捷豹和路虎来降低成本。2002 年，他成立了捷豹路虎（JLR）。由于亏损不断扩大，尤其是捷豹，所以鲍勃·多佛（Bob Dover）决定在 2003 年秋季辞职。但是，他一直待到 2004 年 4 月，直到乔·格林威尔（Joe Greenwell）接任后才离职。

2002 年 7 月，发现 2 进行了"改头换面"，代号为 L318。在设计方面，采用了新款前格栅和带有"双口袋"宝石风格的前照灯，这种风格是 2001 年新款揽胜引入的。前保险杠也采用了新设计来改善接近角，尾灯组也进行了改动，转向信号灯改到了后支柱上。其他的改进，包括悬架配置的改动升级，而且只在美国市场上提供更加强劲的 220 马力 4.6 升 V8 发动机。整个项目的投资约为 2400 万英镑。

### 发现 3 L319

发现 2 的替代车型代号为 L319，该车型是对发现品牌的重新诠释，其设计方向则是怎样增强其形象才能使其作为独立车型区别于新款揽胜。吉奥夫·尤派克斯继续讲述了这个故事："设计这款新发现是非常有趣的事情。L322 几乎是自己设计了自己，我们很快就取得了最终成果。但是，新发现则更复杂，要用更加现代的方法来诠释这款车是非常困难的。从总布置方面看，旧款揽胜只有 100 英寸轴距，它

2002年，发现2进行了"改头换面"，前脸带有揽胜的风格。该款车的代号为L318。

的总布置简直就像是一场噩梦。"因此，设计团队从总布置开始设计，去考虑这款新的家庭用车要怎样才能最好的容纳7个人而且还能正经进行越野使用，并且还要有良好的离去角和涉水能力。

设计师安迪·威尔（Andy Wheel）是该设计团队的新成员，在戴夫·沙丁顿（Dave Daddington）的手下工作。"我们在2000年7月1日——福特接手的那一天就开始绘制草图。我是1999年5月来的，在L50和L51上做了一年，这两款车原本是计划要替代发现的，里面有不少真正的挑战。L50和L51原本注定了是要从属于宝马X系列的，但后来福特推翻了这一设定，我们得以重新开始。"

这款新车型将和L322揽胜共享其大部分的驱动装置，其中包括为这款大容量7座车打下了良好基础的长达2885毫米的轴距。和揽胜不同的是，该款车依然采用独立底盘架构，但悬架则全都改成了独立悬架，采用叉臂前悬架，而非像揽胜那样用的是麦弗逊式支架。该款车的基本车型依然采用钢制螺旋弹簧，但是该款车的大多数版本的前后悬架采用的是自调节空气悬架，揽胜上亦是如此。

这种新的"一体化承载式车身（Integrated Body Frame）"构造被称为T5，其中有些配件是和福特探险者（Explorer）共享的。不同于之前采用的传统梯架式底盘和无应力车架，L319的底盘的纵梁向外弯曲，是采用最新的液压成形工艺制成的。承载式车身用螺栓固定在底盘上。在L322的单片式车身构造取得成功后，L319却采用了这种独立底盘，这看起来似乎很奇怪，但原因很简单：T5计划用于一系列路虎产品，包括新款卫士系列。为了适用于

**路虎** 设计成就传奇

安迪·威尔设计的发现 3 的初步草图。

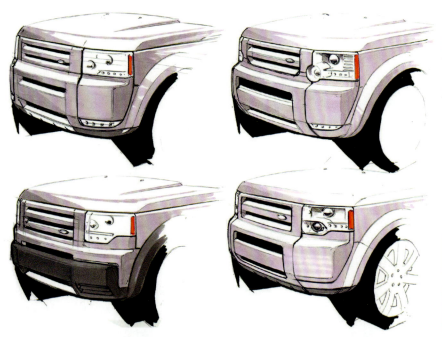

前脸草图,从草图中可以看出棱角分明、线条硬朗的设计形状,细节上注重功能性,比如前照灯和开门线。

安迪·威尔领导了发现 3 的外观设计。他把设计标志(像是大卫·梅勒(David Mellor)的餐具和盖茨黑德(Gateshead)的千禧桥(Millennium Bridge))作为永恒的英国当代设计的例子。

第 6 章 福特时代

安迪·威尔为 L319 设计的一张关键草图。车身表面棱角分明,给人一种像是银行金库般的坚固质感,这是他的设计目标。

所有的卫士衍生品,像是不带货厢的载货汽车和皮卡车,就必须采用独立底盘。对 L319 来说,T5 能提供最好的传统底盘和单片式车身构造,但这也意味着该款车会非常重,比体型更大的揽胜还要重近 300 千克。

轮距也加宽了,加宽了 120 毫米,前轮轮距增加到 1605 毫米,后轮轮距增加到 1613 毫米,标配的轮胎为 235/70R17 的。可搭配 3 款发动机:一款福特 PSA 研发的 195 马力 2.7 升 TdV6 柴油发动机,作为欧洲市场的主发动机;一款 300 马力的 4.4 升 V8 汽油发动机,用于美国市场和高性能选配;还有一款 216 马力 4.0 升 V6 汽油发动机,用于美国和澳大利亚市场。

一些特定的设计特色(像是阶梯式车顶和不对称尾门)被保留了下来,但是设计团队依然要决定怎样设计一款能畅销全球的现代化发现。L318 在英国的销售势头强劲,但是在其他主要市场的销售却非常低迷,而这款新发现需要在全球市场上具有吸引力。"我们也想在这款车上引入一些争议,"尤派克斯继续说道,"例如,车门上的隐含线条,我们想要那种银行金库般的乘客舱感觉。"

安迪·威尔设计的一张关键草图从众多设计草图中脱颖而出。"我想要做的是一款 21 世纪的路虎,一款完全在福特旗下研发的路虎。我看过有着永恒韵味的现代建筑,它们在细节设计上非常恰当适中,不繁琐,但是少即是多。很多汽车设计都以时尚为主导,但是品牌价值可以通过一款经得住时间考验的汽车来体现,这款汽车的设计结合了良好比例和极简主义,而不是那种'我也是'的汽车。这款汽车能自己开拓自己的市场。"

L319 没有做比例模型,沙丁顿的团队更喜欢尝试用一种新技术来制作几个能快速成型的全尺寸加速胶模型——利用木结构和聚苯乙烯泡沫铣出来的只侧重于体型和比例的模型。"它们看起来很大,"威尔说道,"新款揽胜还要等几年才能推出——它看起来也很大。但我们已经尽力优化了车身比例,减少了它的体积,尽量做出一款容量大但行驶在欧洲公路上也不会看起来很出格的汽车。"

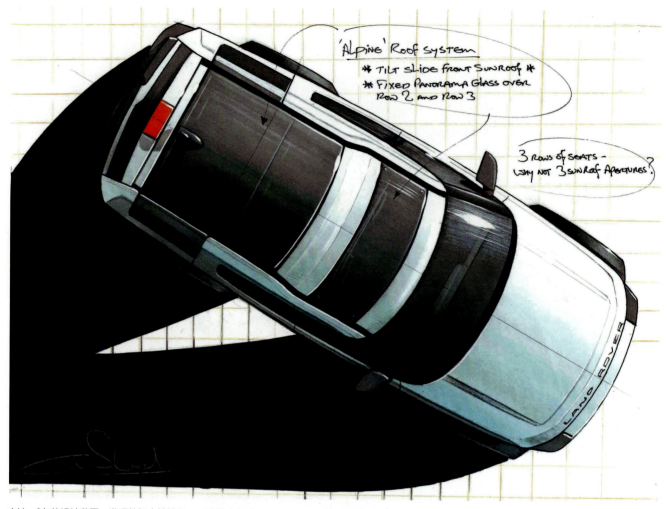

安迪·威尔的设计草图。发现的标志性特征——阶梯式车顶、Alpine 车窗、玻璃天窗等，都是设计主题的关键部分。

威尔设计主题中的连续不断的车身表面是花了很大力气才做对了的，因为整个车身侧面从头到尾都是一个单一表面。任何因工程改动或生产需要而引起的表面细微改动，都意味着整个车身侧面都不得不重新设计。

"一些正在做前翼子板的工程师会去找我们，他们表情很沮丧，因为我们把后注油口改了。又或者，我们需要改车门下部表面，因为不改的话，甩向车身侧面的泥巴会造成漆面严重损坏，"他解释道，"跟制模师说'各位，我们必须再做一次'，又是另一回事了。'什么？再做一次？！'他们惊呼道。法国流行乐坛双人组合 Daft Punk 当时在 2001 年的排行榜上有一首歌叫《再一次（One More Time）》，所以制模师再一次开始做之前就会哼哼这首歌。最具讽刺意味的是，Daft Punk 的最新专辑名就叫《发现（Discovery）》！"

但是，这种理性的、略带极简主义的设计方法并非全球通用，不是每个人都喜欢。"存在皆有原因，"尤派克斯解释道，"这个'形式遵循功能'的辩论我们经常用。从我们全球调研的结果看，人们要么喜爱它，要么就讨厌它，但这正是我们想要的，因为它的全球销量实际上并不大。女性对它的反映很奇怪，她们认为它太凶悍了，或者她们会问'为什么只有一个翼子板通风口呢？'。"

客户诊断结果证明,客户对它的看法完全是两极分化的。威尔说:"作为设计师,我是喜欢这个结果的,因为如果你试图取悦所有人的话,那你最终就只能做一个平庸的设计,而客户诊断则不同。客户诊断完全取决于指标,要至少达到 5.8 分(满分 10 分)才能进入下一关。而它没有达到分数要求。"当我们在整理核对外观设计的数据时,我们发现它并非是典型的钟形曲线,而是 U 形曲线,两端的分数都很高。"人们要么喜欢它,要么说'我看不明白,我绝对讨厌它',"威尔说道,"它没有中间地带。"

设计团队面临着巨大压力,需要改变设计,使设计正常化,并在门板上设计一个贯穿凹槽。尤派克斯不得不在公司里支持这个设计,他指出,这款车距离推出还有两年时间,客户的品位到时候也会改变:新竞争对手(像是沃尔沃 XC90 和宝马 X5)在市场中依然"新鲜"。

"营销部想要连续不断的车身线条,"威尔解释道,"那个时候,我们在车身上面的工作已经做了很多了,当我们真的做了一条连续的线条而且在黏土模型上倒了圆角后,这些线条看起来并不能连接在一起。因此,我们故意把线条分开了,让它们看起来似乎有隐含的线条。这就意味着你不能改动车门,因为那里没有连续的线条!为了让车身看起来是对的,我们不得不把线条断开。"

内饰设计也遵循了外观设计的准则,采用了理性的侧重于功能性的设计方法。该款车的内饰设计,以 L322 的设计主题为基础,中控台两侧采用了竖直支柱。这个内饰

刚推出时的发现 3。棱角分明的车身表面成功地进入了量产。

不对称尾门的开门线是精妙功能设计的灵活展示。尾门右侧允许用户能够斜着身子更加靠近汽车内部,而尾门左侧则提供了更大的平台用来坐或者让狗狗爬进车内。

设计给人的感觉非常厚重,肌肉感十足,但用樱桃木饰面做了点缀后,看起来就有点柔和了,也更具有吸引力了。仪表板的上盖板采用的是粗犷的"干河床"纹理,这是一种非常具有特色的非动物纹理。

　　L319还采用了新的"全地形反馈适应系统"。在以前,越野驾驶是一种令很多驾驶人望而生畏的一种技术,需要掌握广泛的车辆知识才能选择正确的档位、传动比、各种差动系统,才能掌握在陡坡或深水中行驶所需的各种技术技巧。全地形反馈适应系统会尽可能多的消除这些困难,驾驶人只需用位于中控台后方的旋钮选择6种地形(普通、沙地、草地、砂砾－雪地、泥泞－车辙、岩石)中的一种即可,车载计算机系统就会选择正确的变速器设置、调整悬架高度、改动差速锁设置,甚至改动发动机的节气门响应,来适应所选地形。

第 6 章 福特时代

安迪·威尔:"它是一个非常理性的设计,当人们看到它时,就会引起情绪上的共鸣。"

路虎　设计成就传奇

发现 3 如鱼得水地行驶在岩石地形上。"一体化承载式车身"构造被称为 T5，采用的是液压成型的底盘。承载式车身用螺栓固定在底盘上。

宽大的 2885 毫米轴距为 7 名乘客提供了真正的宽敞空间。

第6章 福特时代

查尔斯·科尔德姆（Charles Coldham）的内饰设计主题胜出，他的内饰设计延续了外观设计的理性准则。仪表板的上盖板采用了一种新的纹理，这种纹理被称为"干河床"，是一种非动物纹理。

对比 2010 年版"美容"后的内饰。原本厚重的直立中控台进行了重新设计，因此现在发现 4 的中控台看起来较为柔和。内饰材料和颜色得到很大改善，内饰的感知品质有了很大提高。门板的装饰材质也更加丰富。这张照片是 2014 年款的内饰，从中能看到中控台上配有旋钮式换档控制器。

在美国市场上，L319 作为路虎 LR3 上市销售。该车于 2004 年 4 月在纽约车展上推出，后来在索利哈尔进行生产，每年产量约为 45000 辆。

2009 年夏天，发现 3 进行了大幅改动，改动后就变成了 2010 年版，成了发现 4 或者 LR4。最明显的改动是前照灯和进气格栅，尾灯也进行了重新设计——在红色尾灯外壳中加了一对比较大的白色 LED 柱形灯。最大的改动则是内饰和发动机。由于福特的成本预算非常紧张，这就意味着 L319 内饰设计想用的材料并不能在该车推出时都能用上。这些内饰材料在 2010 年的翻新改进中得以被重新审视，内饰的感知品质也有了显著提高。中控台进行了重新设计，上面的控制装置更加简化。仪表盘也改成了重新设计的指针式车速表和转速表，更加清晰直观。LR4 用一整块 TFT 屏幕替代了 LR3 车型上的小型指针式仪表和电子信息显示屏，这块 TFT 屏幕能够显示各种模式和格式的信息。

发动机阵容则变得更强大、更先进。LR4 采用了新款 241 马力 3.0 升 TDV4 第三代柴油发动机，高配版发动机则用 385 马力的 5.0 升 V8 汽油发动机替代了原来的 4.4 升发动机。

发现 4 在 2014 年又进行了一次改进升级：前照灯采用了最新的 LED 日间行车灯，进气格栅和保险杠也做了改动。

对于发现这个车型的总结，尤派克斯说："我依然认为它是一款非常现代化的汽车，这是绝对正确的。想象一下，你在北美，这里的市场充斥着看起来几乎都一模一样的 SUV。那为什么你会购买路虎呢？这必须是有原因的。很明显的一个原因就是，路虎看起来不像福特探险者，也不像通用的 Terrain。但是，路虎上面也有人们讨厌的东西，你必须忍受这些'问题'，像是不连续的线条、不对称的尾门等。但如果再给我一次机会，我今天还会做同样的选择。"安迪·威尔对此表示同意："我依然对 L319 感到自豪，尤其是它采用了正确的车身颜色和车轮的时候。它真

改进后的2010年版发现4采用了更多的同车身颜色一致的配件。很多市场在两年前就采用了车身颜色的轮拱，但是在某些地区，例如俄罗斯，总是偏爱黑色的轮拱。

2010年版所做的改动升级改变了发现的销售状况，证明了发现3改名成发现4或者LR4是合理的。选配件（像是侧踏板、车身保护装置、前照灯防护罩、车顶栏杆）都是发现车主选择的热门产品。

的是一辆非常坚固且朴实无华的汽车，它也是一个充满自信的设计作品。"

### 揽胜运动版（Range Rover Sport）L320

揽胜运动版的设计宗旨，是为了让路虎有一款像保时捷卡宴（Cayenne）和梅赛德斯－奔驰ML那样的高性能公路SUV，这款车保留了所有传统路虎的越野能力。在很多方面上，揽胜运动版的主要目标车辆是宝马X5运动型多功能车（SAV）——一款和L322同时研发的车型。宝马认为，揽胜应专注于最好的越野能力，把越野能力作为其关键属性。讽刺的是，在福特的管控下，路虎现在同样瞄准了偏向运动型的SUV市场。

"尽管现在看起来路虎系列中插入这样一款车型是理所当然的，但在这款车的计划阶段时，公司内部有很多人对生产这样一款车是否是明智之举持怀疑态度。那时，要推进这个项目是一件非常困难的事情。"尤派克斯说道。

这款新车型的代号是L320，它以发现3的T5底盘为基础，但轴距缩短了140毫米。因此，该车在轴距、长度、高度上和老款P38A揽胜很相似，但该车有着更具运动感的车身比例。动感的车身比例结合更灵活的底盘和更小的侧身侧倾，以及大量的驾驶人反馈信息，使得该车更具运动质感。

尽管该款车的轴距缩短了，但车身之下却保留了发现3的所有部件，包括前后所用的双叉臂悬架。根据尤派克

"美容"后的2014年版发现4，它的前照灯新增了最新的DRL（日间行车灯）特色，进气格栅和保险杠也做了改动。新车型的命名规定，使得"DISCOVERY"字样首次大胆的出现在前发动机舱盖上。发现4还配了新款车轮和新的车身颜色。

发现4安装了6速或8速ZF自动变速器，采用了捷豹风格的旋钮式换档控制器。

L320 保留了传统的 5 门布局。尽管风窗玻璃更低矮、倾斜角度更"陡峭",但该车依然能提供一个宽敞的 5 座乘客舱。

斯的说法,尽管这两款车看起来很不相同,但该款车 85% 的部件都是和发现 3 的是一样的。正因如此,L320 成了 JLR 的一款极为盈利的车型。

"公司非常担心这款车会吞掉揽胜的销量,"尤派克斯说道,"但是,我们对这 3 款车——揽胜、揽胜运动版和发现,做了大量调研。结果很明显,揽胜运动版和揽胜吸引的是完全不同的客户群体。女性会说,我想要揽胜运动版,但是我会想认识拥有揽胜的男性。这是非常好的总结!"结果,揽胜运动版根本就没有吞噬揽胜的销量,也没有吞噬发现的销量。正如研究表明,揽胜运动版吸引的是完全不同的客户群体,它对女性和城市客户更具吸引力。

揽胜运动版的内饰设计,则是马克·巴特勒(Mark Butler)和维恩·托马斯(Wyn Thomas)做的。"主要是用 CAD 完成的,只是后来我们做了一个黏土模型,这或许是第一批采用这种方式制作的仪表板之一。铣出来的泡沫模型直接修饰后用作初次评估。"L322 采用了 L319 的基本仪表板框架,但 L322 的流线型中控台则是新设计的,矩形通风口和独特的门板饰条也是新设计的。为了保持其运动感设计宗旨,变速杆是偏向驾驶人的。

同 L319 一样,这款车在 2009 年夏季也进行了大幅的

L320 的内饰采用的是 L319 的基本架构，但它新增了一个新的流线型中控台和矩形通风口，它们的设计风格和 Range Stormer 概念车上的基本一致。

改动，成了 2010 年款。最大的改动是动力系统：配了两款新式捷豹发动机，一款是 375 马力的 5.0 升 V8 自然吸气发动机，一款是 510 马力 5.0 升 V8 增压发动机。外观"美容"则采用了标志性 LED 前照灯、新款双杠进气格栅，搭配新款前保险杠和翼子板，营造了一种更具运动感和空气动力学姿态的汽车形象。在车尾，全新造型的尾灯组和重新设计的保险杠，呼应了流畅的前脸造型。

内饰则全部进行了重新设计，采用了更高品质的材料、更柔和的点缀和更精湛的工艺，打造出真正顶级的视觉效果，彰显了揽胜这个名号。虽然，发现的设计主题是宽大坚固的竖直元素压在水平元素之上，但揽胜的全宽水平横梁则压在中控台上，这样看起来更加简洁。

## Range Stormer 概念车

"揽胜运动版的整个设计过程工作太多了，有很多人持反对意见，这也是我们为什么要做这款 Range Stormer 展示车的原因之一，"吉奥夫·尤派克斯解释道，"除了风格之外，我们还想把品牌重点从越野性能转移到公路性能上。我们这样做，是为了向公众展示路虎这个品牌不仅仅是你想的那样，它实际上还有这种公路性能。"

这是第一款在车展上展出的路虎概念车，也是尤派克斯的设计团队向世人展示其成就的绝佳机会。保时捷新近推出了卡宴，这种更具运动性的SUV在奢华汽车市场中仍然是一个比较新颖的概念。2003年5月，在理查德·伍利（Richard Woolley）的带领下开始了这款展示车的设计工作，这个项目很快就完成了，为的是要赶在2004年1月的底特律车展上推出。

对于这款路虎GT，设计团队并没有花费大量时间来调整设计。"做得快，保持了它的新鲜感。我们并没有花费大量时间来考虑它的细节和概念。我们知道我们想要的是什么，然后就以一种非常路虎的方式放手去做并取得了结果。"尤派克斯继续说道。

外观设计则以L320揽胜运动版的风格主题为基础，进行了适当的夸张，来适应带有一对引人注目的剪刀门且更加短小的车身。乘客舱配有4个座椅。上车门会像兰博基尼的那样向上翻起，下车门则向外翻，可作为方便踏板，踩着下车门进入乘客舱，上下车门都是由复杂的液压系统提供动力。

马克·巴特勒和实习生艾琳·科宁（Ayline Koning）负责内饰设计。"我们整个夏天都在做黏土内饰，那个时候真的很热，"巴特勒回忆道，"但这是一个绝佳的机会，我一直梦想着能设计展示车。那个时候，我在做Stormer概念车的同时还在做L320揽胜运动版的量产表面设计。"

"第一个挑战就是怎样在保留指挥

Range Stormer是在2003年夏季设计的，它的特色是一对引人注目的"Blade and Runner"蝶翼门，配有22英寸合金轮辋。利用Alias和Maya软件，根据3D数字模型制作渲染图正慢慢变为一种惯例。

2004 年 1 月，Range Stormer 展示车在底特律车展上亮相，车身采用了引人注目的糖果色金属漆，配了被称为"Oh!Range"的剪刀门。"在底特律车展上，它必须做到令人大吃一惊，才能让你注意到它。"尤派克斯说道。

这辆展示车有一个巨大的全景玻璃车顶，该车顶由 4 根铝制横梁支撑。这辆车是由位于都灵（意大利城市）的 Stola 制造的。现在，这辆 Range Stormer 存放在位于盖顿的英国汽车博物馆里。

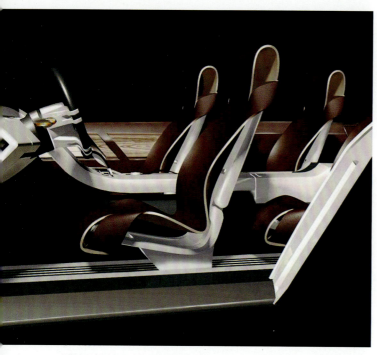

内饰设计引入了"运动指挥"驾驶姿势，配有俯冲式中央通道和高变速杆。

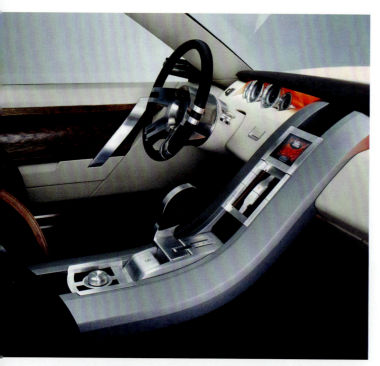

这个流线形中控台，预示了即将推出的揽胜运动版的设计主题。腰线以下采用的是浅色皮革。

官式驾驶姿势的同时创造一辆运动跑车，因为这两者是截然相反的，"他继续说道，"运动跑车往往会倾向于把你包围起来，像茧一样把你和外界隔离起来。但是，坐在指挥官式驾驶座椅上，你的视野良好，外面的东西能一目了然。"这一困境的解决，是通过采用运动性直臂驾驶姿势、俯冲式中央通道和偏向驾驶人的高变速杆来实现的。

此外，驾驶人会坐在一个比较深的像吊床一样的座椅上。该座椅是科宁设计的，代表的是莫比乌斯环（Mobius Strip）——坐垫、靠背和头枕都是一体的。该座椅采用铝制框架，用4层很厚的马鞍皮革贴在一层薄薄的玻璃钢架构上，构成了座椅的表面。座椅表面的边缘则是未加工过的本色状态，呈现出一种类似于斯堪的纳维亚胶合板家具的风格。"我们是从凯尼尔沃斯（Kenilworth）当地的马具厂采购的皮革。"巴特勒说道。

这辆展示车是由位于都灵的意大利车身制造厂 Stola 制造的，是在缩短后的 P38A 底盘上制造而成的。8月，黏土模型完成，到12月时该车就制造完工了。

尤派克斯总结道："这不是量产揽胜运动版的事，这是有关揽胜品牌的事。到最后，这辆概念车的媒体报道比底特律车展上的任何一辆车的都多。不幸的是，这辆车后来被一名愚蠢的载货汽车驾驶人弄坏了，他在装载这辆车时弄坏了所有的液压装置。那个时候 Stola 已经破产了，所以这辆车就一直没有修好。"

在设计 Range Stormer 概念车的同时，L320 的设计也最终确定了下来，其量产车刚好在一年后，即2005年的底特律车展上正式推出。

### 神行者的发展

随着揽胜运动版和发现3的投产，洛德巷工厂的生产空间越来越拥挤不堪。因此，福特在2003年决定将神行者的生产转移到捷豹的哈利伍德（Halewood）工厂，以便充分利用这里的剩余产能：这是路虎第一次在索利哈尔以外的英国工厂进行生产。

此时恰逢理查德·伍利对神行者进行"改头换面",配了新的前保险杠和车灯,成了 2004 年版。其标志性元素是前照灯下方的黑色条纹,给人一种"老虎眼"的感觉。在车尾,保险杠做成了车身颜色,辅助尾灯向上移动到了保险杠的角落处,避免灯被甩上来的泥巴糊住。内饰也进行了改动设计,仪表板的上盖板改了,采用了方形仪表盘、新门板、新座椅,中控台则配有银色支柱,带有"揽胜风格"。

2005 年,随着罗孚的倒闭,1.8 升 K 系列和 V6 发动机没有了货源,在该款车生产的最后一年里就只有 TD4 宝马发动机可用。

正如路虎所希望的那样,CB40 神行者是紧凑型生活方式 SUV 市场的先驱之一。事实证明,这款车是绝对成功的,因为该款车自 1997 年秋季推出以来,每年销量约为 75000 辆。这个市场也像预期的那样增长势头强劲。作为欧洲高端品牌,神行者依然是真正最具越野资质的车型。

神行者旅行车有两个最亲密的竞争对手,一个是 2001 年推出的 Jeep 的 Liberty/Cherokee,一个是 2003 年推出的宝马 X3。和 CB40 一样,Jeep 也是全时四轮驱动(4WD),配了一个合适的减速变速器,而且具备高超的越野能力。而宝马比年轻的路虎更偏向公路性能。在美国市场中,雪佛兰的探界者(Equinox)和福特的翼虎

座深较深的吊床式座椅,采用了 4 层很厚的马鞍皮革制成了座椅表面,座椅表面的边缘是未加工的本色状态。

## 第一汽车集团(PAG)的季度论坛

在 PAG,福特集团设计副总裁杰·梅斯(J Mays)每隔几周都会亲自去各个工作室视察,了解每个项目的进展,并给出他自己的想法,提供一些额外的信息资源。此外,PAG、福特和马自达旗下的各个设计总监每个季度都会举行"设计总监论坛"会,把他们的项目展示给梅斯看,也给他们其他人看。这个会议通常会在 PAG 伦敦总部或者其中一个工作室举行。这一举措同 20 世纪 70 年代英国利兰管控下的各品牌之间缺乏相互沟通的状况形成了鲜明的对比。

"杰会和所有的设计总监一起查看研究我们正在做的所有工作,"吉奥夫·尤派克斯解释道,"他会听取房间里的每个人的报告。当时的情况是比较严格、严峻的,但如果你做的工作是合理的,那你不用费事就能通过;如果你做的工作是不合理的话,那就得自求多福了!"

尤派克斯认为这是个非常有用的论坛。"那个时候有杰、伊恩、莫瑞·卡勒姆(Moray Callum)、盖瑞、皮特·霍布里(Peter Horbury)和马丁·史密斯(Martin Smith),我和世界上最优秀的几个设计师共坐一室之内,他们每个人都会展示自己的报告,表达自己的意见和想法。能让你尽情听取你所敬重之人的报告的地方,世界上没有几个。更重要的是,他们是真正肚子里有料的人,听了他们的报告和意见,会令你受益匪浅。"

伊恩·卡勒姆(Ian Callum)对此表示认同。"这个论坛充满了乐趣,大家也都非常友善,"他回忆道,"大家都相互尊重对方。这个论坛极大地促使了我们相互理解对方的难题,促使了我们理解我们所必须达到的高设计水准。"

卡勒姆承认,这个论坛对大家理解每个汽车品牌的价值有很大作用。"现在就只剩盖瑞和我自己了。我很想念这种与其他设计团队的互动。没有什么比另一个设计师告诉你那里不好会更令人慎重对待了,因为你确实需要聆听他们的意见。实际上,我很想念他们,很想念那些日子。"

尤派克斯认为盖顿设计团队在福特管控下的表现是挺不错的。"我认为福特是有一点小恶的,但福特对路虎很好。福特没有动我们,我们继续了我们的工作。我们做了我们认为是对的工作,而福特对我们所做的成果也是非常满意的。"

# 路虎　设计成就传奇

"改头换面"后的 L314 神行者在 2003 年 8 月推出，前脸上带着"老虎眼"。照片中的这款车是辆 3 门版的运动型越野车。

（Escape/Maverick）则是搭载类似的横置发动机的越野车，但它们是分时四驱（Part time 4WD）的。

在美国以外的很多市场中，亚洲品牌凭借在 21 世纪初推出的众多新车型，依然牢牢地把控着这些市场的主导地位。马自达的 Tribute、铃木的超级维特拉（Grand Vitara）、斯巴鲁的森林人（Forester）、日产的 X-Trail、现代的圣达菲（Santa Fe）和起亚的索兰托（Kia Sorrento）都已推出，而第三代本田 CR-V 和丰田 RAV4 也会在 2006 年推出。简而言之，尽管神行者在这 8 年的时间里取得了不错的成绩，但是如果它想在这个竞争激烈的新市场中保持竞争力的话，那么它就需要新技术、新材料和新设计来装备自己。

在东家宝马的管控下，下一代神行者原本很有可能会使用新式 X3 平台、纵置发动机和后轮驱动（Rear Wheel Drive，RWD）。现在，在福特的管控下，这一计划被进行了改动。由于钢制单体式车身曾是全新的，而且依然具有相对竞争力，所以 2001 年的初步计划是在当时的 CB40 上直接重新做一个车身外壳，并视需要提高发动机和其他性能。

但是，这个计划在 2002 年底被废弃了，进而改用新款福特 EUCD 平台。EUCD 是福特 Focus MKII、C-Max、沃尔沃 S40/50 和马自达 3 所用的紧凑型福特 C1 平台的升级加强版。EUCD 平台用在了中型车 CD345 福特的蒙迪欧（Mondeo）、福特 S-Max 和 Galaxy、沃尔沃 S60/V60 和 S80 轿车上。更确切地说，EUCD 平台奠定了即将推出的福特 Kuga 和沃尔沃 XC60 紧凑型 SUV 的基础，其他配置则包括横置发动机、6 速变速器和配有新式 Haldex 转矩传感系统的四驱系统（4WD）。

这个项目的代号为 L359。该款车继续沿用了 CB40 的横置发动机布局，但是采用了一个新的架构，因此很多隐藏的配件才能和福特以及 PAG 旗下品牌的汽车共享。

对路虎来说，这个名为 LR-MS 的改动后的 EUCD 钢制平台，可以在研发过程中节省大量成本。基本的地板结构、舱壁、电器元件、制动器和空调都能共享，这意味着大量的工程研发工作可以共同合作进行，花在配件测试和碰撞性能上的时间也会大大减少。各种费用可由福特旗下的各个品牌分摊承担，汽车系统像是制动系统和电路系统也只需要一个主供应商。此外，车身碰撞性能测试可以在特定区域进行，而不需要设计独特的解决方案，像是前后碰撞结构和安全气囊的分布。

理查德·伍利担任首席平台设计师，厄尔·比克尔斯（Earl Beckles）担任首席外观设计师，马丁·巴福瑞（Martin Buffery）担任首席内饰设计师。2006年，在 Interior Motives 杂志的访谈中，巴福瑞描述了指挥官式驾驶座椅的重要性："内饰的品质只是中等水平，但是它会给人一种轻快的感觉。我们注重的是冒险精神，如果你看不到冒险之地的话，那就冒不了险。"

设计团队承认，尽管 CB40 作为一款路虎是成功的，但是它缺乏高级感。新款搪塑一体成型的仪表板的安装成功解决了这个问题，新款仪表板的贴合性好，表皮质感好，触感也好。这个新设计在主体仪表板上融合了 L30 的水平元素，在中控台处采用了比较"强壮"的竖直元素，另外还采用了竖式通风口。

第二代神行者比第一代更成熟、更复杂。备用轮胎从后门转移到了行李舱地板下面，侧开尾门也改成了传统的尾门，去掉了电动升降车窗玻璃功能。轮距加大了约100毫米，使得第二代神行者的姿态更加引人注目，同样也扩大了舱内空间。曾有人认为，这款车需要吸引房车和 MPV（多用途车）的车主，而且其内饰应让这些主流客户感到熟悉和方便。

第二代神行者还需要吸引较小车型的客户群体："有些客户的生活方式不再需要像揽胜那么大的车了，但是他们又不想放弃路虎的优越感或揽胜的奢侈感。这款新的神行者就能给他们提供这个选择。"巴福瑞继续说道。车门入口在 CB40 的基础上进行了提高，侧窗内倾角减少了，车门开口稍微加大了，尽管其结构稍显僵硬，但依然符合最新的 NCAP 的侧面碰撞规定。"老款看起来很蠢且幽闭感强烈，新款配有更加直立的侧窗玻璃、更大的头部空间和更大的舱内空间。"他评价道。

舱内人体工程学遵循了最新款发现和揽胜运动版设定的模式，主要的车灯开关位于仪表板的末端，车窗开关位于车门腰线处。继续采用了导航屏幕、开关组、收音机和暖通空调（HVAC）控制装置在中控台上的逻辑排布，简化后的全地形反馈适应系统的控制装置则位于变速杆的前面。而且，这款车是路虎首次真正为有宠物狗的车主考虑要怎样容纳他们的宠物，因此设计了"Roly"这个数字模型拉布拉多犬来支持该款车的 CAD 车身设计。

L359 项目的设计过程与之前略有不同。2002年初，在该项目的早期阶段，客户诊断部在欧洲进行了调研，第一批提案是用 Alias 软件制作的 CAD 模型展示的。此次调研重点是各种各样的外观设计方向，从几何形状感强烈的设计方向到迷你揽胜设计方向都有。

根据这些反馈信息，公司在2002年6月制作出了9个40%的比例模型，其中3个是直接用聚苯乙烯铣出来的加速胶模型，另外6个是传统的黏土模型。后来，又制作了3个全尺寸黏土模型，用来代表三个设计方向：

- 高级运动版——设计者是厄尔·贝克尔斯。
- 高级多用途版——设计者是詹姆斯·沃特金斯（James Watkins）。
- 运动多用途版——设计者是肖恩·亨斯曲奇（Sean Henstridge）。

到8月份，公司选择了设计1，它代表了高级和运动之间的平衡。它的车身比例很好，而且还融合了发现3的平滑车身表面和揽胜运动版的热情奔放。

同年年底，公司决定把 EUCD 平台作为 L359 的基础，因此已批准过的模型就需要进行一些调整，直到2003年年底才做完最终设计。2003年4月，路虎研发了一款极具代表性的调研车型用于美国市场的调研——之前的老车型从未真正完全攻克美国市场。这个调研车型明显具有揽胜风格的格栅和前脸，后来前鼻处引入了更多的竖直元素。

2004年1月，最终设计被冻结，细节工程设计开始进行。"外观风格的基础是环环相扣的组件，这些组件汇聚在一起构成了这款车的标志性线条，"吉奥夫·尤派克斯说道，"形式语言取决于精密加工的材料体积。"该款车的设计思路是，既要表达出高品质的技术工程，又要能作为一个坚固的玩具供人享受玩乐。该车的设计灵感，来自于坚固厚实的套件，像是轴承座圈、高端钓鱼卷线器、自行车变速齿轮组件等。

2004年年底，第一批原型车完成。这批原型车完成后不久，福特就正式批准该项目进入生产。这些原型车采用

路虎　设计成就传奇

该款车的内饰设计，延续了最新款发现和揽胜运动版的设计风格，中控台非常显眼，上面安装了导航显示屏、收音机和 HVAC 控制装置。L359 在美国市场中是作为路虎 LR2 推出的。福特对 L359 的投资高达 6 亿英镑，其中包括哈利伍德（Halewood）生产工厂的设施设备升级。

最终的神行者 2，融合了发现 3 的理性设计，车尾带有揽胜运动版风格。PSA 研发的 157 马力 TD4 涡轮增压柴油机是其主要的发动机，而沃尔沃 230 马力 3.2 升横置直列 6 缸发动机则是其旗舰发动机。

卫士在洛德巷仍然采用传统的流程制造。

了 CB40 的车身，配备了新的驱动装置，相对来说能正常行驶。2005 年早期，100 辆确认原型车完成。生产这些原型车是为了利用福特和沃尔沃测试设施（设立 PAG 的好处之一）进行主要研发测试。

在 L359 项目下，3 门版的计划被废弃。这个看起来在不断增长的市场依然仅限于日本品牌，因此路虎决策者决定集中精力开发 5 门版市场。在 5 门版市场中，路虎的销量更可观，神行者也能更轻松地维护其市场份额。2006 年 7 月，神行者 2 在伦敦车展上推出。该款车一经推出就获得了成功，而且一直保持了 8 年的成功势头，直到 2014 年才停产。

### 卫士的更新升级

路虎生产进入第 60 个年头的时候，卫士车型仍继续每年生产约 25000 辆。尽管卫士车型从来就不是设计工作室的主要工作，但卫士车型会定期进行工程改进，尤其是在发动机排放法律法规方面，要定期改进来保持其畅销，因此仍需要进行一定的设计投入。在设计上，往往侧重于更新内饰、车身喷漆和装饰品。

2001 年 10 月，更新后的卫士采用了镀锌的钢制侧门和尾门，其品质和表面处理有所提高。早期路虎的车身面板误差为 ±6.5 毫米，而现在的误差更为合理，只

从外观上看，2007 年版发现车型可以从发动机舱盖上的隆起识别出来，此处的隆起是为了安装新款福特 2.4 升 Puma 发动机。显眼大胆的"LAND ROVER"字母代替了之前用的小巧的卫士徽标。为了容纳新的散热器，2007 年版发现的前进气格栅进一步向外凸出。进气格栅采用的是车身颜色。

2007 款卫士（代号为 L316）的新仪表板是一体成型做出来的，上方的圆形通风口来自于福特嘉年华车型。安迪·威尔说："用这块新仪表板，我们每辆车能节省 200 英镑。"这张照片中是卫士 2015 款 Heritage Edition（传承版）。

有 0.2 毫米。正因如此，卫士车型才能第一次安装电动车窗和中控门锁。为了能安装电动车窗的开关，仪表板的中央位置做了改动，仪表自发光效果也提高了。

与此同时，"XS"作为顶配车型推出，"County"总布置可适用于该系列的任何一个车型。XS 车型配备了发现车型的很多奢华功能，像是加热风窗玻璃、空调、ABS 和牵引力控制系统，还有座椅加热功能和半真皮座椅。

2006 年底，卫士又进行了一次大改，安装了福特全顺（Transit）的 2.4 升 TDCi 柴油发动机和 GFT MT 82 6 速变速器。因此，它需要一个新的散热器，这就意味着前进气格栅会进一步向外凸出，比前照灯还要凸出。新配的福特发动机引起了更多的改动，皮特·克劳利（Peter Crowley）这样回忆道："Puma 发动机的油底壳不能改动，因为改了就不是福特正式认可的成品发动机了，所以该车提高了发动机的位置来提供足够的车轴移动空间，这就需要一个新的发动机舱盖。变速器位置更高，这就要求配一个新的（车身）底板通道。这也意味着现有的空调装不上了，因为变速器抬高了，还有其他等。"

因此，这次改动也趁机安装了一个新通风系统来提高除雾和制热性能，所以还要安装一个新的全宽仪表板，

新的仪表板和通风系统需要拆除风窗玻璃下方的独特的通风百叶,这个独特的通风百叶自20世纪50年代开始就是路虎的一大特点。尽管去掉了通风百叶,但舱壁没有变,依然会顶着,所以通风百叶的轮廓依然存在。请注意,鼓起的发动机舱盖是为了容纳Puma发动机。(作者自己收集的照片)

而且这个仪表板上的通风口和驾驶人的脸处于同一高度。这次改动,趁机丢弃了一些能追溯到20世纪70年代的古老的内饰配件,但是转向管柱开关(来自于奥斯汀的Metro)和点火开关(来自于Morris Marina)依然保留了下来。

新仪表板的设计,使用了坚固的钢轨来支撑一整块大模塑外壳,以此来减轻吱吱声。安迪·威尔解释道:"在卫士车型的进化过程中,仪表板已然成为了附加物。我们能使其变得更好,使其更具成本效益、更轻质、更便于组装。"仪表来自发现3,其他细节像是全LED车灯,有助于确保该车在越野路面上的高可靠性。多功能储物架放在便于驾驶人和乘客都容易够到的地方,而且仪表板有两种可选:一种是实用的开放式设计,东西能随手够到;另一种是带盖设计,可提供14升的储物空间。

新的EU4标准,不仅要求降低汽车排放,而且要求减少汽车行驶噪声。根据艾伦·莫伯利的说法,为减少发动机噪声而做在前壁周边的密封件密封效果非常好,汽车喇叭的声音都几乎听不到了,因此就在侧面做了3个小通风口,还不得不加上转向信号灯!

其他的内饰改动则在座椅排布上。现在的欧盟法律法规禁止之前卫士旅行车版上的朝内座椅，因此这个 2007 年版的卫士用两个朝前座椅替代了 4 个朝内座椅。这使得卫士 90 变成了 4 座车（原来是 6 座或 7 座），使得卫士 110 变成了 7 座车（原来是 9 座）。

110 底盘上还做了一个新款车身——"多用途（Utility）"版。新款车身是 5 门版的，但最后排的座椅被拆掉了，后侧门板上没有做车窗，因此这款车就成了一款带有封闭式载物车厢的 5 座汽车。

## SVO 和特别版卫士

1999 年，索利哈尔的主生产线上总共生产过 14 种不同的卫士车身，从皮卡版、软顶版到双排座皮卡版和旅行车版都做过，这些车销往了 140 个国家。除此之外，路虎的特种车辆定制部（SVO）团队还提供了一系列产品，从标配的侧卸版和厢式版，到定制设计，以及改装成救护车、移动式液压平台和机场消防车——这些车都由路虎来提供质保。

另一方面，标准车型也可用于商业用途，像是紧急服务用车。配有 5 座版大容量皮卡（HCPU）车身的 130 车型也依然有售。

为了保持销量，路虎推出了越来越多的卫士限量版车型。1998 年，路虎推出了卫士 90 的 50 年纪念版——车身采用了亚特兰提斯金属蓝（Atlantis Blue）车漆。该车型搭配了一台 4.0 升 V8 汽油发动机和自动变速器，总共生产了 385 辆。其配置包括半个防滚架、不锈钢侧踏板和保险杠、探照灯、空调以及罗利（Raleigh）面料的座椅。每辆车的右后侧上有一个编号牌。

其他卫士 90 的特别版本，包括 2000 年的 Tomb Raider 版、2000 年 1 月推出的 X Tech 版（以硬顶版为基础）和夏威夷版（Hawaii）。2001 年推出了一款只在法国销售的软顶版 90 车型——车身是蒙特卡洛蓝色（Monte Carlo Blue）。1999 年 8 月推出的卫士 90 继承版（Heritage Edition）是对早期 Series 1 的回顾。它的车身喷了大西洋绿色（Atlantic Green）车漆，配了和车身一个颜色的合金轮毂，内饰采用了真皮和一些特殊的装饰配件，前脸则采用了金属网状格栅。

卫士 110 的特别版本，包括 2000 年的继承者版（Heritage Edition）（150 辆旅行车——铜绿色的车身、特别造型的格栅、真皮内饰和其他细节）和 110 黑色版（Black）（2002 年 7 月推出的 150 辆双排座皮卡——乌黑发亮的车身，车身面板上有花纹，真皮内饰、侧踏板和整体防滚架）。黑色版还有一个 90 款的——2002 年 6 月为英国市场生产了 100 辆。其他特别版本包括 2003 年推出的 G4 挑战者（Challenge）——车身是橙色的。

2001 年秋季，卫士又推出了一款更大的车型。路虎南非公司需要一款大容量旅行车来满足野生动物园旅游公司的需求，他们和索利哈尔的 SVO 合作研发，在卫士 110 的基础上把底盘扩展了 37 英寸。这款卫士 147 车型只有 6 门旅行车版，且该车的小批量生产仅限于南非。在索利哈尔，SVO 还制造了 16 个 147 英寸底盘，用于工厂旅游巴士。

最后，2008 年还生产了一款新的 SVX 车型，作为 60 周年庆典活动的一部分。该款车采用了"米老鼠"样式的银色格栅和前照灯组合，这个设计原本是为 L316 的改进升级而设计的，但是由于成本方面的原因而被放弃。该车车身为黑色，有软顶版和旅行车版，总共生产了 1800 辆。

雄伟壮观的卫士 147 车型。这款车可乘坐 13 人，也可减少座位数量，以增加豪华程度。

2008 款 SVX 车型只限量生产了 300 辆，车身是黑色的，座椅是 Recaro 的。

# 第7章 盖瑞·麦戈文（Gerry McGovern）接管时期 2007—2010

发现3、揽胜运动版（Sport）和神行者2都成功推出了。作为"福特帝国"的一部分，路虎工作室的设计师原本期望能在接下来的5年里迎来一段巩固期和平和期，但实际并未如他们所愿。

2006年9月，艾伦·穆拉利（Alan Mulally）成为福特总裁兼CEO，他提出的"一个福特（One Ford）"战略促使公司采取了全球产品的方法。作为该策略的一部分，福特决定放弃构成第一汽车集团（Premier Automotive Group）的奢侈品牌。首先，福特在2007年把阿斯顿·马丁的85%的股份卖给了由大卫·理查兹（David Richards）领导的投资财团。阿斯顿·马丁刚在盖顿北部建立了一个新工厂和总部大楼，所以阿斯顿·马丁当时正在经历剧变，相关的设施设备需要正式分离出来。

此时，盖瑞·麦戈文已经回到伦敦，管理着福特Ingeni"都市智囊库"工作室。该工作室被关闭后，麦戈文于2004年4月重新加入了路虎，出任高级设计总监。但是，他仍保留了切尔西（Chelsea）的房子，每天开着车行驶在M40高速公路上，往返于伦敦和盖顿。2006年8月，公司宣布麦戈文将于2007年1月替代吉奥夫·尤派克斯（Geoff Upex），负责所有的设计工作。

尤派克斯解释了他那时离开的原因："这个工作我做了11年，我见证了路虎系列车型的重生。因此，对我而言，是时候离开了。"神行者2刚推出时大受好评，大家都认为这款车会走向成功，但"地平线上的乌云却滚滚而来"。

## 福特把路虎卖给了塔塔

从2007年中开始，福特就明确表示要出售JLR，使得整个JLR公司的前景堪忧，对盖顿的设计师和工程师来说尤为如此。接下来的几个月是一段充满不确定性和犹豫不决的时间，因为项目都暂停了，要等待公司的决定。

福特在2008年日内瓦车展上宣布印度塔塔集团是捷豹和路虎品牌的首选竞标者。塔塔集团是一个发展迅速的跨国公司，财力雄厚，而且具有成为汽车行业主要竞争者之一的雄心壮志。2007年，塔塔集团董事长兼总裁拉维·康特（Ravi Kant）斥资67亿英镑收购了英荷钢铁公司Corus。Corus是汽车行业的主要供应商之一，所以塔塔集团要拓展他们在英国的投资组合也是有道理的，况且塔塔集团在英国已经拥有了包括Tetley Tea和伦敦Courtyard 51酒店等18家公司。此次收购进行得非常迅速，从2008年3月27日宣布以11.5亿英镑收购JLR后，6月份收购就完成了。

当被问到印度对捷豹和路虎的所有权一事时，拉坦·塔塔（Ratan Tata）的回答令人感到心安："我们非常清楚这两个品牌是属于英国的，而且它们会继续属

## 盖瑞·麦戈文

1956年，杰拉德·麦戈文（Gerard McGovern，又叫盖瑞·麦戈文）出生于考文垂，他的父母是爱尔兰人。盖瑞是家里最小的男孩，他的哥哥们都至少大他10岁。盖瑞在十几岁的时候经常跟随着哥哥们去伦敦，那时他的哥哥们已经住在伦敦了，他们正经历着"摇摆的60年代（Swinging Sixties）"。就这样，盖瑞爱上了20世纪60年代的文化，而他对这种文化的热爱一直持续了下来。盖瑞上的是宾利公园（Binley Park）中学，在那里遇到了一位颇有影响力的艺术老师史蒂夫·卓别林（Steve Chaplin），在卓别林的影响下，他对汽车设计产生了浓厚的兴趣。

"卓别林先生在克莱斯勒有个亲戚，我在6年级时，他帮我争取到了雷克斯·弗莱明（Rex Fleming）的面试。我把我所有的艺术作品都带上了。雷克斯病了，他的老板罗伊·阿克斯见的我。我向阿克斯展示了我的作品，他建议我回去多画汽车素描。我就回去了，后来他向我解释说他这些年来一直为培训汽车设计师而努力。他的想法是培训有一定学校培训基础的内部设计师，培训热爱汽车且有艺术天赋的年轻设计师。我就是他做试验用的一只小豚鼠。"

这次会面是麦戈文的人生转折点，在以后的日子里，阿克斯依然对麦戈文有很重要的影响。"罗伊是一个重要人物，他是落实专业设计系统的创始人之一，他规定了设计所需的技能种类、规范和设计方式，他还把设计是怎样不享有任何权利以及设计是怎样从属于业务而为业务服务的写成了文章。他去了美国，带回了新的想法，他为提高设计的重要性和地位做了很多努力，我想我们这些人也是在他的基础上推动提高了设计的重要性。老实说，是阿克斯打下了坚实的基础。"

后来，麦戈文开始在兰彻斯特理工学院（Lanchester Polytechnic）——现在是考文垂大学（Coventry University）上学。他认为是他在工作室接受到的设计师培训成就了他，而不是在学校的学习成就了他，对此他非常坦然。在克莱斯勒的资助下，19岁的麦戈文继续在伦敦皇家艺术学院（RCA）深造。毕业后，麦戈文在1978年前往底特律的克莱斯勒工作，1980年回到了英国。

1982年，惠特利工作室关闭，随后麦戈文就被阿克斯抢到了坎莉工作。麦戈文在坎莉主导了MG EX-E概念车和随后的MG F车型的设计。再后来，麦戈文负责了CB40神行者项目，随后在1995年被任命为路虎设计总监。

4年后，福特聘请麦戈文来领导林肯-水星的设计并为其注入新活力。他在加利福尼亚州的Irvine设立了一个新的设计工作室，而且他还是第二个成为林肯-水星董事会成员的设计师。2003年，麦戈文又回到了伦敦，在伦敦的福特设计和创意工作室出任Ingeni的创意总监。2004年4月，麦戈文作为高级设计总监重新加入了路虎；2007年1月，麦戈文取代吉奥夫·尤派克斯成了设计总监；2008年，他成了路虎管理委员会的成员之一；2009年，他成了捷豹路虎执行委员会的成员之一。

作为第一个成为路虎董事会成员之一的设计师，麦戈文一直致力于提高设计对品牌的重要性。因为长久以来，设计在营销时凸出的是它的功能性，而不是它看起来如何。"极光（Evoque）车型成了改变的催化剂，"他在2011年说道，"它代表了设计不是工程和生产的产物这一理念的实现。设计必须是品牌的核心，必须给予高度重视。我认为设计必须要创造出一种情感联系。"

2016年4月，麦戈文获得了考文垂大学的荣誉博士学位。

盖瑞·麦戈文

于英国。谁拥有这两个品牌并不像品牌本身、企业和人这样物质性较强。"他在新闻发布会上总结说道。尽管2008年晚期会发生金融危机，但塔塔收购JLR的时间却是比较幸运的。事实上，当时JLR的多个新车型都到了研发的最后阶段并准备好推出了——像是路虎的极光（Evoque）、捷豹的XF和XJ，这意味着塔塔能很快就收到投资回报。

由于福特实施了"一个福特"战略，所以福特仍在持续出售资产。JLR被卖掉之后，沃尔沃汽车在2010年被卖给了吉利（Geely）。当时水星（Mercury）品牌也停产了，福特所持有的33%马自达股份也在2008—2010年期间陆续卖掉了。在过去的20年中，福特花了170亿美元

# 第 7 章 盖瑞·麦戈文（Gerry McGovern）接管时期

杰兹·沃特曼设计的初步 LRX 草图。

打造 PAG，但是现在福特管理层是这么多年来第一次要完全专注于福特的核心产品，把福特和林肯这两个品牌推向全球所有市场。

理查德·伍利（Richard Wooley）在 2005—2008 年在美国做福特的项目，在福特对外出售资产的这段动荡期间，他回到了盖顿。"在福特，你是大家庭中的一员，有很多后援，"他说道，"被卖给塔塔后，我们感到有些惊慌。我们又要和一群同事说拜拜了，正如之前我们离开宝马和本田时那样。福特不得不采取行动，快速剥离这些非核心业务。这一切都发生得太快了，有点像坐过山车的感觉！"

## 一款新的小型路虎——LRX

路虎想设计一款以生活方式为导向的紧凑型路虎的想法已经有好几年了，但这个想法一直停留在绘图板上，盖

杰兹·沃特曼

瑞·麦戈文接手设计部后给这一想法带来了新动力。设计团队已经在市场中找到了一处"空白之地"。大家觉得一款小巧轻便、优质高端的双门车型是会有市场的，而且这款车会让路虎更具高端品位。奥迪已经在 2001 年展示了 Steppenwolf 概念车，但是在接下来的几年中却没有人再采用这种小型双门 SUV 的设计概念。

## 路虎　设计成就传奇

LRX 项目是在 2006 年开始的，是路虎的第二款正规概念车。照片中黏土模型后面的是朱利安·汤姆森。

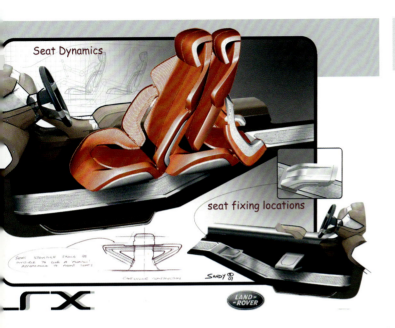
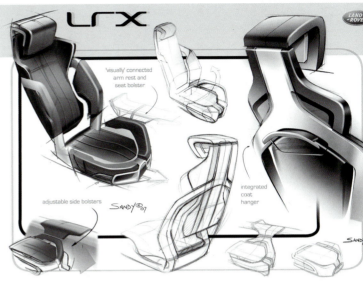

2007 年，桑迪·博伊斯画的 LRX 内饰草图，草图上展示了新功能。铝制座椅的框架能安装固定两辆山地自行车的前叉。拆下来的山地自行车前轮可以存放在车厢地板上的专用插槽中，里面还内嵌了一个车载冰箱。

这个新设计概念的第一批草图是在 2006 年春季完成的，在接下来的 12 个月里，这些设计概念被研发成了一系列车型。为了让 JLR 的设计想法相互交流，路虎让捷豹的朱利安·汤姆森（Julian Thomson）担任该设计项目的负责人，杰兹·沃特曼（Jez Waterman）负责外观设计，桑迪·博伊斯（Sandy Boyes）和马克·巴特勒（Mark Butler）负责内饰设计，乔安娜·肯特利（Joanna Keatley）负责色彩和装饰设计。

一开始做了 16 个车型，但后来缩减到最后 3 个。"其中一个概念设计非常复杂，看起来很高端，但是觉得有点太'现代化'了，"麦戈文在 *Interior Motives* 杂志中说道，"杰兹·沃特曼的另一个设计看起来很年轻，富有活力，非常引人注目，但是看起来不够像路虎。还有一个设计是充满了功能性的，尽管我个人非常喜欢它，但它并未引起众人的共鸣，因为它的功能性太明显了。"

因此，这些最好的特色都整合在了 2007 年优化改进后的第二阶段设计中。2007 年夏季，路虎决定将展出这款车，这款车现在被称为 LRX。因此，他们开始制造一辆可行驶的原型车——是在考文垂的国际概念集团（Concept Group International）做的。

LRX 的造型非常引人注目。陡峭的腰线结合下沉式车顶线条和肌肉感十足的轮拱，使得该车看起来强劲有力，能立刻吸引众人的目光。前脸引入了新的设计风格，宽大的"脸颊"一直拉伸到车门处，其中凸起的轮拱大胆且醒

马克·巴特勒设计的最终内饰渲染图。其设计目标是轻质、高效的内饰。

第 7 章　盖瑞·麦戈文（Gerry McGovern）接管时期

乔安娜·肯特利用柔和的棕褐色和黑巧克力色真皮，打造了一种令人惊艳的内饰氛围，这些内饰颜色同珍珠白的车身和抛光铝饰配件形成了互补。请注意内嵌 LED 灯的 Lama 地毯。

目。再向上看，前脸所用的材料巧妙地从格栅材质过渡到黑框前照灯，再到 LED 日间行车灯，再到翼子板通风口，最后是插入车门的一个铝饰条。

LRX 的内饰设计开始于 2007 年，进一步研发了 Range Stormer 上所采用的设计想法。马克·巴特勒对这个内饰概念作了解释："整个仪表板上有多处结构暴露之处。每辆车上都有一根用塑料层层包裹的镁合金横梁，而我们设计师要披荆斩棘才能把真正的金属用在内饰上。我们的设计思路，是将构件直接提到表面上，只在需要的地方做局部软包。我们想把怎样制造一款轻质、高效的内饰展示出来。"

内饰中还设计了一个新特色，手机可以插入中控台作为主控界面。"用户不必随身携带体积较大的车载娱乐设备，用户对这个手机操控界面已经熟悉了，因此非常方便用户使用。手机插上后，屏幕上会出现开始按钮，你按下后手机上的界面就会出现在方向盘后的屏幕上。"巴特勒说道。

盖顿工作室在研发车载屏幕的图形界面上还是新手，所以聘请了伦敦 Imagination 咨询公司加入共同研发。屏幕上的很多页界面是可以关闭的，可以制定个性化的显示界面，转动全地形反馈适应系统旋钮可以改变室内环境灯的颜色，以此来表示所选的驾驶模式：绿光代表 ECO 模式，蓝光代表正常模式，红光代表运动模式。后来，Mini 也采用了这种设计。

路虎　设计成就传奇

为了复制 Range Stormer 在美国推出时的成功，LRX 于 2008 年 1 月在底特律车展上推出。侧窗玻璃和巨大的全景车顶，采用的是 Lexan 聚碳酸酯玻璃。请注意轮眉上的拱顶，这个细节后来被重复采用过多次。

LRX 还展示了一些灵活的功能性设计。后排两个座椅之间的中央扶手储物盒里面可以放一个冰酒机，还能拆下来插到尾板上。桑迪·博伊斯设计的后排座椅能向前滑动嵌入前排座椅，铝制座椅框架还能固定住两辆山地自行车的前叉。拆下来的自行车前轮可以存放在行李舱地板上的专用插槽中。博伊斯的设计还可以把 Harmon Kardon 后置扬声器拔出来，面朝后放在下拉式尾板上，用于即兴派对，还可以完全拆下来，用于离汽车较远的派对。

乔安娜·肯特利采用了荷兰设计公司 Lama Concept 出品的"细胞地毯（cell carpet）"，上面的羊毛毡条上还内嵌了 LED 灯，这种地毯在室内设计中应用过，但在这之前从未在汽车内饰中应用过。

2008 年 1 月，LRX 展出，此时福特已经在向潜在竞标

第 7 章　盖瑞·麦戈文（Gerry McGovern）接管时期

底特律车展上的 LRX 设计团队。（从左到右分别是）桑迪·博伊斯、乔安娜·肯特利、盖瑞·麦戈文、朱利安·汤姆森、杰兹·沃特曼和马克·巴特勒。（*Car Design News* 提供的照片）

者推销路虎了，所以这辆作为展示路虎品牌的设计能力和潜力的展示车就具有了全新的非凡意义。

为了吸引投资者并表明路虎非常重视可持续性，LRX 被称为是一款柴油混合动力 4x4 概念车。路虎宣称 LRX 的二氧化碳目标排放量为 120 克/千米，以此表明 LRX 能帮助路虎免受 CAFÉ 的巨额罚金，而投资者也会注意到这一点。

这个标志是用来展示 LRX 引人注目的轮廓外形的速记符号。LRX 比神行者短了 150 毫米，不仅如此，还矮了 205 毫米。

## 数字设计的增长

数字设计方法,已经逐步取代传统纸本图纸和物理模型作为研发汽车设计的主要方法。奥利弗·勒·格莱斯(Oliver le Grice)、詹姆斯·沃特金斯(James Watkins)和厄尔·贝克斯(Earl Beckles)是第一批在20世纪90年代中期采用数字设计方法的罗孚设计师,他们最初用的是Adobe Photoshop,后来又用了3D建模软件,像是Autodesk Alias。

"在盖顿,我完全沉浸在用Alias进行数字设计的过程之中,它的速度之快能让我脑中所想立刻变成3D模型,"勒·格莱斯说道,"建一个模型大概需要2周时间,然后就是对其进行渲染。当时只有四五位设计师掌握了这门技术,而我就是其中一个。这是一种很棒的工作方法,但对我们经理来说,这种方法可能有点困难,或许他们难以理解这种方法,因为他们从来都不知道最新的技术。"

他们小组开创了几种根据数据来铣模型的方法,这些方法自此成为标准程序。第一次铣黏土模型是在坎莉做的,但是他们发现铣黏土模型时会把黏土溅的到处都是,现场非常脏。在专用车间铣聚苯乙烯泡沫塑料模型则更容易,有时他们还会在模型上面贴一层薄薄的PU表皮作为最终表面。

"几年后,我们在盖顿建立了一个大型可视化大厅。我们的想法是设计师用个人计算机来工作,直接在大屏幕上能看到全尺寸图像。我想我当时是最早研发应用这些技术的人之一。我们研发出了'通向未来的快速通道'——一种完全数字化的工作流程。这是早期时候,那时人们还没有认可数字设计是可行的,但我们认为它会是可行的。这种数字设计非常有趣,它不仅仅是绘制高级设计的手段,而且是设计所用的先进技术。"

几年后,JLR在2008年7月投资200万英镑在GDEC建立了一个新"虚拟现实中心",采用了先进的视听技术,利用高分辨率投影仪的投影能力,极大地加快了产品研发周期。

工程师和设计师在新虚拟现实中心,可以看到并使用真实尺寸的汽车及其配件的三维模型,减少了他们对物理模型的需求。8台索尼SRX-S105超高分辨率投影仪所提供的视觉品质超过了虚拟现实行业中Powerwalls和CAVES的视觉品质。用户戴着3D眼镜来体验虚拟汽车外观和内饰的"终极真实感",而且虚拟现实还能使车身变成固态或者透明状,所有这些虚拟现实的分辨率都很高,近乎照片般逼真。

"虚拟现实技术也被用来进行动画制作。我们一开始只有两个人做动画,而现在我们有15~20人的团队,能做出和电影品质一样的动画片。我现在无法想象没有虚拟现实的设计工作,这些技术都已经成了标准的设计方法。"

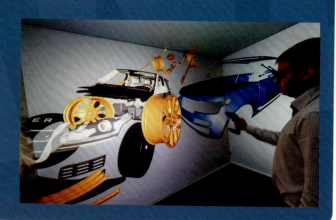

## 从LRX到Evoque

LRX概念车受到了媒体的热烈追捧,公众也立刻喜欢上了这款车,想要路虎量产这款车。塔塔签署收购协议后,拉坦·塔塔马上就想量产LRX,既要量产Coupe(双门版)也要量产5门版。

安迪·威尔(Andy Wheel)和戴夫·沙丁顿(Dave Daddington)是负责将概念设计转化成量产设计的团队成员。威尔确认当时公司内部还有不少质疑之声。"那时有很多反对者,"他说道,"我记得有一位高管曾说,如果这是个好主意的话,那么其他人肯定已经做过了。预计销量很可怜。我们在研发这款车时刚好碰到金融危机来袭。这款车并不一定能成功,并不一定能赚钱,它上面一直悬着达摩克利斯之剑(sword of Damocles)。但是,我们对这款车非常有信心,所以我们想使其在财务角度上能行得通,我们想给它增加更多的共性,用真正商业的手段来保护这个设计。"

其中一个例子就是车顶面板,5门版的比较高,我们把双门版的车顶面板进行旋转,为5门版提供更多的头部空间。尽管,这意味着侧窗内倾角将会稍有不同,但却大

盖顿工作室里的极光黏土模型。路虎应用了大量技术和技巧,才把 LRX 设计"坐落"在 D8 平台上。

量节省了在设计时间和工程研发上的成本。

麦戈文下定决心不会让量产版本妥协让步。"我记得有一次我们最初讨论这款车的时候,他们工程师说'我们要给它安装小一些的车轮。我们需要增加轮胎上方的间隙来获取合理的车轮(上下移动)行程。底盘要做高一些。我们要把发动机舱盖至少提高 90 毫米来进行碰撞测试'。我说:'抱歉,如果我们不把这款车做得像概念车一样的话,那我们就不做这款车了。'"

在底层架构方面,路虎决定继续研发用于神行者 2 的 LR-MS 钢制平台。LRX 的量产车型代号为 L538,量产车和概念车的轴距和前舱壁结构是一样的,但是车身以下的 70% 都是不同的。量产车的轮距向外扩了 20 毫米,这样才接近概念车的"姿态",后车身底座也进行了重新设计来实现低矮的后座位置,这样车顶线条才能急剧下降。同样重要的是,量产车安装了一个新的前副车架来安装电动助力转向系统,悬架组件还大量使用了铝材质来减轻车重,用以提高该车的经济性且减少二氧化碳的排放。

量产车所用的柴油发动机和神行者用的是一样的,但是新增了一个汽油发动机——2.0 升 237 马力(240ps)福特涡轮增压 Ecoboost 发动机的衍生版。量产车的大多数版本都是四驱(4WD)的,但是也有前驱(FWD)版本。FWD 版本搭载的是基本的 TD4 柴油发动机。

为了确保量产车忠于 LRX,麦戈文坚持把模型一直放在工作室,安迪·威尔说这一点造就了很大不同。"那才是真正重要的一点,"威尔说道,"大多数看过 LRX 的人都是在杂志上看过它的照片,一小部分人或许在车展上看过它。他们对这款车的印象基础是稍纵即逝的图像。而在工作室里,我们把 LRX 直接放在模型旁边。我们自己就是我们最严厉的批评者,我们对这款车有着别人没有的观点和理解。但正因如此,我们才付出了加倍的努力。"

"我们不得不提供一大堆新特质,"威尔继续说道,"你不会去设计一款满足行人安全标准的展示车,因为你没有时间这么做。关键的地方是车顶线条到侧窗(DLO)、到肩线和腰线之间的关系。要把这些都做成正确的比例,意味着一切都要改动——涟漪效应。比较麻烦的问题是它在宽度上减少了,但发动机舱盖的高度却需要增高来满足 NCAP 对行人碰撞的安全要求。这是不对的——它变得更窄更高了!所以,我们不得不严格把控一切来确保实现最佳的比例平衡,这样人们对行驶在公路上的量产车才会说'哇,和展示车一模一样,但这是我能购买的。'"

路虎　设计成就传奇

LRX（上图）对比极光（左图）。极光采用了经过大幅改动后的 EUCD 平台——LR-MS/JLR D8。展示车概念忠实地转化到量产车上，这是极光能取得成功的重要原因之一。

极光的内饰对比 LRX 的内饰。安迪·威尔说："极光绝对是具有变革意义的，能参与它的设计，这令我感到非常棒！"

作为证明，威尔讲了一个趣事："我记得我带着一些 VIP 客户去看极光（Evoque）。主模型是用布盖住了。我把布掀开后，他们说'不，安迪，我们要看的是量产版'。我说这就是量产版。他说：'不，这是展示车。'我说：'不是的，你看这个是带门把手的。'在我看来，这就是对我们工作的认可。"

2010 年 7 月，路虎在伦敦肯辛顿宫举行的一场名人典礼上展出了这款命名为极光的量产车，稍后又在巴黎车展上正式推出了这款车。该车隶属于揽胜（而非路虎）旗下，推出的时候恰逢原版揽胜 40 周年。

盖瑞·麦戈文在 *Interior Motives* 杂志的访谈中说道："这款车吸引了以前从未考虑过购买路虎的客户。该车能吸引更多女性买家，因为这款车更加紧凑，总布置更加舒适，而且排放量更低，所以她们可能会觉得驾驶这款车是对社会负责的表现。"作为向女性买家倾斜的表现，路虎找了一位名人代言人来配合肯辛顿宫的活动。维多利亚·贝克汉姆（Victoria Beckham）是前辣妹组合成员之一和时尚设计师，路虎请她为这款车背书，授予她创意设计执行官的职位，给人造成一种她曾亲身参与了该车设计的印象。

当然，事实并非如此，当时此事还被媒体嘲讽过一番。"没有人会相信维多利亚·贝克汉姆会手执 Copic 笔进行设计，但很显然，她每年会在工作室中工作 20 天时间，帮助设计团队理解客户想要什么样的新款路虎，或许还会做一系列注重内饰的特殊项目。"*Car Design News* 报道中写道。尽管如此，200 辆"维多利亚·贝克汉姆"版极光于 2012 年在北京推出，该车车身喷缎面哑光漆，配有真正的玫瑰金装饰物，还配了马海毛地毯。该车零售价为 80000 英镑。

2010 年，路虎总经理菲尔·波帕姆（Phil Popham）在极光发布会上说："一直以来，路虎都有创造新的细分市场的记录，至少也会引导客户指向新的市场方向。回想一下原版揽胜、神行者和揽胜运动版的成功，我们相信极光也会如此，对此我们非常乐观。"结果确实如此。极光每年稳定销量为 120000 辆，这是最初计划的两倍。

事实证明，极光打破了设计工作室的游戏规则。"极光一经推出就获得了巨大成功，"威

2016 年春季上市的极光敞篷版，是根据 2012 年的概念车研发而成的。

尔说道,"它改变了大家对设计的看法,它让设计在路虎获得了尊重。我不仅看到商业上的转变,更看到了全公司对交付这款车的热情。人们都说,我不需要这样一款车,但是我想要它!"

### 品牌整顿

盖瑞·麦戈文上任后就一直热衷于给他的高级团队引进新人才,他引进的人才之一就是菲尔·西蒙斯(Phil Simmons)。西蒙斯是麦戈文在林肯的时候的忠实"信徒",他在 2007 年 8 月从福特离职,重新加入了路虎工作室,出任揽胜的首席设计师。

"我重新加入工作室的时候,公司内部正在讨论是否应把揽胜(RANGE ROVER)作为一个独立品牌从路虎整个分离出来,因为发动机舱盖上标的是发现(DISCOVERY)和神行者(FREELANDER)。但是,揽胜的格栅上总是会做上一块椭圆形的路虎(LAND ROVER)车标。当时,整个设计部分成了不同的团队,分别负责路虎和揽胜项目。出于对揽胜设计专一负责的角度,我认为应该允许揽胜从路虎独立出来,但是从更广泛的商业角度看,还有很多观点要考虑。"

和西蒙斯一样,有些人认为路虎应该沿着 L319 发现和神行者 2 的方向,走向坚固实用、合理设计之路,应该

发现 4 就是通过推进"美容"来增加炫目元素进而提高销量的例子,这是一个行之有效的策略。"美容"后的 2014 年款发现,发动机舱盖上突出显示的字样是"发现(DISCOVERY)",而不是路虎。

如果斯宾·金(Spen King)被视为"揽胜之父",那么菲尔·西蒙斯就是今天的"揽胜先生"。西蒙斯自 P38A 以来参与了揽胜每一个车型的设计工作。

# 路虎　设计成就传奇

2010年,拉尔夫·斯佩斯(Ralf Speth)博士被任命为JLR的CEO,来稳定公司未来并应对销售疲软之势。

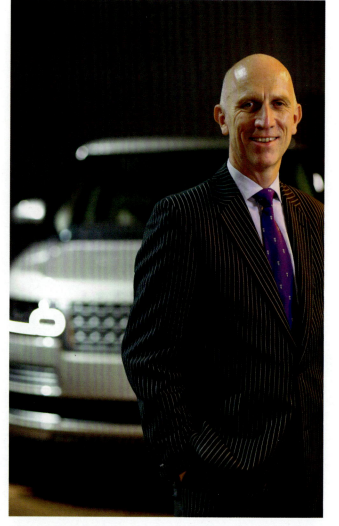

约翰·爱德华兹是路虎在2010—2014年的全球品牌总监。他是前路虎英国总经理,他为路虎品牌的辩论带来了清晰思路。

允许揽胜追求更高端的设计语言。其他人,包括麦戈文在内,觉得功能性设计理念太局限了,越来越多的证据表明这种设计不但疏远了客户而且阻碍了销售。在麦戈文看来,这两个品牌都应该变得更高端,把极光作为模板,追求更复杂的设计。

尽管,路虎决定在哈利伍德工厂生产LRX,但洛德巷工厂的境况并不乐观。在2009年9月大萧条的顶峰时期,JLR宣布将会关闭洛德巷工厂或者布朗维奇堡(Castle Bromwich)工厂,因为这两个工厂的产能都只达到一半。

索利哈尔工厂一直被视为JLR最薄弱的环节,这个308英亩的工厂四周都被住房包围了,几乎没有扩展空间。

麦戈文通过大力推进加速各个车型的"美容"来提高销量——在汽车前部增加更多闪亮炫目的元素,提高内饰的感知品质,因为内饰在材料品质和展示吸引力上被视为落后于竞争对手。因此,发现进行了改进升级——被称为发现4,还有揽胜运动版也进行了"美容"——被称为L420,这两个车型都是2010年款。

"这只是我们正在经历的文化变革的一部分,"麦戈文

LRX 和"Huey",第一辆从洛德巷工厂组装生产线下来的路虎。具有讽刺意味的是,2009 年拍摄这张照片的时候,洛德巷工厂正面临着关闭威胁。

于 2010 年在极光推出时对 Autocar 杂志这样说道,"我们需要设计并生产人们想要的汽车,而不是让人们购买我们能够生产的汽车。"

凭借几款"美容"后的 2010 年版车型,路虎销量飙升,工厂也没有了被迫关闭的威胁。麦戈文的成就离不开他新老板的帮助。2010 年 2 月,拉尔夫·斯佩斯博士被任命为 JLR 的 CEO。斯佩斯和沃尔夫冈·赖茨勒(Wolfgang Reitzle)博士的关系很好,斯佩斯之前就和路虎打过交道,最初是在宝马旗下同路虎打交道,后来又在福特尚未解散 PAG 之前在 PAG 旗下同路虎打交道。他还在林德(Linde)工作了几年时间,所以斯佩斯是这个新角色的天作之选。他对路虎有着长达 15 年的深入了解,他是塔塔管理层的强大盟友,他能确保扭转 JLR 销售下滑的局面。塔塔的另一个盟友是约翰·爱德华兹,他于 2010 年 12 月升任为路虎全球品牌总监。

西蒙斯认为爱德华兹也为路虎品牌的辩论带来了清晰思路。"约翰做的第一件事就是停止此事的进一步讨论。他说,路虎是主品牌,路虎包括揽胜和路虎子品牌。因此,现在的车会把子品牌明确标示在发动机舱盖上:揽胜、发现或者卫士等,但会一直用路虎椭圆形车标标示主品牌。在每个子品牌下还会有其他车型名称,像是揽胜有极光、运动版和星脉。现在,再看这三个产品系列就非常清楚明了了。发动机舱盖上的名称以及路虎主品牌是对其性能和越野能力的承诺。约翰真正为此事带来了清晰的思路。"

"现在这个讨论已经结束了,我们更加清楚地理解了子品牌和主品牌的关系,主品牌是罩在子品牌上的光环,"他继续说道,"路虎有着极为丰盛的遗产,能追溯到 1948 年的 Huey 车型。这款车清晰地表明形式要服从功能的理念,其越野能力也非常出色。它看起来就是作为一辆汽车所应有的自然形态。我们非常幸运能拥有这个无价的遗产。我对这个品牌之争的最终决定非常满意,这个话题也不会再继续讨论了。"

极光 Coupe 版和 5 门版在销售上的成功扭转了公司的财务困境。极光敞篷版最初是在 2012 年作为概念车展出的,敞篷版的推出进一步提高了销量。西蒙斯负责量产车设计。"极光敞篷版能做到两全其美:车顶闭合时有着 Coupe 版干净利落、精准醒目的线条轮廓,也有车顶打开状态下驾驶的兴奋感。"他在推出敞篷版时对其评论道。

# 第 8 章 设计活动的迅速扩张

## 1978—1989

2010年，汽车销量开始回升后，JLR就继续推进扩大产品组合的计划。拉旦·塔塔（Ratan Tata）和拉维·康特（Ravi Kant）坚守了他们的承诺——尽管2009年全球经济放缓导致公司销售业绩下滑，其他汽车制造商近乎倒闭，但塔塔集团依然继续增加对JLR的投资。尤其是路虎，其奢华SUV在全球的销量增长强劲，塔塔认为，路虎应充分利用其品牌形象。自2005年推出以来，揽胜运动版就获得了巨大成功，要保持其创造的销售势头就要不断地及时更新换代，而且要在其计划的8年寿命期限内迎来一个最终的继任者。

随着拉尔夫·斯佩斯（Ralf Speth）博士接管JLR和约翰·爱德华兹（John Edwards）接管路虎，极大地促进了产品扩张。在设计方面，每个项目参与的设计师数量以及他们的角色开始改变。通常，年轻的设计师会负责创意更先进的概念和初步想法这种需要新鲜观点的工作，而更有经验的设计师有时会缺少这种新鲜观点，他们更注重研发已被证实有效的解决方案。

设计的层次性意味着当设计师升职后，他们的角色就转变成经理或者首席设计师，用来绘图或设计的时间会相对减少，而管理团队和项目的时间会增加。但是现在，想要专注于设计并注重他们自身艺术才华的经验丰富的设计师被称为"创意设计专家"，他们能依靠他们的核心技术继续攀爬他们的职业阶梯，就像一般医生和牙医一样。

与此同时，路虎鼓励精于"提炼和打磨"设计想法的设计师成长为"实现设计师"，他们负责根据各种各样的法律法规和生产限制推动概念设计进入生产研发过程。最终，随着车辆和项目变的更加复杂，还需要新一代高度精通设计的经理人来确保设计目标不会随着车辆进入成产而丢失。外观设计团队和内饰设计团队，则被组织成了"创意设计"和"实现设计"团队，每个团队都有独立的设计总监。

### 6个月内完成2款新揽胜车型

事实证明，L322揽胜的推出是路虎财务状况的转折点。尽管全球经济衰退，但L322揽胜的销量依然保持在每年35000辆，而且这款车使得揽胜重新获得了高端市场中的顶级奢华4x4的地位。L322揽胜让设计团队对揽胜的身份定位有了新的信心，它建立了一种英国独有的设计语言，一种能使揽胜区别于竞争对手的明确但低调的设计语言。公司计划的L322的继任者（代号为L405）是否能做正确是至关重要的——继任者能否在"前辈"的基础上有所提高呢？

实际上，继任车型的初步设计提案就碰到了问题。2008年，升任为高级设计工作室总监的理查德·伍利（Richard Woolley）领导了该项目的设计。"我从位于迪尔伯恩（Dearborn，美国城市）的福特回来后，盖瑞就让我负责新款L405从概念到生产的设计过程，"他解释道，"L405 的工作开始于 2009 年。其实它的设计工作在 2008 年就已经开始了，但是当时公司对该项目的发展方向感到不安，所以盖瑞让我用新的视角来重新审视这个设计，并做出一个替代设计，这个替代设计后来就成了量产车。"

工程部对该项目重新评估设计方向的时间感到惊慌。那时，他们已经制作了很多比例模型和若干全尺寸黏土模型，而且其中一个模型还被选中要继续研发下去。这些模型被搁置后，伍利的团队需要快速制作出来一个新的黏土模型——被称为"视觉模型"。被批准后，他们就直接开始制作全尺寸黏土模型了。

公司还考虑同时进行揽胜运动版项目（代号 L494）的设计工作，但是要稍微落后于主项目，不得阻碍主项目的发展。这一次，运动版计划采用和 L405 一样的平台，即 D7u 平台，而不是像之前那样以发现为基础。现在，L494 和最新款揽胜都是采用相同的 2922 毫米轴距，因此和旧款运动版相比，L494 的车内空间更大，后排腿部空间要多 118 毫米。

虽然，L322 主要采用了钢制车身本体和一些铝制车身面板，但 D7u 却是全新的铝制平台，车身依然是单片式车身。其主要目标是为了大幅减轻汽车重量，这样即便马力不是很强大的发动机也不会降低揽胜的优异性能。现在，汽车制造商面临着平均排放二氧化碳的目标要求，而 JLR 则处于弱势地位，除非 JLR 能迅速转移到节省油耗的产品上。

2001 年，捷豹 X350 XJ 率先采用了铆接粘合的铝制车身本体，所以 JLR 有足够的技术来承担这个新项目。当然，之前宝马计划做 L322 时，捷豹依然是福特旗下的一个独立公司，但是现在捷豹和路虎合并成一家公司后，该项目就可以使用这项大幅减重技术了。

全铝构造使得车身本体减轻了 39% 的重量，使得整车重量减轻了 420 千克。车身面板采用了一种新型合金材质 AC600，相较于之前，这种新合金材质能提供更好的可成形性以及特色线条和曲线的紧致性。车身结构则大部分采用了 6000 系列合金材质 AC300，其一体式车身侧面则是

第 4 代揽胜。在前面的是 Autobiography 版，是长轴距的 L405，配 Narvik 黑色车顶和全景玻璃天窗，以及 21 寸"7006 风格"的合金轮毂。值得注意的是，和后面的"前辈"L322 相比，该车的前脸更加圆润且斜度更大。

2012 年在巴黎车展上推出的第 4 代 L405 揽胜是由理查德·伍利领导设计的。

| 路虎　设计成就传奇

相较于即将退出市场的 L322，L405 揽胜的性能更加优异。请注意翼子板上方的发动机进气口和轻质车身上的巨大 B 柱。

所有汽车中最大的单个冲压件，虽然很大但重量却只有 7 千克。先前索利哈尔工厂还正处在关厂危机之中，而现在却拿到了 3.7 亿英镑来打造全球最大的铝制车身车间。

车身的生产没有采用焊接，而是采用了航空等级的胶黏剂和 3400 Henrob 自冲铆钉，这和捷豹的生产方法是一样的。其他减重方法，包括前碰撞缓冲结构采用镁合金材质，尾门采用 SMC 塑料材质。尽管减重是主要目标，但设计部却研发了一个大型全景滑动玻璃车顶作为选配，为车内空间营造了一种轻盈、通风的环境。

新车型不到 5 米长，和旧款 L322 有些类似，但车身轮廓更流畅、更符合空气动力学。新车型对经典设计线索进行了新的诠释，包括蚌壳式发动机舱盖和悬浮车顶。翼子板的通风口现在做到了前门上。有些人对这个通风口没有实际作用——只是一个装饰件，感到惋惜，有些人则欣赏这个装饰性通风口在线型上沟通了贯通车身底部并一直延伸到后尾灯的光亮饰条。同样，腰线的设计也依然比较平缓，腰线位置稍微提高一些，使得指挥官式驾驶座椅的位置非常接近于揽胜运动版的。

第 8 章 设计活动的迅速扩张

该车的内饰设计是老款主题的简洁版，仪表板上配了一个横跨全车的宽横梁，这个横梁覆盖在中控台上，且两端是配有出风口的木质盖板。该内饰设计在 2009 年底被签字批准。

Executive Class（行政）版本的座椅布置中包括后排两个座椅之间的中央控制台。可以指定 3 种 Meridian 音响系统，可配合前座头枕上的显示屏一起使用。

这个内饰是之前设计的简洁版，宽大的仪表板横跨整个车宽，盖压在中控台上面，两端是独特的木饰面盖板，上面有通风口。这个设计是2009年底签字批准的。

"L405的外观设计有意避免了当时已成为豪华SUV常态的过度复杂表面，尤其是在车身侧面、发动机舱盖和前保险杠的设计上。"伍利解释道。新的前脸设计给人一种和蔼可亲的感觉，虽然带点傲慢感，但却不会咄咄逼人。前照灯的"耳朵"与极光的主题遥相呼应，宽大低矮的保险杠造型增强了该车平静、自信的外观形象。

新车型的视觉重心也移动了。旧款揽胜的上半车身刚好横跨在轴距上，而新车型的驾驶舱则更加向后移动了。营造出这种视觉效果的技巧则是车身凸出后轮更多一些，再加上斜度更大的A柱和D柱，这样重心看起来就像是向后移动了似的。但关键的视觉要素则是斜度更大的C柱——C柱现在看起来是位于后轮之后的，而不是像L322那样看起来是在后轮中间位置。

内饰设计经理尼克·芬尼（Nic Finney）手下有一支4人设计团队，他们研发了该车的内饰设计。马克·巴特勒（Mark Butler）是首席创意专家："揽胜内饰在很大程度上

后排Executive Class（行政）版座椅中间有一个宽厚的中央扶手箱。可选用3个等级的Meridian音响系统，以及前排座椅头枕上内嵌的显示屏。

都是水平元素横跨全宽，但会在仪表板两端做盖板。在上一代车型中，木皮成了一个很重要的结构组成部分。我们想进一步研发这一点。"他向 Car Design News 解释道。

2009 年 6 月，仪表板的设计主题已经建立，宽大的包皮横梁横跨整个车宽，盖压在中控台上面。中控台的木贴面部分故意做成凹陷的，来加强此两侧铝制支柱的支撑印象。开关数量则减少了 50%，很多功能都集成在一块 8 英寸信息显示屏幕上。"你刚坐到车里的时候，上面的图标和一切信息都是隐藏的，"巴特勒说道，"它们都是触控式开关，所以界面是非常干净优雅的，然后当你起动汽车的时候，所有的仪表和开关就都复活了。"

乔安娜·萨尔特（Joanne Salter）是这个项目的首席色彩和材料设计师。这是第一次后排乘客舱内饰所用的材料品质和前排内饰材料的品质相当。顶级 Executive Class（行政）版的座椅布置中，还包括位于后排座椅之间的宽大的中央控制台，因此这款车就成了一款严格的 4 座车。"你能看到两个中控台，前后两个中控台连在一起，这一点真正强调了我们想在整个舱内都采用同质材料的做法。"后中控台上有气温控制开关和座椅加热开关，里面还有一个带衬里的储物盒。有 3 种 Meridian 音响系统可供选择，还包括 Signature reference 系统——世界上第一款车载 3D 环绕声音响。该车还有一系列更广泛的内饰颜色和外观颜色可供选择，其中包括对比明显的高光黑色车顶。

该车有两款 5.0 升 V8 汽油发动机可选，一款是 375 马力，另一款是 510 马力增压版的发动机，最高车速可达 140 英里/时。除

图片中是 2014 LWB（长轴距）揽胜 Autobiography（自传）版的后排乘客舱，配了更长的后中控台和更长的门板饰条。这款车能给人一种私人飞机式的体验，里面安装了电动可调座椅和 Ottoman 搁脚板。

标准轴距的 L405 可以选择订购车顶为车身色、黑色或者银色的版本。图片中的这款黑色版，配有银色侧通风口和 22 英寸 "5004 风格" 的合金轮毂。

路虎　设计成就传奇

L405揽胜和L494揽胜运动版的侧面对比。

L405 和 L494 是同时设计的，第一批草图是 2009 年开始设计的。

此之外，还可以选择 4.4 升 339 马力 SDV8 柴油发动机和新款 3.0 升 258 马力 TDV6 柴油发动机，这款新 TDV6 柴油发动机的二氧化碳排放低于 200 克/千米。

为了赋予新车型新水准的全地形性能，该车采用了新研发的第二代全地形反馈适应系统，其智能系统能自动检测驾驶条件并选择合适的地形程序。和以前一样，该车采用了能提供多种行驶高度的空气悬架，车轴交叉连接以实现最大的车轴铰接。发动机进气口的位置改到了翼子板的最上面，这意味着涉水深度能达到 900 毫米，比之前增加了 200 毫米。

新的驾驶辅助工具包括带泊车辅助（Queue Assist）的自适应巡航控制功能（Adaptive Cruise Control）系统，可以使该车从高速行驶状态立即停车，还包括盲点监测系统（Blind Spot Monitoring），这个系统可以检测到侧面 5 米内和车后 73 米内的车辆，通过侧视镜上的琥珀色闪光灯为驾驶人提供警示。

伍利还参与了姊妹款揽胜运动版的研发设计，这款第二代揽胜运动版在 2013 年 3 月纽约车展后仅仅 6 个月就

**路虎**　设计成就传奇

运动版比揽胜有更大的楔形腰线和车顶斜度。从后面看,运动版的主要识别点是带有极光风格的水平尾灯,而不是揽胜那样的垂直叠加样式的尾灯。这个草图是马特·迪伦(Matt Dillon)设计的。

投产了。除了 2005 年刚推出时候的预订数量,这一代揽胜成功地为路虎带来了每年约 50000 辆的销量,并且极大地提高了 JLR 的盈利能力。作为该系列中的关键车型,新款 L494 运动版故意定位在这 3 款车型系列的中间位置,在极光和大型揽胜之间。

随着轴距的增加,L494 的配置也做了改动,"配方"做了新的调整,进一步增强了该车的吸引力——在第三排有一对临时性座椅。这两个座椅故意做得比发现车型上的小,因为这两个座椅是针对 12 岁以下儿童的,所以有限的腿部空间就不那么至关重要,而且还能把运动版的时尚车顶造型保留下来。

在视觉上,L494 运动版也是处于它的"姊妹"中间——在造型上没有极光俏皮可爱,但比揽胜有着更大的楔形腰线和车顶斜度。该车造型遵循了其他揽胜车型的设计主题,尾灯和前照灯嵌在翼子板内,还采用了一款新的翼子板通风口。该翼子板通风口处有一条指向车门表面的特征线,因此显得更加突出明显。车门中间处有一条称作"光影捕手(light catcher)"的曲线,这条曲线缓和了车身侧面的"深邃感"。有的车型会在车身侧面的下半部分安装饰条,从而使其看起来"沉重稳固",这一点也在极光车型上有所体现。

内饰上则延续了 L320 运动版的运动指挥官式驾驶座舱,但驾驶座椅的斜度要比 L405 的更大。仪表板大部分采用的是 L405 的架构,但新增了一整块横跨全宽的面板和一个独特的中控台,上面配了控制自动变速器的变速杆而不是控制旋钮。

L494 运动版的发动机阵容和揽胜的非常相似,除了用新款 340 马力的 Si6 3.0 升增压 V6 汽油发动机替代了 375 马力 V8 发动机之外,其他的发动机都大大提高了燃油经济性并降低了二氧化碳的排放。此外,还新增了一款更强劲的 292 马力 3.0 升 SDV6 涡轮增压发动机,从 0 加速到 62 英里 / 时只需 7.2 秒——和新款 V6 汽油机是一样的。不仅如此,它还可以搭配最新的柴油混合动力系统——一台 292 马力 3.0 升 V6 柴油发动机加一台 35 千瓦的电动机,总共输出达 340 马力,其二氧化碳排放量仅有 169 克 / 千米。从 2014 年开始,揽胜也可以搭配这个柴油混合动力系统和新款 Si6 汽油发动机。

随着路虎在设计和研发上的步伐不断加快,很快就出现了一系列衍生车型。2013 年,路虎推出了一款长轴距揽胜,轴距增加了 200 毫米,达到了 3122 毫米。这个车型使得揽胜成了一个真正的大型豪华 SUV,把揽胜推向了更高的领域,使得揽胜能够和保时捷以及宾利的最新款全尺寸 SUV 一较高下。

自 2014 年 8 月起,英国客户就可以订购长轴距 Autobiography(自传)黑色版的揽胜。该款车配有独特的新式 Lunar/Cirrus 内饰色彩搭配,带有精致配件的染色真皮座

事实证明,新款 L494 比第一代运动版更加成功,目前每年销量超过 85000 辆。新款运动版还可以选配对比车顶色。

这是 L494 运动版的仪表板最终渲染图。图中显示了它大部分采用的是 L405 的内饰架构,但新增了一整块横跨全宽的面板和一个斜度更大的中控台,中控台上配的是控制自动变速器的变速杆,而不是控制旋钮。2010 年夏,该内饰设计被签字批准。

第三排临时性座椅是 L494 运动版的新特色，因此是比发现更高级的 7 座车。

椅，还有很多新特色，像是 USB 充电插座、大容量储物空间和定制照明系统等，能为用户提供更高层次的奢华体验。Executive Class（行政级别）座椅布置也得到了加强，配了两个可单独调节的座椅，中控台延伸到了后排座椅，还配了可电动收放的包皮桌板。

同样在 8 月份，路虎宣布推出揽胜运动版 SVR。该车最大的改动是采用了来自捷豹 F-type 的输出为 550 马力的 5.0 升增压 V8 发动机、固定悬架和配有电子控制阀的排气系统。SVR 的性能大大提高，从 0 加速到 60 英里／时只需 4.5 秒，最高车速可达 162 英里／时。

SVR 的设计改动，包括 21 英寸合金轮辋、一款新的带大型侧进气口的前保险杠和一款黑色的主进气格栅。后保险杠也进行了重新设计，配了一个更显著的车底分流器和双出排气管。

## 发现运动版

2008 年同福特分道扬镳之后，怎样替代神行者就成了 JLR 的当务之急。研发一款全新的紧凑型平台或许超出了公司资源能承受的范围，因为公司现在正在对揽胜和发现的大型 D7u 平台进行大量投资。因此，公司就继续研发了发动机横置的 EUCD 平台，从中衍生出大改过的 LR-MS

## 发现 Vision 概念车

2014 年 4 月,发现 Vision 概念车和维珍银河号(Virgin Galactic)太空船一起在纽约美国航空母舰 Intrepid 上面华丽揭幕。在此之前,路虎刚刚宣布为商业航空活动提供赞助服务,运送宇航员和航空客户往返于沙漠发射台,而且这辆概念车也是纽约车展活动的一部分。

发现 Vision 概念车设计项目是和新款量产发现一起设计的,是在理查德·伍利(Richard Woolley)的带领下进行的,马西莫·弗拉塞拉(Massimo Frascella)负责外观设计,戴夫·沙丁顿(Save Saddington)负责内饰设计。这款概念车展示了即将推出的新款发现的设计语言精髓,其表面处理更柔和更精致。其中比较大的改动是腰线抬高了,C 柱斜度更大,在视觉上把重心推的很高。阶梯式车顶被弱化成了平缓的凸起,Alpine 车窗也被去掉了。车尾是最具争议性的地方——显眼的斜角搭配"深邃"的后翼子板,使得车尾看起来又高又窄。

发现 Vision 概念车的外观如实地预示了发现的外观造型,但该概念车的内饰则故意做成了更具概念性的内饰,尽管该内饰也预示了这种多功能 7 座布局将会成为发现系列车型的品牌特色。这款概念车采用了一对无中央立柱的谷仓门。内饰皮革则采用的是意大利 Foglizzo 提供的游艇用皮革,这种皮革用在了前两排座椅上,而第三排座椅采用的则是深蓝色磨砂面皮革。这种磨砂面皮革经过处理后能做到耐油渍、耐水渍,因此使得这款车"高级但又不十分宝贵"——色彩和材料首席设计师艾米·弗拉塞拉(Amy Frascella)如此说道。

2014 年发现 Vision 概念车首次在纽约车展上展出。在几个月后的北京车展上,该车车身被喷成了塔克拉玛干(Taklamakam,塔克拉玛干沙漠)橙色。

平台,该平台也被称为 JLR D8 平台。D8 平台的衍生品还会用于 2011 年款揽胜极光和 2017 年款捷豹 E-Pace。

神行者 2 自 2006 年推出后就一直表现优秀,但它却遭受了身份形象感不强的影响。在美国市场上,该车作为 LR2 车型进行营销,在经过品牌辩论之后,公司决定围绕核心品牌名称揽胜、卫士和发现向统一的全球身份标示靠拢。就像揽胜运动版很明确是"大哥"揽胜的"小弟",那么新款神行者是否能不再被定位成备受好评的发现车型的紧凑版呢?

而且,市场正在不断变化之中。市场中充斥着很多紧凑型 SUV,神行者处于淹没在众多新车型的危险之中,尤其是来自亚洲的车型。尽管 CB40 在欧洲是这个细分市场的先驱之一,但是现在涌入了很多其他拥有更大的经销商网络和更多的广告预算的竞争对手。或许,现在是时候进行反思了。

L319 发现的核心特征之一就是 7 座布局,能为富裕的中产家庭提供多样化的大空间内舱。在体型较小的车型中,要求儿童座位超过 3 个的家庭所拥有的选择是非常有限的,他们只能选择单厢 MPV(多用途车辆),像是通用的 Zafra、大众的途安(Touran)和福特的 S-Max。盖顿的决策者认为路虎作为一个更加优秀的品牌,能够为这样的家庭提供一款极具吸引力的 SUV 替代车型,这种 SUV 替代车型在市场中会更独特,而且会强化发现品牌给人的印象。因此,L550 发现运动版项目开始成形。

该项目计划和极光共同分享 D8 平台前部的大部分,但是车尾则是完全重新设计的,为的是给能折叠放到地板上的第三排座椅制造空间。轴距增加了 80 毫米,增加到了 2741 毫米,总布置中还采用了一款新的多连杆独立后悬来为 7 名乘客及其行李提供所需的更高的有效载荷。临时性后排座椅的设计(非常适合小于 13/14 岁的小朋友乘坐)是仿照最新款揽胜运动版做的,有些组件是二者共享

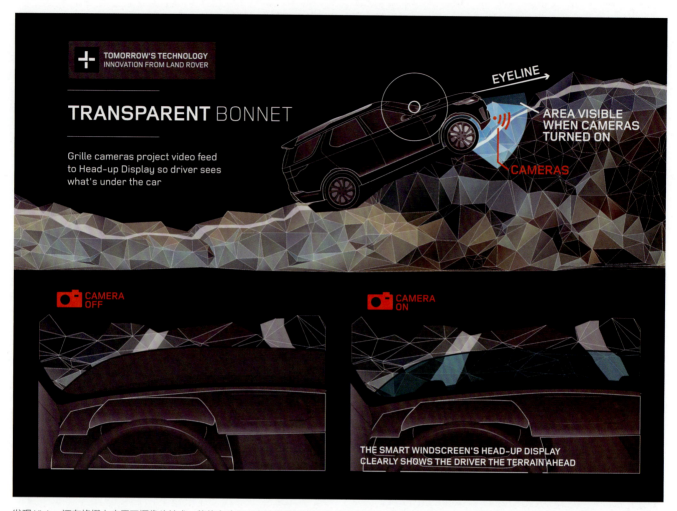

发现 Vision 还在格栅上应用了摄像头技术，能将车头正下方的道路画面反馈到显示屏上，使得该车的发动机舱盖在越野行驶时看似"透明"。

盖顿工作室里的 L550 发现运动版黏土模型。在车尾工作的是菲尔·布朗（Phil Brown）。

发现运动版的内饰是即将推出的新款发现的缩小版预览，从设计风格上来看，中控台两侧又采用了坚固的竖直立柱。

发现运动版的 HSE（高配）"e-Capability"版，车身为 Indus 银色，配 18 英寸 Aero 合金轮毂。（作者拍摄的照片）

轴距比极光长 80 毫米。带有半圆图形的后尾灯是该车型的一个识别点。

的。第二排座椅可以前后滑动，既能为身材高大的青少年提供最大的腿部空间，也可以缩减此处的腿部空间来为第三排的兄弟姐妹提供乘坐空间。

从某些方面来说，这款发现运动版车型回归到了原版 Pathfinder/Oden 在多功能紧凑型载人汽车上的设计思路，但却用 SUV 的形式呈现了出来，使得该车型能够同沃尔沃 XC60 和宝马 X3 进行竞争。该车型的发动机阵容和极光的是一样的：可搭载 240 马力 2.0 升汽油发动机或者 190 马力 SD4 柴油发动机，是和 PSA（标致雪铁龙）以及福特共享的发动机。后来，该车型还可以选择搭配 150 马力 2.2 升 Td4 柴油发动机。

公司研发设计了 10 个外观模型提案，2011 年夏季，公司选择了其中一个外观设计主题。但是，在接下来的几个月中，随着发现 Vision 的概念和新款发现的研发设计的不断推进，这个被选中的外观设计主题进行了大幅改动，采用了即将应用在整个发现系列中的最新设计语言。

事实证明，这一策略非常成功。到 2017 年，发现运动版已经成了路虎最畅销的车型，销量达 126078 辆，占总销量的 28%，而揽胜极光和揽胜运动版的销量则达到了

戴夫·沙丁顿在沃尔萨尔（Walsall，英国城市）长大，他在 1983 年 9 月加入了奥斯汀-罗孚。他是 2014 年版发现 Vision 和发现运动版的内饰设计的工作室总监。

190000 辆——对于在推出前就在公司内部广受质疑的两款车型，这个成就可谓非凡。洛德巷工厂的产量屡创新高，非但不再遭受关厂威胁，还开足了马力在生产。

### 新款发现 L462

"请不要误解我的意思，我非常喜欢上一代发现，但

# 路虎　设计成就传奇

（从左到右依次为）马西莫·弗拉塞拉、盖瑞·麦戈文和菲尔·西蒙斯（Phil Simmons）。

五代发现齐聚一堂。新款发现是在理查德·伍利的指导下设计的，马西莫·弗拉塞拉负责外观设计，马克·巴特勒负责内饰设计。

是那种设计放到现在已经不合适了，它会拖我们的后腿，"麦戈文在2016年巴黎车展上推出新款发现时对CAR杂志如此说道，"有些人——包括我自己和其他一些产品设计师在内，都比较喜欢这个设计，但是这个设计过时了。例如，这个比较有建设性的轮拱设计，已经不是现代设计了，它是属于它们当时那个时代的设计。"

发现的更新换代是路虎必须要做正确的一个关键项目。如果发现要在21世纪20年代继续保持在销量上的成功，那么它不但要改进设计，而且要减轻重量并且提高缺乏竞争力的空气动力学，这些是发现要改进的主要目标。这个代号为L462的新项目，采用了D7u铝制平台，能减轻480千克的重量。尽管发现4的风阻系数是0.4Cd，但新项目的目标却要做到0.33Cd。D7u铝制平台的尺寸很大，这意味着新项目车型的轴距现在能和大型揽胜以及揽胜运动版做到一样，达到2922毫米，比当时即将落幕的车型增加了38毫米，能足以保证7名成年乘客的乘坐空间。总长度增加了141毫米，但宽度和高度都

第 8 章 设计活动的迅速扩张

路虎　设计成就传奇

THE MAGNIFICENT SEVEN
Every seat is the best seat in the house

A MUCH LOVED MEMBER OF THE FAMILY
Keeping you safe for the last 27 years

KING OF THE HILL
Unstoppable on all surfaces, all terrains and in all weathers

BRITISH CREATIVITY
Designed with charm and sophistication, loved by the world

STORAGE ADDICTION
Discover the space for everything

CONNECTS EVERY GENERATION
Ingenious features that make life easier

AFTER THE ROADS END
Reaching threatened habitats and vulnerable people

**7 WONDERS OF DISCOVERY**

SEVEN PRINCIPLES DESCRIBE THE ESSENCE OF DISCOVERY AND HAVE GUIDED ITS CREATION

2016 年推出的发现，着重强调了比即将落幕的发现 4 在多功能性、性能和人机交互方面上的改进提高。

# 第 8 章 设计活动的迅速扩张

尽管英国市场上都是配空气弹簧的 7 座版，但是也为一些欧洲出口市场保留了配螺旋弹簧的 5 座版。

略有减少,以此来优化前脸区域并降低油耗和排放。

新发现的设计工作开始于 2012 年,设计团队和产品研发部门讨论了有关新发现的研发方向。"这绝对是一个双向过程,工程师提供的意见想法和设计团队提供的是一样多的,"现任内饰创意总监马克·巴特勒(Mark Butler)解释道,"他们在早期就参与进来是非常重要的,否则的话这些意见想法就没有深度了。"

工作室从来没有经历过同时设计这么多项目。L405 和 L494 揽胜已经到了预生产前的最终阶段,但仍有不少设计细节还在优化当中。L550 发现运动版刚刚开始设计,需要一支庞大的团队进行外观和内饰设计工作。极光刚刚推出,其敞篷版也在研发设计当中。与此同时,还有 2014 年版发现 4 的"改头换面"以及 DC100 展示车要做。由于现阶段有这么多的项目在同时进行,所以设计工作室的组织架构需要进行改动,引入了一名新的首席外观设计师来监督这个最新项目的研发设计。

马西莫·弗拉塞拉是盖瑞·麦戈文在福特林肯时期的另一位深受他信赖的同事。他在加入麦戈文所在的英格兰第一家林肯工作室(位于 TWR)之前在都灵的博通(Bertone)工作过。林肯团队在 2000 年搬到阳光明媚的加利福尼亚之前,曾搬到盖顿工作室的一角短暂工作过。随着 PAG 的解体,弗拉塞拉随同麦戈文回了伦敦,不久后在 2004 年又回到了加利福尼亚,出任现代 – 起亚的高级设计师职位。2011 年夏,他接到麦戈文邀请他再次加入他们团队的电话,麦戈文邀请他负责外观设计,先做发现运动版,但更重要的是做 L462 项目。

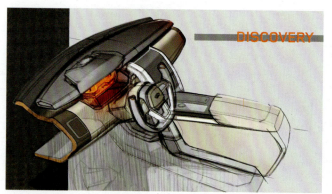

L462 发现的早期内饰草图。

下拉式 HVAC 控制面板后面有一个隐藏式储物盒,可放置手机和太阳镜。

L462 的内饰渲染图。第二排座椅可以前后滑动 160 毫米。该车基本的内饰颜色是黑檀木色,但是该车推出时有不少于 4 种配色可选,像果色、乌云灰色、复古棕色和冰川银色。

"最初的时候做了几个比例模型,然后麦戈文就选了我的设计主题。"弗拉塞拉说道。2012 年底,这个设计进入了全尺寸黏土模型的制作阶段。2013 年夏,他们做了一个透明的"设计愿景(Design Vision)"模型,为的是让公司其他人参与到设计方向中来,并确保设计主题的精神不变,因为该设计已经到了研发的第二阶段,从创作团队交到了设计实现团队手中。

马克·巴特勒负责内饰设计,这是他做过的第二个发现项目。"发现的仪表板上用显眼坚固的竖直元素覆盖了水平横梁,"他向 Interior Motives 杂志解释道,"我们把开关装置放在主体区域,车内的其他区域都是为了把多功能性做到最大化,从而满足用户需求。"

该车型的一个大改动,就是放弃使用不对称的分体式尾门,采用了一大块模制塑料尾门。巴特勒表示,他们对此决定的讨论是充分且坦诚的。"分体式尾门有优点,但在日常使用当中是有问题的。从外观方面看,它限制了车尾门开口的大小,它有不容易够到行李舱里面的问题,还有易受天气影响的问题。那么,我们所关注的是怎样能把分体式尾门的优点保留下来。"答案就是一款新的电动行李舱翻板,不但能灵活利用行李舱空间,而且能提供载物过度功能,更容易够到行李舱里面。这个翻板还有座板功能,也可以作为踏板便于宠物狗跳入行李舱内。

座椅的草图和样品板,显示了家具和皮鞋上的皮革细节对汽车座椅的影响。

2014 年制作了 3 个内饰黏土模型。其中两个比较相似,但是第三个则有很大不同,这是为了"帮我们理解界限",巴特勒如此说道。这个内饰的一大进步,就是第二排和第三排座椅都可以电动折叠,方便在不同条件下配置座椅。为了满足儿童日益增长的需求,车里配有 9 个 USB 端口,6 个 12 伏充电插口以及可供 8 台设备使用的 Wi-Fi 热点。还为饮料瓶、游戏机和平板电脑设计了新的存放空间,下拉式 HVAC 控制面板后面还有一个太阳镜储物盒。

2013 年秋,公司决定用一辆展示车来展示新款发现的概念版本,这辆展示车就是发现 Vision 概念车。在这个阶段,量产发现的外观设计已被冻结,展示车在给人的感觉上会尽可能地接近量产车,这是为了建立两者之间的积极联系,因为正是这种积极联系使得极光在 LRX 概念车展出后获得了巨大成功。

设计团队的另一名新成员是艾米·弗拉塞拉,她是马西莫的妻子,是色彩和材料首席设计师。L462 项目的一个重要方面是提供更多的色彩和材料选择,这也是为了跟上高端 SUV 市场的发展。除了有 18 种车身颜色可选

L462 放弃了分体式尾门,采用了一整块模制塑料尾门,这样车尾曲线更明显。安装牌照的地方则保留了下来。

之外，现在还有两种车顶对比色可选——圣托里尼黑色（Santorini Black）和科里斯灰色（Corris Grey），增加了个性化的选择范围。

艾米·弗拉塞拉的团队负责做出了 5 种内饰色彩搭配，他们确定了一个主题——座椅表面、仪表板表面和车门内饰板上表面用浅色，这样整个内饰更倾向于适合家庭使用，污渍和磨损也不会显得很明显。

弗拉塞拉的团队还研发设计了一个选配动态设计包（Dynamic Design Pack），其中包括：对比黑色或灰色车顶、更具运动感的前后保险杠、奢华温莎（Windsor）真皮内饰和运动方向盘。公司还推出了 2400 辆独家 First Edition（初版）款，售价为 68295 英镑，有 3 种外观颜色可选：Namib 橙色、Silicon 银色和 Farallon 黑色。这款车全都配黑色格栅和装饰件，以及 Narvik 黑色车顶和 21 英寸车轮。定制细节包括：仪表板上的铝制饰面，车门上具有蚀刻的地图饰面，代表了新款发现在英国的多个设计和工程地点。

新款发现的发动机阵容则以最新的 4 缸和 6 缸发动机为基础，燃油经济性相较于发现 4 有大幅提高。标配的柴

L462 发现的内饰。"仪表板上用显眼的竖直中控台压着横梁，我们把开关装置放在主体区域，车内的其他区域都是为了把多功能性做到最大化，从而满足用户需求。"马克·巴特勒说道。

油发动机是 180 马力 2.0 升 Ingenium Td4 发动机，综合燃油经济性为每加仑燃油可行驶 47.1 英里。还可以搭配动力更强劲的 240 马力双涡轮增压 Sd4 Ingenium 柴油发动机和 258 马力的 6 缸 Td6 柴油发动机。另外，还能搭配汽油发动机——揽胜上用的 340 马力的 3.0 升增压 V6 Si6 发动机。

2016 年，新款发现在巴黎车展上推出，盖瑞·麦戈文对这个设计做了描述："新款发现在体积和比例上无懈可击，精美的表面和精致的细节同技术工程完美地结合在一起，打造出一款能和现在客户产生共鸣的顶级 SUV。"

### 卫士生产的结束 2012—2016 年

2011 年 8 月，为了能让卫士再卖几年，卫士发动机又一次进行了改动——用新款福特 2.2 升 EU5 柴油发动机替代了 2.4 升 EU4 柴油发动机，卫士的性能进一步提高。尽管新发动机的容量更少，排量也减少了，但是仍能产生和即将落幕的 2.4 升发动机一样的 122 马力。令传统路虎爱好者欢喜的是，配卡其色或黑色帆布罩的软顶版也被重新作为标配车型推出。

卫士的配置进一步提高，采用了新的合金轮毂，所有

新功能包括一个可折叠的行李舱翻板和一个地板下的小储物格。电动折叠座椅可通过位于行李舱侧面 C 柱上的按钮进行控制，也可以通过信息触控屏来控制，还可以通过智能手机的应用程序进行远程遥控。InControl 智能驭领的遥控功能是远程汽车控制的另一个选择。

第 8 章 设计活动的迅速扩张

2016 年 9 月,发现在巴黎车展推出。现在,官方简称其为"新款发现",而不是发现 5。

卫士车型都配了通风盘式制动,还配了高靠背前排座椅,为的是改善在崎岖路面上行驶时对背部的支撑。除了"S"和"SE"款,2012 年版卫士还新增了几个选配包,能为用户提供更多的定制组合,而且整个卫士系列都配了局部真皮座椅和真皮方向盘。5 个选配包包括:

- 真皮包——首次在本车系的所有车型中推出了局部真皮座椅和真皮方向盘。
- 内饰包——铺了地毯的地板、小储物盒、局部真皮座椅和真皮方向盘。
- 舒适包——空调、带输入端口的 CD 播放器和便利包。
- 外观包——Brunel 格栅和前照灯组合、车身颜色的车顶、轮拱和侧踏板。
- 越野包——ABS(防抱死制动系统)、重型轮辋和 MT/R 轮胎、拖车球和防护杠。

2015 年 3 月,保罗·史密斯(Paul Smith)版的卫士 90 问世。"我想要丰富绚烂的色彩,但同时我想要这些色彩能相互融合在一起,能给人一种惊艳的感觉。"他说道。

## 路虎　设计成就传奇

2015年3月，SVO同英国设计师、路虎爱好者保罗·史密斯爵士合力创作了一辆卫士90。车身面板上涂有27种不同的颜色，其灵感来自于从英国乡村到军队所使用的卫士汽车等一切事物。

2015年7月，路虎决定第2000000辆车下线后就结束卫士的生产。路虎还宣布会推出3款限量版车型，来庆祝不同的卫士独特历史元素。卫士庆典系列包括Heritage（传承版）、Adventure（冒险版）和Autobiography Editions（自传版）。

传承版的售价为30900英镑，车身是格拉斯米尔（Grasmere）绿色，车顶是白色，配了经典造型的格栅，座椅采用了Almond Resolve面料，座椅侧面点缀了黑色乙烯基面料。该车传承了HUE 166的造型，是路虎第一款复刻车型，绰号为"Huey"。

冒险版的售价为38400英镑。该款车安装了额外的车底护套，采用了固特异（Goodyear）MT/R轮胎，铝制和黑色装饰物，配有真皮内饰。该款车有3种颜色可选：科里斯灰色、玉龙白色和凤凰橙色。

2015卫士庆典系列包括3款限量版车型：自传版、传承版和冒险版。

最终的 Heritage Edition（传承）版采用的是新调配的淡绿色，这种绿色现在称作格拉斯米尔绿色。照片中是兰多那海滩（Llandonna Beach）上的"Huey"。

中控台采用了格拉斯米尔绿色。座椅采用了 Almond Resolve 面料，座椅侧面点缀了黑色乙烯基面料，座椅上还带有"HUE 166"标牌。

这辆独一无二的第 200 万辆卫士是 2015 年 12 月生产出来的，拍卖价为 400000 英镑。请注意座椅上的"红码头湾"图案。

最后是自传版，该款车的动力从 122 马力升级到了 150 马力。只有 90 Station Wagon 车身这一种车型，该款车的内饰全部采用温莎真皮，还采用了固特异 MT/R 轮胎和 LED 指示灯，还有一个闪亮金属内饰包和更坚固的车底护套。该款车的售价为 61500 英镑，是在英国出售的定价最高的一款卫士车型。

2015 年 12 月，第 2000000 辆卫士生产下线，拍卖价为 400000 英镑。1 个月后，最后一辆卫士——软顶 90 版于 2016 年 1 月 29 日星期五上午 9:22 分从索利哈尔生产线上完工下线。

## DC100

2012年版卫士推出后的一个月后，路虎在法兰克福车展上展出了两款 DC100 概念车。该项目的设计团队以理查德·伍利为首，马克·巴特勒和奥利弗·勒·格莱斯（Oliver le Grice）则是首席设计师。"DC100 旨在向世界传达这样一个信号——卫士并没有完全从路虎落幕，它依然在我们心中，"伍利说道，"这个项目是探索'如果'的一个练习：它将来可能具有什么样的架构，搭配什么样的动力系统，会有什么样的衍生版。这个项目把卫士带回了人们的视野范围内，向人们表明了卫士在路虎是依然存在的。"

DC100 代表 100 英寸的卫士概念车，它的轴距刚好是现有卫士车型轴距的中间值，它的轴距和 20 年前的老挑战者项目的轴距是一样的。DC100 是这两款概念车中比较常规的一款，是 3 门硬顶的，车身是银色的，车顶是白色的。而 DC100 运动版则是一款双座敞篷车，车身喷涂黄色。

这两辆展示车是在考文垂的原型车制造厂制造的，硬顶版是 HPL 制造的，运动版是 CGI 制造的。CGI 还制造过 LRX 展示车。总共制造了三四个车型，以此来展示卫士的多样性，其中至少有两辆是可行驶的原型车，搭载了 2.0 升 Ingenium 原型发动机，在展示过程中可低速行驶。DC100 搭载的是柴油发动机，DC100 运动版搭载的是汽油发动机。

DC100 的内饰和外观一样粗糙大条。仪表板就是一条简单的功能性横梁，变速杆安装在中控台的高处，中控台两侧有一对橙色把手。座椅内嵌在后舱壁中。地板和行李舱里都铺有用铆钉固定好的衬垫，能提供一些简单的保护。车尾还安装了一个金属工具箱。

开放式的运动版也遵循了同样的设计主题，但是采用了不同的保险杠造型和内饰材料，来表达设计中更有趣的一面。行李舱上盖了一大块可抬升的盖板，在需要的情况下可将此盖板拆除。

在接下来的几个月里，DC100 项目以不同的形式在不同的车展上展出，包括德里（Delhi）车展和纽约车展。后来，硬顶版被重新喷涂成了红色，路虎还展出了货车版和探险者版来证明该设计的多样性。

2011 年 9 月，DC100 在法兰克福车展上展出。它的标语是 "Cool and Tool"。"Cool" 指的是黄色的 DC100 运动版，"Tool" 指的是银色的硬顶版。这两辆车都是用缩短了的揽胜运动版 T5 底盘制造而成的。

DC100 的设计团队。（从左到右依次为）理查德·伍利、奥利弗·勒·格莱斯、盖瑞·麦戈文、菲尔·希格斯（Phil Higgs）、乔安娜·肯特利（Joanna Keatley）和马克·巴特勒。

硬顶版的内饰比运动版的更加素净，但是在门板上和中控台两侧把手上依然采用了橙色装饰。该内饰设计以马克·巴特勒为首，乔安娜·肯特利负责色彩和材料搭配，菲尔·希格斯负责界面设计。

2018 年 3 月，DC100 的其中一辆车在仓库被大火焚毁。

DC100 和 DC100 运动版的设计草图。

# 第 9 章 现在的路虎设计

就在人们认为揽胜系列成功扩展成了 3 个车型的时候，又有一个新秀闪亮登场。2015 年，盖瑞·麦戈文在 *Director* 杂志访谈中说道："到 2020 年，全球范围内将会卖出 22000000 辆 SUV，所以这是一个非常巨大的市场。因此，我们必须进行深思熟虑：我们能创造出什么样的产品，而这些产品必须是之前并不存在的产品，就比如极光，我们之前的产品系列中并没有极光这个车型。"

这个新秀，就是 2017 年 3 月 1 日首次亮相的揽胜星脉（Velar）。星脉是另一个"空白"车型的代表——填补了之前未被识别的空白小众市场，就如极光那样。星脉使得路虎品牌更加注重魅力、现代感和优雅感，相较于大型揽胜，星脉更适合在城市中使用。星脉的发布时间只比日内瓦车展早 1 周，发布会是在伦敦设计博物馆举行的，它也是构成博物馆展览会的一部分——恰巧，这个展览会的主题就是"简约主义（Reductionism）"。"星脉的阵地从越野丛林转移到了城市丛林。"麦戈文在发布会上如此说道。

星脉是在相对较小的 JLR D7a 平台（也可以称为 iQ[Al] 平台，是捷豹 F-Pace、XF 和 XE 车型的基础）上设计而成的，它并没有采用全尺寸的 D7u 平台。D7a 也是一个全铝平台，但是它的轮距要稍微窄一点，轴距为 2874 毫米，比大型揽胜的轴距小了 48 毫米。星脉的基础平台和 F-Pace 的很相似，而且这两款车从设计之初就计划共享组件且要在洛德巷工厂的同一条生产线上进行生产。和捷豹车型一样，揽胜星脉采用的是 JLR 的 Ingenium 2.0 升 4 缸柴油发动机和汽油发动机，以及 JLR 的 3.0 升 6 缸发动机。

为什么要为揽胜系列推出第四个车型呢？首先，极光售价为 45000 英镑，揽胜运动版售价为 70000 英镑，二者之间存在较大的价格差距，而保时捷 Macan 成功填补了这个差距；其次，捷豹 F-Pace 项目（代号为 X761）已经在做了，这意味着这种小型 SUV 的很多硬件、发动机和传动系统的研发都可以轻松共享，意思是路虎只需要花合理的费用就能很快地研发出这个车型来。

从商业角度看，星脉是一个令人信心十足的车型，然而要为这个代号为 L560 的项目确定精准的设计方向还需要一些时间。星脉的设计工作开始于 2013 年，是和 F-Pace 的设计同时进行的。但是，由于捷豹急需在产品阵容中增加一款 SUV 车型，所以 JLR 就优先设计生产了 F-Pace 项目，这样路虎团队就有更多时间来优化星脉的设计。

星脉的外观设计是揽胜运动版设计主题的进一步研发，但是相较于揽胜运动版，星脉的外观更低矮、更圆滑。星脉的外观更注重车身表面的圆润性，减少了表面线条之间的对撞，尤其是在前保险杠、车门上部和车身上半身周围区域。星脉注重的是精密的开门线，以及展示路虎拥有实现纯粹设计的高水准技术。"我们想把揽胜的设计 DNA 提升到一个新水平，"现任路虎外观创意总监马西莫·弗拉塞拉

第 9 章 现在的路虎设计

揽胜星脉的草图。该款车的命名来自于 1969 年的揽胜原型车,星脉(Velar)一词衍生自拉丁语动词"velare",意思是"遮挡"或隐藏。官方发音是"Vell-Ar"。

星脉(Velar)设计草图以路虎家族风格为基础,但具极简主义时尚。星脉比揽胜运动版短了 50 毫米,并且矮了整整 115 毫米——和极光(Evoque)一样高。

213

发动机舱盖分缝线直接和肩线连为一体,一直贯穿到该车尾部,这是星脉的一条主特征线。车身上半部分向内倾斜较大,在视觉上减轻了该车的重量。

(Massimo Frascella)说道,"我们寻求的是一种新的简约程度,这款车搭配了隐藏式门把手和纤细的LED灯。我们想要强调的是经典揽胜车身比例。前悬短而车尾长,使得该车优雅得令人难以置信,而且该车像奢华游艇那样把重点向后移了,使得该车更加精致、坚固和纯粹。"

为了突出星脉又长又矮的形象,车身上半部分被设计成了尽可能平缓的造型,整个车身都安装了黑色高光饰条。除此之外,揽胜悬浮车顶可选择用车身颜色或者纳尔维克黑色(Narvik Black)。不管选择哪一种颜色,都可以选配固定式或滑动可开的全景天窗,自然光线的摄入突出了星脉通透的车内空间。较小的侧窗内倾角和隐藏式门把手,使得星脉在搭配Ingenium D180发动机时实现了0.32Cd的风阻系数——路虎历史中最好的。

内饰设计团队以马克·巴特勒为首,这次的设计侧重于寻求新的方式来展示最新的科技技术和车载显示屏。公司用"加速胶(speedfoam,一种高密度聚苯乙烯泡沫)"制作了一个模型,这样内饰设计团队才能体验内饰空间的大小。"我们开始和研发团队一起查看内饰架构,一起研究车载显示屏技术。这款车在科技技术的应用方面向前迈出了一大步。"巴特勒说道。

内饰设计的总体目标,是进一步减少内饰在视觉上的杂乱拥挤感,仪表板采用了揽胜常用的"连绵不断"横梁。但是,该款车此次却采用了非常纤细的通风口,而且在只要有可能的地方都做了"连绵不断"的光滑表面,触控双屏和方向盘上的电容触控开关有助于将可见的开关数量减少到最低。

一张展示了早期触控屏设计提案的草图，上面的仪表板配了"连绵不断"的横梁和纤细的通风口。

最终设计。Touch Pro Duo 双屏尊享触控信息娱乐系统包括上下两块触控屏。上触控屏在汽车起动时会自动从仪表板上转动出来。下触控屏和中控台集成为一体，屏幕两边是弯曲的，上面还"长"了一对"魔术圈"控制旋钮，其造型的灵感源自于高端相机镜头。

这个草图中，触控屏离驾驶人更近，但给人一种不是很整齐的感觉。

中控台上的触控屏、可转动的上触控屏和方向盘上的电容式触控开关，都有助于减少此处在视觉上的杂乱拥挤感。

4 个月后，第二个展示模型就做出来了，里面配了能用的显示屏，但是没有触控功能。做这个模型的目的是为了能让设计部同公司里的其他人有效地交流内饰概念，像是产品规划部和营销部，他们需要精准理解设计师的目标，还要亲身体验内饰氛围。那个时候，上下触控屏依然是集成在一体的。"这使得中控台的下半部分都挤在一起，给人一种幽闭恐惧的感觉，"巴特勒说道，"每个人都能直观地看到这项技术，但我们想要拓展出更多

的空间来。"

2014 年年中，设计部做了两个决定。第一个决定就是把屏幕分割成两块，上触控屏和仪表板横梁在同一平面上，系统启动后，可自动转动来方便驾驶查看和触碰；第二个决定就是把松下最新的"魔术圈"旋转控制旋钮"长"在了触控屏上，这使得下触控屏可以向前移动来释放更多空间。触控屏旋钮通常用来控制温度，车内温度就在触控屏上显示。但是，当选择其他汽车功能时，例如，可用其中

一个旋钮来改动全地形反馈适应系统的设置。

这段时间以来,内饰团队一直在寻找能替代真皮的座椅材料,星脉的设计为推动这项工作提供了合适的机会。艾米·弗拉塞拉解释了这一想法:"奢侈材料的定义正在改变,人们对其所购买产品的价值所在的看法也在改变。我们必须对这些改变做好准备。"

因此,弗拉塞拉团队同丹麦纺织公司 Kvadart 合作研发了一种新型高端座椅面料——一种羊毛和聚酯纤维的混纺面料,手感柔软且经久耐用。这种混纺面料作为高级面料选配项,比标配真皮面料的价格高出 620 英镑——这和早些年的情况完全相反,那个时候面料比真皮更便宜。还有一种绒面面料可选,这种面料是用回收的塑料瓶制作的,这也反映了人们的品位已不再钟情于动物皮革。木皮饰面依然是星脉内饰的特色,但却更加新颖。新的饰面包括一款浅色哑光木皮饰面、一款高光银色条纹饰面和一款交织了细铜丝的碳纤维饰面。

和发现一样,"初版(First Edition)"星脉全球上市仅有 1 年时间,售价约为 85000 英镑。该款车甚至比 HSE 版配置更加豪华,可选择搭载 3.0 升 V6 柴油发动机或汽油发动机,多种额外特色直接做成了标配,包括全车采用真皮内饰、浅牡蛎白色或黑檀木色的温莎打孔真皮座椅、1600 瓦的 Meridian 高级音响系统、车身上的抛光铜色装饰件、LED 激光前照灯和 22 英寸分叉式轮辐车轮。初版星脉有 3 款车身颜色可选:科里斯灰色、硅谷银色和富勒银色。

## 2018 年款揽胜和 PHEV

2018 年,揽胜又一次进行了"美容",前脸采用了新款格栅,格栅周边配黑色高光饰板,还配了新款阿特拉斯侧鳃,两边是最新的 LED 极光前照灯。前保险杠也进行了重新设计,配了更宽更低矮的通风口,因此为了配合这一点,发动机舱盖也改的略微长了一点。尾灯也改用了新款灯饰。这些,构成了 2018 年款揽胜在外观上的改动。

外观设计总监——马西莫·弗拉塞拉。

采用了 Kvadrat 面料和牡蛎白色仿皮面料的星脉内饰。*Car Design News* 授予了星脉年度量产车设计大奖,这个奖项是由顶尖汽车设计师而非记者组成的评审团授予的。

这个 Meridian 音响的特写，表明了现在设计过程中的细节水平。内饰中所用的钻石型图案，也可以诠释为英国国旗图案。

## 盖瑞·麦戈文：现代主义和建筑

从洛杉矶回到英国后，盖瑞·麦戈文决定要实现他长期以来的愿望——设计一栋房屋。在他的建筑师朋友阿德里安·贝恩斯（Adrian Baynes）的帮助下，这个为期 3 年的建房项目开始了。这栋房子的设计灵感来自于加利福尼亚建筑师的建筑作品，像是皮埃尔·凯尼格（Pierre Koening）设计的斯塔尔住宅（Stahl House）和理查德·纽特拉（Richard Neutra）设计的位于棕榈泉的考夫曼住宅（Kauffmann House）。

这栋新现代主义风格房子的西面是沉在地底下的，房子离盖顿和波顿达赛特山（Burton Dassett）不远。原本的老房子被拆除后，在原址上重新建了一栋空间更大且阳光满满的房屋，而且里面还安装了 20 世纪中期的标志性家具。其中包括密斯·范·德罗（Mies van der Rohe）设计的巴塞罗那椅子、哈利·贝尔托亚（Harry Bertoia）设计的"鸟"椅、弗洛伦斯·克诺尔（Florence Knoll）在 50 年代中期设计的椅子和埃罗·沙里宁（Eero Saarinen）设计的"郁金香"椅子。

20 世纪 90 年代，麦戈文开始购买现代主义家具和艺术品。他的房子里有乔纳森·阿德勒（Jonathan Adler）陶瓷、20 世纪 50 年代的意大利玻璃，墙上挂着的是帕特里克·赫伦（Patrick Heron）和帕特里克·考菲尔德（Patrick Caulfield）的画作。他在林肯内饰上的设计也有从他的埃姆斯（Eames）躺椅上汲取的灵感。"这个地方代表了我的设计理念。"他解释道。

"你知道的，我是个现代主义者，在汽车设计上我有自己的理念观点。我的理念观点在于汽车的体积和比例，在于去繁就简，"他向 Car Design News 解释道，"每根线条都应该有它存在的原因，要有视觉逻辑性。我并不提倡那种我称之为'佐罗游侠'式的设计——这儿一条斜线那儿一条斜线的，只是为了不同而不同。路虎就从未这样做过。"

在和 Autocar 杂志编辑史蒂夫·克罗普利（Steve Cropley）的谈话中，他补充道："推动星脉的是它自身的现代性。从设计角度来说，现代主义并不意味着当代。现代主义是一种运动，是一种应用简化形式的哲学，是削繁就简。东西除非有用处或多个用处，否则就不应该把它装上去。"

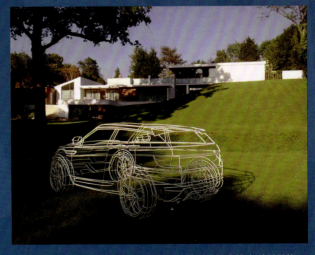

这栋房子于 2008 年完工。这个白色钢丝模型是极光推出时所做的 40 个模型中的一个。

揽胜在2018年进行了"美容",采用了最新的LED激光前照灯。图片中是P400e PHEV版。

内饰上则采用更宽大的座椅,车门内饰板进行了重新设计,增加了储物空间。采用了最新的汽车科技,大大提高了驾驶和乘坐该车的舒适性和方便性。这其中包括Touch Pro Duo信息娱乐系统——由两块位于中控台的10英寸触控屏组成,所显示的信息页面可从一个屏幕划到另一个屏幕上。其他新特色包括手势控制天窗遮阳帘、客舱空气电离和智能钥匙手环(Activity Key),使车主无需携带传统的车钥匙也能锁止或解锁车辆。

揽胜Vogue SE版和标准自传版还可以配行政座椅套件。2018年款揽胜还有一个新特色,那就是配了一款新式可电动升降中控台,中控台能下沉到地板下面,这样就能乘坐5名乘客。

还有两款插电式混合动力版:揽胜运动版和揽胜P400e,这两款车都有标准版和长轴距版。P400e用一台300马力2.0升4缸Ingenium汽油发动机和一台116马力电动机替换掉了SDV6混合柴油动力系统。由于安装了电动系统,揽胜P400e在新欧洲标准形式循环(NEDC)工况下,二氧化碳排放量仅为64克/千米。在纯电动模式下,无需发动机运行,新车续航里程可达31英里。

第 9 章 现在的路虎设计

2018 年 2 月，路虎揽胜运动版 P400e PHEV 成功登顶中国张家界天门山最大坡度达 45 度的 999 级天阶，证明了该车动力系统的卓越性能——功率可达 404 马力和 640 牛·米转矩。

## 特种车辆定制部
### （Special Vehicle Operations，SVO）

从早期时候，路虎就一直有生产特种版本的定制部。就其本质而言，路虎自身可以根据特殊需要进行改动和定制，不管是农业车辆、军用车辆还是奢华车辆的客户，路虎都能满足他们的需求。

2014 年，涵盖路虎和捷豹的新 JLR 特种车辆定制部成立，约翰·爱德华兹（John Edwards）出任总经理。他委派了经验丰富的设计部经理理查德·伍利负责位于考文垂的路虎设计部。"特种车辆定制部包括 4 个子部门，"他解释道，"分别是特种车辆运营部、经典传承业务部、车辆个性化部门和品牌产品部门。任何涉及设计的东西都由我负责。"

"SVO 的职责是强化我们三大支柱，"他继续说道，"盖瑞热衷于强调特种车并不是更好的汽车版本，而是它们放大了核心产品的某些特定属性，即奢侈性、能力和性能。"因此，注重奢侈性的版本就被称为 SVAutobiography 版（SVA 巅峰创世加长版），注重越野能力的版本就被称为 SVX 版，注重减重、增加动力和改进空气动力学的版本就被称为 SVR 版。

在之前的章节中曾经提到过，揽胜运动版 SVR 是 2014 年 8 月研发的第一个产品，该款车搭载了一台 5.0 升增压 V8 发动机，动力升级到 550 马力。揽胜

SVAutobiography 版也是在 8 月推出的。2016 年，采用标准轴距的揽胜安装了 550 马力的 V8 发动机，成就了揽胜 SVAutobiography Dynamic 旗舰版。2017 年，SVO 在法兰克福车展上展出了发现 SVX 概念车，该车采用了更长行程的悬架，厚实的全地形 20 英寸固特异牧马人越野轮胎，还装配了一个电动绞盘和车顶行李架。

揽胜运动版 SVR 是揽胜目前最成功的产品，每年销量超过 2500 辆，而揽胜 SVAutobiography 版每年销量约为 1500 辆，二者售价都约为 100000 英镑/辆。额外的 4000 万英镑销售额可不是小数目，想当初在 1957 年，斯宾塞·威尔克斯（Spencer Wilks）对路虎 SVO 的最初设想是每年额外 200 辆的销量，二者相比简直是小巫见大巫。

SVO 车型是在考文垂郊外的新 SV 技术中心生产的，这个地方以前被称为牛津路，是之前鲁兹工厂的旧址。它有自己的喷涂车间，2000 万英镑的投资使得这个喷涂车间有着更广泛的特殊喷涂颜色和双色喷漆可以选择。"那里也有专门重新翻新内饰的工匠，他们对客户要求的反应非常迅速。索利哈尔原先的 SVO 车间已经满足不了需求的增长了，不断有客户过来问怎样才能改造他们的揽胜，他们花多少钱都无所谓的，但是我们自己产能有限。我们能看到售后改装这个机会，像是 Kahn 或者 Overfinch。现在，我们自己就能设计改装，而且能做到与核心车型同样水平的品质。"

目前，路虎 SVO 设计团队大约有 50~60 人，其中包括 15 位创意设计师、CAS 建模师、黏土制模师、工程师和项目管理人员。这证明了定制设计和生产对路虎当前业务的重要性：这个专业工作室几乎和数十年前路虎整个 38A 设计工作室旗鼓相当。"我们在汽车配饰上有着宏大的计划，很多汽车到经销商手里的时候就已经安装了很多配饰。大部分的改装工作都能在生产线上完成。"伍利解释道。

2018 年款揽胜 SVAutobiography Dynamic 版是迄今为止动力最强的一款揽胜，其 V8 增压发动机能输出 565 马力，转矩可达 700 牛·米。这么强大的动力，足以使该车在 5.1 秒内从 0 加速到 60 英里/时。其行政座椅采用了打孔半苯胺真皮，有 4 种运动颜色可选：黑檀木色、黑檀木

2017 年，发现 SVX 概念车展出，该车展示了"顶级耐用性"。该车的新特色包括绞盘、车顶行李架和 20 英寸的锻造合金轮毂。这辆展示车采用了灰色（Tectonic Grey）缎面漆，局部表面采用了亮橙色点缀。

色/黄褐色、黑檀木色/卷云白色、黑檀木色/复古褐色。它还有 2 种新的木皮贴面可选：带钢丝拉纹的碳纤维表面和纯黑色表面，以及深灰色拉丝铝合金表面。

2018 年 3 月，迈克尔·范·德·桑德（Michael van der Sande）取代约翰·爱德华兹成为新任特种车辆运营部的总经理，其下属 4 个子部门总共有 500 名员工。迈克尔带来了他在阿斯顿·马丁、哈雷 – 戴维森和特斯拉的经验。他最近监督了新款 Alpine A110 运动跑车的研发，因此对汽车定制部门应怎样适应不断变化的电动车平台和不断转变的消费者对个人交通工具的期望有着非常明确的想法。

## 揽胜 SV Coupe 双门 SUV

路虎在 2018 年 3 月的日内瓦车展上发布了伍利 SVO 团队设计的最新款揽胜。这款 SV Coupe 是对揽胜血统的颂扬，尽管它看起来很时尚、很现代化，但其双门造型暗示了它的传承——1970 年的原版揽胜。

第 9 章 现在的路虎设计

"我们一直希望能做自己的汽车。在揽胜诞生第 50 周年,我们觉得做一款特别版是会非常棒的,所以我们就有了重新创作一款双门版 SUV 的想法,"伍利解释道,"很快,公司决定把这款车作为限量版在牛津路工厂进行手工制造,只推出 999 辆,不作为量产车。"

最开始的时候,设计部考虑过是否能将揽胜运动版的挡风屏和车顶用在揽胜低矮车身上来实现双门造型。但是最后,双门版的所有外观面板都是新设计的,只有发动机舱盖和尾门的下半部分没有变。这款双门 SUV 比标准 4 门版揽胜矮了 8 毫米且车尾长了 13 毫米。它还有几个路虎首创特色:23 英寸大轮毂和电动闭合车门。"车门这么长(1.4 米),你根本就够不到,所以电动闭合车门是必需的。"伍利说道。

白车身(BIW)在索利哈尔工厂制造,然后运到牛津路工厂进行喷涂和组装,最后进行正常的生产线组装。传动装置基本是标配的,但是进行了一定改动,以适应 SV Coupe 在悬架调整方面的驾驶特点。伍利承认该款车有不少细微改动。"我们通过减小风窗玻璃倾角以及略微抬高腰线来调整设计。我们同 SVO 的技术工程团队密切合作,而正是设计和技术工程的完美融合才造就了路虎品牌的独特。"

受船舶设计的启发,SVO 和一个供应商共同创造了一种新式木皮贴面——Nautic 贴面,这种贴面后来也被用在了其他特别款车型上。Nautic 贴面采用一种带有专利的特殊形式跟随工艺,融合了核桃木和梧桐木。"因为我们知道

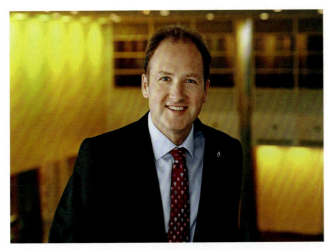

2018 年 3 月,迈克尔·范·德·桑德(Michael van der Sande)取代约翰·爱德华兹成为新任特种车辆运营部的总经理。

相较于标配揽胜,SV Coupe 有很多不同之处,包括更小的前后风窗角度。只有发动机舱盖和尾门的下半部分没有变动。

揽胜 SV Coupe 有一个独特的环绕在前进气格栅上的前保险杠。它的侧窗要比 4 门版的更倾斜一点。SV Coupe 将会在牛津路的 SV 技术中心进行手工组装,只生产 999 辆,第一批在 2018 年秋季交付。

侧通风口的细节照片。SV Coupe 的侧通风口改到了前翼子板上。(作者自己的照片)

车门内饰板采用了 Nautica 木皮饰面,这种木皮是由核桃木和梧桐木构成的。照片中只露出一点的是电动踏板,方便乘客进出。(作者自己的照片)

SV Coupe 的内饰。前排座椅是浅色的,后排座椅是深色的。"这和那种有专门驾驶人驾驶的豪华轿车是恰恰相反的。它强调的是那种举世无双的感觉。"麦戈文说道。

这款车只生产 999 辆,所以我们可以用特殊工艺来制造 SV Coupe。例如,车身上的金属部件就是用实心金属板进行机加工再手工抛光而成的。"伍利解释道。

"我们在伦敦、巴黎、卡塔尔和迪拜都做过预演。在很大程度上,这是一款收藏车。客户通常已经拥有一辆揽胜了,还要收藏其他汽车。他们是我们品牌的粉丝,他们喜爱揽胜。这款车数量有限,所以他们都真的很想要一辆。"

### 一款新的卫士

路虎多次尝试过要替代卫士车型,此事甚至能追溯到 20 世纪 70 年代的 SD5。事实证明,Ibex/Inca、Challenger、Heartland 和 LCV 2/3 都是错误的开始,它们都被抛弃在漫漫发展路上,更不要说前景广阔的 DC100 概念车了。它的绊脚石一直就是商业效益——要研发生产一款能搭配不同车身和轴距,并且要能满足卫士卓越性能的独特底盘和架构,是需要巨大投资支持的。但卫士的产量每年不足 20000 辆,销量太少了,不足以证明如此巨大的投资是合理的。"这就是为什么花了这么长时间才能从商业效益方面来证明做这样一款车的合理性,要为品牌做正确的事和要实现商业效益之间是一种很微妙的平衡。"理查德·伍利如此承认道。

公众对 2011 年 DC100 的设计反应不一。坚定的路虎爱好者认为它太肤浅、太随便了,其他人则觉得它是对卫士简单形式语言的拙劣模仿,缺乏它自己在 21 世纪的设计价值。"我们开始意识到,不管我们怎样去设计卫士,它都将会是一款不同的汽车。这个世界已经变了,现在已经不是 1948 年了,所以卫士需要一个不同的设计主题。"他继续说道。

路虎承认一款新的卫士正在酝酿当中,伍利则是确保它能保持品牌本质的希望。"我承认我们有责任把这一点作为我们设计的一部分。卫士车主对'卫士应该是怎样的'有着非常固定的想法——尽管我们非常喜爱他们(指卫士车主),但他们的群体数量却在不断减少。卫士销量从 20 世纪 80 年代后期的最大数量——40000 多辆,下降到了此

DC100后来被作为一款探险车展出,它的进气管位于车顶行李架内。路虎承认一款新的卫士正在酝酿当中。"我承认我们有责任把这一点作为我们设计的一部分。"理查德·伍利说道。

时的17000辆。很多人喜欢卫士,但只有少数人实际购买并将其作为日常用车。我们要设计的替换车型,不仅要把销量重新提高回来,还要为路虎品牌带来新客户。我们要把替换车型做成能满足人们期望且能反映市场转变的相关车型。当然,我们还有其他目前要考虑的方面:行人安全、废气排放和轻量化架构等。因此,我们需要从一张白纸开始重新设计。这个替换车型将会是对现代的诠释,而不是对老车型的模仿。它们是完全不同的。希望这款新卫士能把那些顽固分子带到我们阵营里,我们需要他们那种坚持不懈的热情。"

盖瑞·麦戈文在美国路虎爱好者杂志 Alloy+Grit 的访谈中说道:"我认为这款新卫士要做的或许就是复制原版卫士的魅力和精髓,这就更多的在于其性能、耐用性和坚固性。我们必须要注意不能专注于设计一款怀旧车或者用现代方式去复刻之前的设计,所以我们不应该将其做成类似 Mini 或者其他我们已经见过的车型。"

"我认为人们看到它时会大吃一惊。我认为很多人,甚至是传统主义者,在看到它的时候都会笑。但它必须是现代化的,必须是当代的,而且路虎能做的它必须都得能做到。"

与此同时,为了庆祝路虎成立70周年,路虎经典车部门在2018年1月宣布推出卫士Works V8特别版。这款车是用2012—2015年生产的几乎全新的车改造而成,该车搭载了一台揽胜5.0升V8发动机,但动力则改成了405马力。

路虎经典车部门将会在牛津路工厂手工打造150辆这样的升级版卫士,该车采用了更硬的弹簧和防滚架,还升级了制动系统来满足其优异的性能。该车将采用Sawtooth 18英寸轮毂和265/65全地形橡胶轮胎。设计升级之处,包括双LED前照灯、机加工的门把手、发动机舱盖上的字母和加油口盖。该车有8种标配车身颜色可选,但是不管什么颜色的车身都会搭配圣托里尼黑色车顶、格栅和轮眉。

## 设计部门的角色改变

从20世纪50年代到90年代,汽车行业的普遍看法

卫士 Works V8 采用了 Sawtooth 18 英寸轮毂。自路虎成立 50 周年后,这是第一款搭载 V8 发动机的路虎。Works V8 还可以改成轴距为 90 英寸和 110 英寸的旅行车车型,起售价高达 150000 英镑。

卫士 Works V8 的内饰采用了重新设计的中控台来容纳 ZF 8 速自动变速器。Recaro 运动座椅、仪表板、车门内饰板和车顶内衬都采用了顶级温莎真皮。车门内饰板能追溯到 1983 年的戴夫·埃文斯(Dave Evans)的新设计——这是路虎有史以来生产过的最长的内饰板之一。

# 路虎　设计成就传奇

艾米·弗拉塞拉（Amy Frascella）是路虎色彩和时尚团队的负责人。"奢侈材料的定义正在改变，人们对其所购买产品的价值所在的看法也在改变。我们必须对这些改变做好准备。"

在最近几年里，路虎设计部也发生了巨大变化。在以前，它主要作为造型工作室，负责制作草图、模型和创意想法来为新车项目的设计提供支持。今天，它的职责更多的是作为整个公司的创意群体。如今，路虎设计部就是一台运行十分流畅的机器，拥有高度发达的流程步骤和方式方法，能够以惊人的速度进行项目研发。想当初，Stage 2改头换面成One Ten花了7年时间，相较于如今的设计速度可谓是天壤之别。

设计团队的成员一直比较稳定。设计部的很多资深成员在公司工作了30多年，他们拥有无与伦比的丰富经验以及对产品和品牌的了解。他们完全有资格追溯路虎设计是怎样发展的、路虎设计的起源、路虎设计的挣扎和成功，更重要的是——路虎设计的发展方向。

那么，在过去的20年里，路虎设计过程有哪些重大变化呢？菲尔·西蒙斯（Phil Simmons）现在是工作室总监、外观设计实现部的负责人，但他还负责设计交流——这是一项重要的新工作职能，以便设计团队能够解释他们的设计想法。"我想我们可以指出有哪些是没有变的：全尺寸黏土模型依然是我们研发过程中的重点，黏土依然是我们所熟知的手工改动模型表面的最佳材料。我们有技艺熟练的制模师手工来做这些改动。但是，新技术的应用大大加速了整个设计过程，我们既可以用新技术来引入工程数据，也可以用新技术来改动模型。相较于以前，现在只需要花很少的时间就能铣出模型表面来。"

路虎工作室现在已经采用了"on-plate"铣法，这种铣法正在成为行业标准方法。"不用在另一个嘈杂的车间里铣模型，在工作室里就能相对安安静静地把模型铣出来，这意味着制作模型的周转时间会大大减少，"他继续说道，"最终，这意味着我们能够减少研发汽车所用的时间。我们有多种方式来利用这一优势：要么在允许的时间里制作更多的模型，要么制作相同数量的模型但减少所用时间，怎么用取决于项目本身。有时候，你需要时间才能使创意或新想法变得成熟，所以使用这项技术能够让你多做几个迭代循环来使设计达到100% 可行。我们不想再用老方法，

是：工程师的工作就是要创造出在技术、配置和特色方面令客户欣赏的功能先进的产品。造型是需要的，但却是次要的。工程师把自己视为"设计师"。BMC的总工程师亚力克·依斯格尼斯（Alec Issigonis）则是这种看法的代表，他不但轻视对专业造型的需要，而且拒绝把客户需求和愿望作为汽车设计的考虑因素。"设计师只需要设计一款满足他自己的汽车就可以了，如果他是一个注重实用的人，那么这款汽车就适用于全世界。我这一生中，除了满足我自己外，从来不做他想，我从来不会在买家的立场上思考设计一款新车。"他曾经这样说道。

大卫·贝奇（David Bache）是英国最先冲破这种束缚的"造型师"之一。他很幸运，因为罗孚的管理层比其他英国汽车公司的管理层具有更加积极的设计理念。罗孚不像BMC、捷豹和凯旋那样专制，也不像福特和沃克斯豪尔那样等级分明。而贝奇受过良好的教育，他认为设计能提高汽车安全性和人体工程学。到20世纪60年代，贝奇作为被采访人对设计侃侃而谈从而被媒体所熟知。但是，他的名字不像盖瑞·麦戈文和伊恩·卡勒姆（Ian Callum）那样家喻户晓，当然他也不像今天的名人那般会被邀请去发布新车。这种事依然是威尔克斯兄弟和"工程总监"斯·宾金（Spen King）的"业务范畴"。

第 9 章 现在的路虎设计

最初的时候,利用 3D 成形模型来探索车漆颜色,车顶对比色和车身侧面下方饰条的应用增加了颜色的排列。一种车漆颜色的研发,从最初的颜色潮流选定,到可行性评估,再到老化试验,最后到掌握应用,大概要花 3 年时间。

太费手工劳动力了。"

在设计和模拟过程中使用虚拟现实工具也大大减少了对物理原型车的需求。在以前则需要手工制造数百个原型车,如今很多设计和研发工作都可以用数字方式进行,或者使用模拟器来进行,物理测试工作只需要在少数几个用低产量模具和 3D 打印部件制造而成的原型车上进行即可。

和西蒙斯一样,艾伦·谢泼德(Alan Sheppard)是另一位资深团队成员。他是从其他公司离职后又再次加入了路虎,他能反映出路虎设计部在过去 20 多年里的变化。他参与过 L322 揽胜项目后,就留在了宝马,成为位于慕尼黑的劳斯莱斯设计团队经理。2017 年,他重回路虎,现在是工作室总监、室内设计总监、设计研发和创意官。

"回到盖顿后,我发现周围有很多睿智聪明的人,他们才思敏捷、创意新颖,拥有良好的问题解决能力,这真是太棒了!这里的人才数量惊人,公司规模是我离开时的 3 倍大,工厂是最先进的,设施设备都非常好。"

戴夫·沙丁顿(Dave Saddington)回忆了盖顿工作室是怎样改变的:"坎莉的安保水平较低,盖顿的安保就好多了。我们自己的观察场里安装了巨大的窗户,它经受住了时间的考验。唯一的麻烦,就是现在的设计活动更多的是基于屏幕上进行的,这样里面的光线就太强了。盖顿工作室旁边就是车间和观察场,你甚至可以站在 250 米开外的地方进行观察。你可以开车到测试跑道上,再从测试跑道上开回来,这非常棒。我们知道宝马、福特和塔塔都没有这种场所。盖顿确实是路虎王冠上一颗耀眼的宝石,我们对此感到非常自豪。"

人们对设计的看法也发生了改变。安迪·威尔(Andy Wheel)解释说:"人们不再嘲弄设计师这个称谓了,因为部门里的很多人在之前的项目中都受到了教训,无论是管理人员还是创意人员。这也是困难的金融危机下产生的后果。"

理查德·伍利对此表示同意,他说:"我认为是我们在本田、宝马和福特中学习到的经验使得我们能在塔塔旗下更好的掌控发展方向,我们的业务才能达到现在这种规模。在所有权和管理层的动荡过程中,设计部自始至终都是公司的核心力量。"

"我记得拉维·康特(Ravi Kant)来过这里,他在遗产中心和高层领导谈过,"伍利补充道,"这改变了我对公司将来发展的整体看法。他们非常喜爱 JLR 的两个品牌,他们对我们说'你们是专家,你们要做的就是继续研发下去,

盖瑞·麦戈文、大卫·沙丁顿和内装设计经理肖恩·约翰逊(Sean Johnson)在一起查看内饰模型。尽管现在使用了数字工具,但物理模型作为评估过程的一部分,依然受到高度重视。

227

## 路虎　设计成就传奇

2018年的盖顿鸟瞰图。该场地目前正在进行大规模的重建，要重新安置捷豹的工程师和来自惠特利的设计师。GDEC区位于中心左侧位置。中心停车场区域则新建了捷豹的研发中心和设计工作室。位于左侧的圆形建筑是英国汽车博物馆。

交付产品'。他们没有对我们实行独裁统治，而是允许我们成为自己命运的主人。当塔塔先生来访并对我们进行投资的时候，一切都变得清晰明朗起来，我们再也没有回头过。"

但事情并不总是一帆风顺的，塔塔的到来标志着设计部的根本转变。作为一名建筑师，拉坦·塔塔（Ratan Tata）能从其他专业学科角度来理解设计的角色，他问出了这个关键问题："为什么设计部要向工程部报告？"

为了纠正这种状况，盖瑞·麦戈文在2008年6月被任命为JLR董事会成员，和他的"老对手"——捷豹的伊恩·卡勒姆重逢了。因此，设计部第一次在公司最高层有了自己的代表，而不是仅仅通过工程部向公司高层报告。"设计师和工程师是相互兼容的，这并不意味着一个会凌驾于另一个之上，它们两者是平等的，它们之间是合作关系，"麦戈文确认道，"我们每个月都会和CEO开会，就我们3个人，我们会一起查看所有的设计。"

麦戈文非常热衷于强调路虎是一个顶级品牌。揽胜代表奢华，发现代表多功能性，卫士代表耐用性。"它们都是顶级汽车，"他补充道，"优质的耐用性决定了卫士必须是坚固粗犷的。它们的性能都非常好，但是卫士在视觉感知上需要给人一种粗犷的感觉。"

展望未来，设计在未来10年里最有可能发生什么变化呢？在几个月前，这个答案或许会是：更多的使用CAD，模型主要通过CAD渲染来做。但是近来，这种看法有所改变。

"我们回归到一种更加传统的方法，这样你在设计后期就不会有太多'惊吓'，"马西莫·弗拉塞拉（Massimo Frascella）说道，"我们刚回到制作四分之一比例黏土模型上来，然后再制作全尺寸模型。对年轻的设计师来说，使用比例模型能促使他们专注于体积和比例，而不是只专注于细节。"

之前工作室的组织结构是分成了独立的创意团队和实现设计团队，这一点在前不久也改了。现在，整个外观或内饰设计就都只有一位总监负责，而个体设计师则在设计过程中发挥他们的核心技能。弗拉塞拉现在是外观设计总监，他说："这有利于设计过程的无缝衔接，之前就像是有一面'墙'似的，一个团队交接给下一个团队，他们会说'现在交给你了，你继续接着做'。这样做不是不行，但是没有效率。"

西蒙斯说出了为什么黏土模型依然受重视的原因："其他行业中是有例子的，像是建筑业，他们从创意到实现产品已经完全做到100%数字化了。但是，我们还没有达到那种程度。我们所建立的所有专业知识都表明我们专注于黏土是有充足理由的。你用数字方式呈现不了表面的张力和相互作用关系。如果有人能证明我是错的，那我会很开心。尽管黏土模型现在会更多地采用数字输入和铣床来实现大部分的3D定义，但是我很高兴看到黏土模型在未来数年里依然会是我们设计研发流程中的核心部分。"

目前，路虎设计部在盖顿总共有590人，这些人遍布各个领域，包括内饰和外观的创意设计师、色彩和材料设计师、HMI设计师、黏土制模师、CAS设计师、SVO、工作室的工程师和后勤团队。在主工作室里，190名创意设计师就占了2层楼，主设计室里还加建了中间楼层来容纳新增的人数。

## 未来的研发

路虎依然在继续"生长"。路虎仍在继续探索新车型的"空白市场"机遇,以此来扩展未来的产品组合。极光将会被取代。公司还有另一个想法——更多偏向于公路行驶的旗舰车型可能会和即将推出的捷豹 XJ 共享平台,此事在媒体中已经广受争议了,或许会复活"Road Rover"这个车名。

随着我们进入 21 世纪 20 年代,最大的挑战则是要研发新平台和 EV 动力系统。JLR 的 ICE 到 ACE 之旅将继续,从传统内燃机转向智能、网联和电动汽车。一些首创特征还在研发当中,新款捷豹 I-Pace 表明了可能会采用的电动系统和平台。电动系统对 4WD 性能有不少好处,包括低速状态下的高转矩、配置简化,而且简单可靠。对路虎而言,最大的好处就是更轻质,不需要使用大型变速器和重型分动器。

电动系统在越野状态下也有很多优势,像是在和野生动物有关的驾驶活动中——野生动物保护和游猎,噪声小且易于隐藏的汽车绝对是一大优势。随着气候变化日益严重,不管是意想不到的洪水、坑坑洼洼布满车辙的路面还是夏季飘雪等恶劣状况,人们对能够适应多种天气情况和多种路面状况的汽车需求日益增长。因此,路虎品牌的定位就非常理想:整个市场上对具有更高离地间隙和坚固耐用的汽车需求只会增加,不会减少。

2012 年,理查德·伍利领导的高级设计团队更名为战略设计部,他们开始审视更广泛的路虎品牌问题。但是,几年之后,该团队又被更名为设计研发和创意部。该部门位于考文垂一个不知名的工业园里,成了 JLR 的部门,而不再仅仅局限于路虎。该部门的职责范围也发生了转变,团队中加入了非汽车背景的成员,在奥利弗·勒·格莱斯的领导下从更广阔的角度来看待汽车设计。

他们会从另一种角度来争论交通、未来交通工具和道路基础设施,更多地从商业层面来考虑设计,而不仅仅是考虑设计和技术工程本身。他们目光长远,会预计未来 10

国家汽车创新中心(NAIC)预计 2018 年夏季在华威大学开幕。这里将会作为 JLR 的高级研发中心,里面会配备顶尖的车间、实验室和虚拟工程室。

年甚至 20 年内将会发生的事情。该团队一开始大约有 25 名员工,包括 8 名设计师和来自华威大学(University of Warwick)的技术研究员,还有 8 名视觉效果技术员/电影人和数字建模师。

预计 2018 年夏季在华威大学开幕的斥资 1.5 亿英镑的国家汽车创新中心(National Automotive Innovation Centre,NAIC)开始动工建设后,设计研发部的重组工作就紧锣密鼓地开始了。NAIC 的建立为目前 JLR 的 1000 多名高级研发人员和自供应链到各专业学科的合作伙伴提供了最先进的技术中心。这个面积为 33000 平方米的华威大学建筑物将成为 JLR 的高级研发中心,里面会配备顶尖的车间、实验室、虚拟工程室和先进的发动机相关设施设备。现在,英国在盖顿和惠特利的两个设计工程中心以及在华威大学里现有的高级研发中心里，总共有 8000 多名工程师、设计师和技术专家。

艾伦·谢泼德（Alan Sheppard）总结了未来的挑战。"我们已经实现了 20 世纪 80 年代的梦想，成为一个成功的独立公司。我们现在要继续前进，要进行思维模式的转变。我们想要留给子孙后代一个什么样的生态系统，我们要怎样维持业务发展，我们要怎样来处理这么多的路面交通？这些都是相当大的问题，但是人们的期望是在不断变化的。他们要求什么样的服务水平？什么是物有所值？他们想要从汽车中获得多少刺激？这些都是我们必须要解决的挑战。"

从最开始 1947 年的莫里斯·威尔克斯（Maurice Wilks）和斯宾塞·威尔克斯（Spencer Wilks），到 20 世纪 50 年代大卫·贝奇（David Bache）的到来，再到 1981 年托尼·普尔（Tony Poole）独立造型工作室的建立，路虎设计故事就是一个从最初的草图，到随后的 3D 模型，再到最终推出的汽车不断扩张和改进的过程。设计方法和过程的改变是巨大的，而且还在不断的发展变化，因为新数字工具能够用更复杂的虚拟演示来为物理模型提供支持，而且还有了新的方式方法来让品牌客户和爱好者参与到设计故事中来。

随着路虎创新水平和支持创新的资源都达到历史最高水平，麦戈文回顾了他的成就："如果你能看到我们是怎样发展的，那你就知道我们正处在转型之旅中。再过几年，汽车业务将会和以前的截然不同，而设计在这方面发挥了关键作用。为什么呢？因为人们的思维模式在变化，我们从一个专业品牌变成了更具普遍吸引力的品牌，企业文化发生了转变。而这些转变是以设计为渠道来实现的。"

设计总监和首席创意官麦戈文。他的职责不仅仅是设计新车型，他还有比这个更广泛的职责，那就是发展整个路虎品牌的形象和感觉。

"与此同时，设计要保持其本质和可信度是一件非常难的事情。我们必须保持它随时间演变而来的独特 DNA，而且要用比以往更引人注目、更密切相关的方式来呈现它的 DNA。我对设计的重要性，以及设计能如何丰富人们的生活，更重要的是从商业角度看设计能如何使企业成功，感到非常富有激情。如果我这么说是自吹自擂的话，那是因为我成功地让设计师在这家公司受到了尊重。"

## 附录 A　路虎车型代码

NVC 研发设计的原版揽胜，最初被称为"替代旅行车"项目，后来又被称为"100 英寸旅行车"。1969 年制造的预产原型车标牌是"Velar"，以此来避免媒体把它误认成一款路虎车型。

在 20 世纪 80 年代的吉尔罗伊时代，路虎项目采用的都是英勇无畏、高识远见的代号，能让人联想到军事行动。

| | |
|---|---|
| • Adventurer（探险者） | 1983 年，过渡项目（已废弃） |
| • Capricorn | 1983 年，后排座椅面朝前的 90 英寸旅行车 |
| • Aquila | 1984 年，揽胜 EFi |
| • Llama | 1985 年，Forward Control 轻型载货汽车（已废弃） |
| • Ibex/Inca | 1985 年，路虎 / 揽胜共享平台结构（已废弃） |
| • Eagle | 1986 年，用于美国的揽胜车型，采用了新的前进气格栅 |
| • Discovery（发现） | P38A 揽胜的原始代号 |
| • Pegasus | P38A 揽胜改动后的代号 |
| • Jay | 1989 年，发现 3D 和 5D |
| • Challenger（挑战者） | 1991 年，发现的替代车型（已废弃） |
| • Pathfinder（探路者） | 1991 年，神行者最初的概念代号，路虎版本 |
| • Oden | 1991 年，神行者最初的概念代号，罗孚版本 |
| • Cyclone | 1992 年，本田 Shuttle 4x4 原型车和神行者项目的临时名称 |
| • Wolf | 1994 年，卫士 XD（加强型）的军用车 |
| • Romulus | 1994 年，发现 1 的"美容"车型 |
| • Heartland | 全新发现 2（已废弃） |
| • Tempest | 1998 年，发现 2 |

20 世纪 80 年代，有两个路虎项目是以地名命名的项目名称。

| | |
|---|---|
| • P38A | 1994 年揽胜系列 2 |
| • CB40 | 1997 年神行者系列 1 |

1994 年被宝马收购后，罗孚汽车就采用了两位数的 R 字代号，例如新 Mini 的代号是 R50。同样的，路虎项目也采用了两位数的 L 字代号，例如全新揽胜的代号是 L30。

- LCV2/3 1999 年，卫士概念车（已废弃）。
- L30 2002 年，揽胜。

- L50 2003 年，发现 5 座版（已废弃）。
- L51 2003 年，发现 7 座版（已废弃）。

被福特收购后，开始采用 3 位数代码。从揽胜 L322 开始，这种代号命名法一直沿用至今。

| | |
|---|---|
| • L322 | 2002 年，揽胜（重新命名） |
| • L314 | 2004 年，神行者系列 1 "美容"版 |
| • L316 | 2007 年，卫士升级版 |
| • L318 | 2002 年，发现 2 "美容"版 |
| • L319 | 2004 年，发现 3（美国代号为 LR3） |
| • L320 | 2005 年，揽胜运动版 |
| • L359 | 2006 年，神行者 2（美国代号为 LR2） |
| • L420 | 2009 年，揽胜运动版的"美容"版 |
| • L538 | 2011 年，极光 |
| • L405 | 2012 年，揽胜 4 |
| • DC100 | 2012 年，卫士概念版 |
| • L494 | 2013 年，揽胜运动版 2 |
| • L550 | 2014 年，发现运动版 |
| • L462 | 2016 年，发现 5 |
| • L560 | 2017 年，星脉 |
| • L551 | 2019 年，极光 |
| • L663 | 新款揽胜（达尔文项目） |

# 附录 B 汽车设计术语

虽然，这只是汽车设计术语的一部分，但如下术语是设计师和工程师所用到的且在本书中出现过的术语：

- **4WD**：4x4 四轮驱动。
- **A 柱、B 柱、C 柱、D 柱**：汽车车顶立柱从前到后的名称。A 柱、C 柱和 D 柱，主要与造型风格和车身上半身的流线形状有关；B 柱主要起功能性作用，因此通常会被涂黑来降低其视觉冲突（见 DLO）。
- **Alias**：设计工作室中所使用的一款用于创建 3D 数字模型的主要的 CAD 软件。该软件的全名为 Autodesk Alias。
- **骨架**：实体模型或原型车的框架或结构，也用于表示一个组件，例如仪表板的内部基板或结构。
- **腰线**：车身下半部分和上半部分的主要分界线。通常位于侧窗的底部（英国口头术语则为 waistline，也是腰线的意思）。
- **BIW**："Body in White"，意思是白车身。最初的时候，大多数的钢制车身在油漆初始阶段都会喷白色底漆。如今，"BIW"指的是未喷漆或者只喷了底漆的汽车车身。
- **舱壁**：发动机舱和汽车内饰之间的主要结构性舱壁。
- **CAD**：计算机辅助设计。
- **康颂纸**：一种彩色绘图纸，其特点是表面纹理浓厚。这种纸在 20 世纪 60 年代和 70 年代的设计工作室中很受欢迎。
- **车顶侧梁**：车门上方的结构部分；车顶边缘主要的箱型断面梁。
- **CAS**："Computer-Aided Styling"，计算机辅助造型。在某些组织中，它也可以表示为创意美学和造型"Creative Aesthetics and Styling"——换句话说，是使用 CAS 工具的团队。
- **CKD**："Completely Knocked Down"，全散装件，即在国外能组装成一辆汽车的一整套配件。
- **Conté 蜡笔**：一种由石墨粉或者木炭粉与蜡或者黏土压缩而成的绘图蜡笔。其截面为正方形。
- **仪表板**：同仪表盘。
- **DLO**："Day Light Opening"，指侧窗的完整几何形状，包括 B 柱在内。通常会用镀铬装饰条来突出其整体形状。它是车身侧面的主要造型元素。
- **车门内饰板**：车门平面内饰板，在 20 世纪 70 年代以前通常都用硬纸板来制造，现在普遍采用模具来制造。车门内饰板是更正确的名称。
- **Di-Noc**：特耐柔饰贴，一种高弹性的 3M 塑料薄膜，用于覆盖在黏土模型上来代表油漆表面。这种薄膜通常是银色的，但也可以用其他颜色，例如用深灰色做窗户和前照灯。随着黏土模型的制作进展，Di-Noc 也可以作为检查模型亮点的快速工具。
- **盖板**：把手或者旋钮，例如车门扶手或者内门拉手的周边盖板。
- **翼子板**：车身前部或者后部围绕轮拱的那块板，也称之为"wing"。由于汽车设计的全球性特性以及冲压钢公司（在图纸中经常用这个词）的影响，汽车设计工作室就普遍采用了"fender"这个美国单词。

- **泡沫芯材**：一种特有的安装用板材，通常在平面设计工作室中使用。有多种厚度可选，用美工刀就能轻易切割。
- **平头式**：转向柱和踏板安装在前轴的前部，驾驶人通常直接坐在轴的上方。
- **FWD**："Front-wheel drive"，前轮驱动。
- **车身上半部分**：车身上半部分安装玻璃的区域，换句话说就是腰线以上的所有区域，从前风窗玻璃底部到后窗玻璃底部的区域。
- **图形**：汽车表面所使用的任何图形形状或者特征，例如格栅、开门线、DLO（侧窗）、前风窗、后风窗、前照灯或者百叶。
- **GRP**："Glass-Reinforced Plastic"，玻璃钢。
- **H 点**："Hip Point"，胯点，指的是驾驶人或者乘客在座椅中位置的参考点，即为标准人体坐姿模型的胯点。很多关于汽车总布置和视角的相关规定都源自于这个重要的内饰基准点。（杂志中并未出现过这个词）
- **硬点**：汽车上固定的设计点，通常由结构限制或法律限制来决定，典型例子就是前保险杠的位置和碰撞结构的设计。
- **窗眉**：前风窗和后风窗上部的结构部分，是车顶末端的主要的箱型断面梁。
- **仪表板**：位于前风窗下方且安装了仪表的面板。这个词的意思随着时间推移而改变了，原本该词描述的只是那块（通常位于中间）安装了仪表的面板，现在已经演变成了描述横跨整个车身宽度的仪表板总成。为了保持一致，我们在整本书中都用了该术语，而未用"dashboard"一词。
- **IP**：仪表板的简写。
- **光线**：沿着表面传播的反射光的路径，无需参考其轮廓形状就能了解其形态。（杂志中并未出现过这个词）
- **模线**：车身部分进行全尺寸画图。该词源自于造船用语，即造船体的木材会在船厂车间的屋顶区域用线条画出来——只有这里有足够的空间来做此事。（杂志中并未出现过这个词）
- **LWB**："Long-wheelbase"，长轴距。换句说，就是标准车的轴距加长版。
- **初始模型**：新车设计的初始研发模型，是汽车外观或内饰的非功能性展示。全尺寸模型可使用多种不同材料制作，包括金属板、实木、黏土、泡沫板或玻璃钢，具体使用哪一种材料则取决于最终的功能以及设计师能使用的制作方法。
- **总布置**：汽车的整体布局，包括乘客、发动机和轴距等。
- **PHEV**："Plug-in Hybrid Electric Vehicle"，插电式混合动力汽车。
- **RWD**："Rear-wheel drive"，后轮驱动。
- **车颈气窗**：位于舱壁的上部，在前风窗的正下方。包含刮水器、喷嘴、发动机舱盖铰链、加热器的进气口等，是一个复杂的功能区，需要精心设计来把这些功能都融合在一起。也被称为"风帽"（美国）。
- **肩线**：指的是侧窗下方的肩部表面和垂直门表面的交点。不要与肩部上方的腰线（容易混淆）混淆。
- **开门线**：车身两块面板之间的缝隙。在美国，开门线也称为"开门缝"。
- **六灯**：六灯车身在每一侧都有 3 个窗，例如现在的揽胜。侧面只有 2 个窗的是四灯款，例如卫士 90 Station Wagon。第 3 个窗本身也被称为"六灯"。
- **加速胶（模型）**：采用高密度聚苯乙烯泡沫铣出来的设计模型，用于快速评估设计的基本比例和体积。
- **姿态**：汽车坐落在车轮上的方式，是比例、车轮与车身的关系以及车轮尺寸的组合。
- **造型用模型**：外观或内饰的初始模型，通常用黏土来制作。内饰模型可能是部分模型，例如前舱和前排座椅的模型。
- **胶带图**：是一种"图纸"，通常采用不同宽度的摄像用黑胶带贴在密拉（一种聚酯薄膜）透明胶片上而制成。这种胶带图允许设计师在制作 3D 黏土模型时对汽车的线条进行精准地细化和校正。胶带的柔韧性意味着能创造出柔和的曲线，曲线弧度则取决于所选胶带的宽度。
- **软顶**：货车、船舶或摊位的遮篷，通常由帆布或 PVC 面料制成。源自于古英语 teld，意思是帐篷或遮篷；类似于古高地德语 zelt，意思是帐篷。
- **行李舱**：由于汽车设计的全球性特性以及冲压钢公司（在图纸中经常用这个词）的影响，现在的设计工作室都是采用"trunk"这个美国单词。
- **侧窗内倾角**：侧窗到垂直线的倾斜角度。该词源自于船舶术语，指的是大帆船水线以上船壳朝内倾斜的角度。

## 附录 C  路虎的重要里程碑

### 1948 年

1948 年 4 月 30 日,路虎首款车型在阿姆斯特丹车展上推出,P3 也在春天推出。

1948 年开始排产试生产汽车,订单有 50 辆,但只制造了 48 辆。▲

### 1970 年

揽胜收获了每一位试驾记者的芳心。

YVB 153H,原版宣传册中的 Tuscan 蓝色预产揽胜。▲

安迪·威尔(Andy Wheel)设计的发现 3 初稿。▼

### 2004 年

发现 3,一款 21 世纪的路虎。

# 关于作者

作为一名设计师、学术家和作家，尼克·赫尔（Nick Hull）在汽车设计方面拥有超过 25 年的经验。他的职业生涯伊始就是捷豹设计师，并参与了 XJ220 的研发设计。1999—2002 年，他还参与了与本田的合作项目，他最初负责位于德国的内饰设计工作室。从 2002 年开始，尼克·赫尔在考文垂大学教授汽车和运输工具设计课程，他的研究领域还包括汽车设计历史和汽车设计比例研究。

# 关于译者

卞亚梦，80 后汽车达人，《爱擎海》双微创始人。超过 10 年服务汽车及生活方式媒体的特约撰稿人，超过 8 年在宝马中国等厂商负责传播企划类工作，曾兼任广告及公关公司的咨询顾问及资深文案，曾是奔驰、宝马、英菲尼迪、阿斯顿·马丁等品牌的特约撰稿人，曾策划、编著和翻译汽车品牌书《惟美阿斯顿·马丁》《宝马 M 圣经》《法拉利圣经》《梦想之车：保时捷经典名车鉴赏》《魅力小车：MINI 传奇经典》等。

**个人微博：卞亚梦**

扫描右边二维码关注《爱擎海》微信公众号（微博同名）。